Europäische Kulturen
in der Wirtschaftskommunikation
Band 20

Herausgegeben von
N. Janich, Darmstadt, Deutschland
D. Neuendorff, Åbo, Finnland
C. M. Schmidt, Åbo, Finnland

Die Schriftenreihe verbindet aktuelle sprachwissenschaftliche, betriebswirtschaftliche, kulturwissenschaftliche und kommunikationstheoretische Fragestellungen aus dem Handlungsbereich der Wirtschaft. Im Kontext einer interdisziplinär verankerten und interkulturell angewandten Forschung sollen wissenschaftlich fundierte und praxisnahe Problemlösungsstrategien für die Wirtschaftskommunikation geschaffen werden. Auf diesem Wege wird auch eine Überwindung traditioneller Fachgrenzen zur Erhöhung des Erkenntnisgewinns für die einzelnen Disziplinen angestrebt.

Herausgegeben von

Prof. Dr. Nina Janich
Technische Universität Darmstadt

Dr. habil. Christopher M. Schmidt
Åbo Akademi, Finnland

Prof. Dr. Dagmar Neuendorff
Åbo Akademi, Finnland

Christopher M. Schmidt (Hrsg.)

Optimierte Zielgruppenansprache

Werbende Kommunikation
im Spannungsfeld von Kulturen
und Stakeholder-Interessen

Herausgeber
Christopher M. Schmidt
Turku, Finnland

ISBN 978-3-531-19491-2   ISBN 978-3-531-19492-9 (eBook)
DOI 10.1007/978-3-531-19492-9

Die Deutsche Nationalbibliothek verzeichnet diese Publikation in der Deutschen Nationalbibliografie; detaillierte bibliografische Daten sind im Internet über http://dnb.d-nb.de abrufbar.

Springer VS
© Springer Fachmedien Wiesbaden 2013
Das Werk einschließlich aller seiner Teile ist urheberrechtlich geschützt. Jede Verwertung, die nicht ausdrücklich vom Urheberrechtsgesetz zugelassen ist, bedarf der vorherigen Zustimmung des Verlags. Das gilt insbesondere für Vervielfältigungen, Bearbeitungen, Übersetzungen, Mikroverfilmungen und die Einspeicherung und Verarbeitung in elektronischen Systemen.

Die Wiedergabe von Gebrauchsnamen, Handelsnamen, Warenbezeichnungen usw. in diesem Werk berechtigt auch ohne besondere Kennzeichnung nicht zu der Annahme, dass solche Namen im Sinne der Warenzeichen- und Markenschutz-Gesetzgebung als frei zu betrachten wären und daher von jedermann benutzt werden dürften.

Gedruckt auf säurefreiem und chlorfrei gebleichtem Papier

Springer VS ist eine Marke von Springer DE. Springer DE ist Teil der Fachverlagsgruppe Springer Science+Business Media.
www.springer-vs.de

Inhalt

Einleitung: Identität und Akzeptanz in der Zielgruppenansprache 7
Christopher M. Schmidt

Kulturelle Stile als Bild-Textstrategien in Jahresberichten 13
Christopher M. Schmidt

Kriseln in der mehrsprachigen Krisenkommunikation 59
Claudia Böttger

Unternehmensidentität und Nachhaltigkeitskommunikation
– eine empirische Studie identitätsstiftender Kommunikationsstrategien
von deutschen und dänischen Pharmaunternehmen 83
Stefanie Zornow & Anne Grethe Julius Pedersen

Central Aspects in Cross-Cultural Tourism
Marketing Communication – a study based on Finland's
travel brochure for the Chinese market 119
Hongjia Qi

Goldesel oder Sündenbock: Werbung in
Location-Based Services aus Sicht der Anwender 149
Maximilian Weigl

Kreativität mit Kreativität vermarkten: Guerilla Marketing
für Creative Industries 169
Karolin Wochlik

Wirtschaftliche und nicht-wirtschaftliche Motive bei der
Auswahl des Sponsoringobjektes im Sport 197
Madeline Sieland

Verzeichnis der Autorinnen und Autoren 225

Einleitung: Identität und Akzeptanz in der Zielgruppenansprache

Christopher M. Schmidt

Nicht zuletzt seit der zunehmenden Beliebtheit der neuen Medien für die Kommunikationsgestaltung ist die Frage der optimalen Erreichbarkeit von Zielgruppen in der Wirtschaft zu einer Hauptfrage für die Herausforderungen heutigen Kommunikationsmanagents geworden. Dabei verkennt man leicht, dass diese Frage schon lange vor der Einführung des Internets eine fundamentale Anforderung an die Kommunikationsgestaltung nicht nur in der Wirtschaft gewesen ist. Somit hat sich diese Frage nicht erst im Laufe der letzten Jahrzehnte herauskristallisiert, sondern eher aus einem ursprünglichen Offline-Bereich weiter in alle Formen heutiger Kommunikationsgestaltung ausgedehnt.

Die technische Entwicklung in der Applikation neuer Kommunikationsmöglichkeiten hat vor allem im letzten Jahrzehnt eine rasante Entwicklung erfahren. Dabei ist diese Entwicklung rasant vor allem im praktischen Bereich der technischen Anwendbarkeit neuer Produktentwicklungen gewesen. Das systematische – d.h. wissenschaftliche – Erfassen der kontingenten Rahmenbedingungen und medienübergreifenden Auswertungen heutiger Kommunikationskanäle ist dabei in den Hintergrund gerückt. Oft befassen sich wissenschaftliche Untersuchungen mit Teilbereichen im komplexen Bereich internationalen Kommunikationsmanagements. Dies ist aufgrund der Komplexität vor allem im globalen Handlungsraum verständlich. Ein Nachholbedarf besteht hier vor allem bezüglich der interdisziplinären Fragestellungen heutiger Kommunikationsgestaltung sowie auch bezüglich grundsätzlicher Probleme kulturübergreifender Kommunikationsgestaltung anhand von Textmaterial.

Letzteres zeigt sich in dem immer noch fehlenden allgemein akzeptierten Textbegriff. Die texttheoretisch orientierte Forschung hat sich traditioneller Weise schwer getan mit ihrem Untersuchungsgegenstand: der textbasierten Kommunikation in allen ihren medialen Ausprägungen. Dies liegt m.E. vor allem an zwei bisher noch kaum diskutierten (geschweige denn gelösten) Problemen in diesem Bereich. Die Texttheorie in der Tradition der Textlinguistik hat sich neben solchen Fragen wie der Abgrenzbarkeit von Texthaftigkeit, ihr Umfang, ihre Komplexität und Ähnliches, außerdem zu sehr mit der einseitig gestellten Frage befasst, ob Phänomene wie Mündlichkeit oder Bildlichkeit auch Bestandteile einer Texttheorie sein könnten. Allenfalls wurden bildlichen Phänomenen andere textfunktionale Bedeutungen zugeschrieben als den sprachlichen, womit ein methodischer Zwiespalt verbunden war: sprachliche Phänomene sollten linguistisch und bildliche Textbestandteile sollten semiotisch untersucht werden. Abgesehen vom eher fraglich reduzierten Semiotik-Begriff auf rein bildliche Text-Elemente konnte durch den methodischen Zwiespalt auch die Frage nach dem Erfassen von holistischen Textfunktionen nicht beantwortet werden.

Dass sich auch die texttheoretische Forschung mit einem holistischen Textbegriff befassen muss, wird seit der zunehmenden Notwendigkeit der kulturübergreifenden Zielgruppenansprache im globalen Handlungsbereich der Wirtschaft besonders deutlich. Dies rückt die interkulturelle Perspektive gerade für einen im Bereich der Wirtschaft akzeptablen Textbegriff ins Zentrum des Interesses. Allerdings hat dies dann auch Konsequenzen sowohl für die theoretische Fundierung des Textbegriffs als auch für die Entwicklung methodischer Analyseverfahren im Bereich der interkulturellen Textforschung. Dies ist eine besonders komplexe Herausforderung, denn hier wird deutlich, dass eine Weiterentwicklung von Theorieaspekten in überzeugender Form nur über die systematische Erfassung empirischen Materials geleistet werden kann, will die interkulturelle Kommunikationsforschung auch im Handlungsbereich täglicher Zielgruppenansprachen umsetzbar und richtungsweisend sein.

Gerade die zwei Fragen nach der Identität von Emittenten und Akzeptanz durch Rezipienten im Rahmen von Kommunikationsgestaltung stellt die Praktiker vor die Notwendigkeit, die Erkenntnisse aus der Wissenschaft aktiv aufzunehmen und zu verarbeiten. Dies sist vor allem deshalb notwendig, weil das Kommunikationsmanagement ansonsten noch viel zu sehr 'aus dem Bauch heraus', bestenfalls intuitiv, operiert. Hier wird die Begegnungsnotwendigkeit zwischen Wissenschaft und Praxis deutlich: Die Wissenschaft braucht die konkreten Erfahrungen aus der Praxis um relevante Fragestellungen formulieren zu können und die Praxis braucht den Wissenschaftsbetrieb, um neue Lösungswege und Antworten auf bekannte Probleme zu erhalten, die in ihrer komplexen (interdisziplinären und interkulturellen) Verwobenheit nicht systematisch von einzelnen Akteuren in der Praxis gelöst werden können.

Und genau hier setzt der vorliegende Band an. Die Frage der Optimierung von Zielgruppenansprache wird aus den Rahmenbedingungen heraus, in denen das Kommunikationsmanagement in der Wirtschaft tätig ist, systematisch und unter komplementären Fragestellungen sowie anhand von komplementären Korpora in sich gegenseitig für die Hauptthematik des vorliegenden Bands ergänzenden Kommunikationskanälen behandelt. Ziel des Bands ist es, neben aktuellen Gestaltungsbedingungen in den verschiedenen Medien auch Richtungen zur Systematisierung und Optimierung von Kommunikation für den Wirtschaftsalltag aufzuweisen. Die ersten drei Beiträge stammen aus der internationalen Projektgruppe zur *Identitätsbildung in Geschäftsberichten* der Universi-

Einleitung: Identität und Akzeptanz in der Zielgruppenansprache

täten Aalborg, Åbo/Turku, Hamburg und Jena. Die folgenden vier Beiträge stammen von Absolventen des internationalen Double-Degree-Masters *InterculturAd – Werbung interkulturell* in der Zusammenarbeit zwischen der Universität Åbo Akademi (Finnland) sowie der Katholischen Universität Eichstätt-Ingolstadt (http://interculturad.ku-eichstaett.de). Die ausgesuchten Beiträge stellen besonders eingehende Untersuchungen zu den einzelnen Themenbereichen dar. Dies zeigt sich auch im Umfang der Beiträge und ist aus der Notwendigkeit heraus bedingt, sowohl grundsätzliche als auch praktische Fragestellungen integrativ zu bearbeiten, was nach Auffassung der Autoren letztlich dem Leser einen höheren Mehrwert als im Fall von Kurzbeiträgen liefern kann.

Im ersten Beitrag von **Christopher M. Schmidt** wird der Frage des kulturellen Stils unter texttheoretischer Perspektive anhand von Jahresberichten nachgegangen. Kultureller Stil versteht sich hier als kulturbedingte Tradition in der Textgestaltung. Besonders seit der globalen Zugänglichkeit börsennotierter Unternehmen stellt sich vermehrt die Frage nach der sprachlichen und textuellen Optimierung in der Gestaltbarkeit von Jahresberichten. Identität zeigt sich hier im Dilemma der Wahrung markenspezifischer- bzw. unternehmensspezifischer Einmaligkeit innerhalb eines standardisierten Mediums. Dass diese Standardisierung stark durch länderspezifische Traditionen geprägt sein kann, wie in diesem Beispiel gezeigt wird, stellt die Notwendigkeit einer eigenständigen Positionierung duch Corporate Identity-Kommunikation vor besondere Herausforderungen. Die Art dieser Herausforderungen wird unter dem Aspekt kultureller Stile anhand eines deutsch-finnischen kontrastiven Materials beispielhaft als Methode interkultureller Textforschung dargestellt.

Claudia Böttger untersucht anhand von mehrsprachigen Pressemitteilungen anhand eines deutsch-englischen Materials das Problem der One-Voice-Policy im Fall einer Krisenkommunikation der Unternehmens BP. Die Frage der Identitätswahrung durch einheitliche Kommunikation stellt vor allem in Krisenzeiten das Kommunikationsmanagement vor einem doppelten Problem: Einerseits soll die Handhabung einer Krisensituation auf Glaubwürdigkeit seitens der Zielgruppen stoßen. Andererseits wird durch die Notwendigkeit des mehrsprachigen Auftretens ein übersetzungsbedingtes Akzeptanzproblem geschaffen, wenn die sprachlich bedingten Unterschiede in den textfunktionalen Diskursen nicht in den Übersetzungen beachtet werden. Im Fall von BP führt dies nicht nur zu unterschiedlichen rechtsverbindlichen Funktionen zwischen Original und Übersetzung, sondern außerdem wird im Übersetzungsprozess ein entscheidender Perspektivenwechsel in der Darstellung des Unternehmens vollzogen. Dies prägt die Wahrnehmbarkeit der dargestellten Krise in der Öffentlichkeit nachhaltig.

Der Beitrag von **Stefanie Zornow** und **Anne Grethe Julius Pedersen** untersucht, inwieweit Nachhaltigkeitskommunikation als Mittel identitätsstiftender Kommunikation am Beispiel deutscher und dänischer Pharmaunternehmen eingesetzt wird. Vor allem die Fragen der Glaubwürdigkeits-, Emotionalisierungs- und Personalisierungsstrategien bilden zentrale Aspekte zur Positionierung von Unternehemen in dieser Branche. Die Frage der unternehmensspezifischen Identitätsbildung in der kommunikativen Ausgestaltung von Nachhaltigkeitsberichten zeigt sich in der Art, wie die obigen drei Strategien textuell in der Abstimmung zwischen verbalen und nonverbalen Gestaltungsformen realisiert werden.

Im Beitrag von **Hongjia Qi** wird untersucht, auf welche Verständnisprobleme eine textuell vermittelte Selbstdarstellung stoßen kann, wenn sie nicht die Voraussetzungen in der Rezeptionstradition der Zielgruppe schon in der Textgestaltung einplant und umsetzt. Gerade im Bereich des Tourismusmarketings kann das Vorhaben der Darstellung eigenkultureller Identitäten als Positionierungsstrategie auf Akzeptanzprobleme bei der Zielgruppe stoßen, wenn diese Strategie zu sehr aus der Eigenperspektive heraus umgesetzt wird. Anhand einer Wirkungsuntersuchung unter Vertretern der chinesischen Zielgruppe in Beijing werden die textuell vermittelten Inhalte finnischer Tourismusbroschüren für den chinesischen Markt kritisch untersucht und Konsequenzen für die Systematisierung kulturübergreifender Werbekommunikation gezogen.

Maximilian Weigl geht anhand einer Befragung von Benutzern von *Location-Based-Services* der Frage der optimalen Verwendbarkeit aus Sicht der Werbetreibenden nach. Dieses noch relativ wenig genutzte Werbemedium bietet personalisierbare Werbestrategien, die in ihrer individuellen Ausrichtung auf die Anwendungsgewohnheiten der Nutzer die Effizienz herkömmlicher Werbeträger bei Weitem überschreiten können. Gleichzeitig ergibt sich paradoxerweise gerade in dieser Hinsicht ein potentielles Problem seitens der Nutzer, die für eine effektivere Ausnutzung von Werbeangeboten auch einen Zugang zu individuellen Gebrauchs- und Lebensgewohnheiten ermöglichen müssen. Die Frage, inwieweit dies ein Akzeptanzproblem seitens der Nutzer diesem Medium gegenüber darstellen kann, und mit welchen Erwartungen die Nutzer an *Location-Based-Services* herantreten, wird im Einzelnen anhand der Befragung dargestellt.

Die Frage der Kreativität in der Zielgruppenansprache ist ein zentrales Thema im Beitrag von **Karolin Wochlik**. Jenseits der Frage nach Vor- und Nachteilen von Online- bzw. Offline-Kommunkation hat sich das Guerilla Marketing als eigene Kommunikationsdimension mit neuen Rahmenbedingungen aber auch Wirkungsmöglichkeiten herausgebildet. Vor allem im Rahmen von Standort-Marketing ist diese Kommunikationsform besonders interessant, da sie eine Akzeptanz seitens der Zielgruppen durch innovative Involvierung bzw. Aktivierung dieser Zielgruppen konkret erreichen kann. Dies ist jedoch nicht automatisch mit dieser Marketingmethode verbunden. Vielmehr ist hier die Frage zentral, wie mit Kreativität eine Zielgruppenaktivierung erreicht werden kann. Der Beitrag zeigt anhand des deutsch-finnischen Projekts HELSINKISS-BERLIN Funktion und Einsetzbarkeit von Kreativität im Guerilla Marketing.

Madeline Sieland geht in ihrem Beitrag der Stellung wirtschaftlicher und nicht-wirtschaftlicher Motive im Sportsponsoring nach. Die Zielsetzungen seitens der Sponsoren im Fall von wirtschaftlichen und nicht-wirtschaftlichen Motiven bei der Auswahl von Sponsoringobjekten können zum Teil sehr stark variieren. Dies hat Konsequenzen für die Sponsorenaquise, derer sich die Gesponserten im Vorfeld bewusst werden müssen. Besonders die Frage der nicht-wirtschaftlichen Motive stellt eigene Bedingungen für die Sponsorenansprache seitens der Gersponserten. Vor dem Hintergrund einer systematischen Analyse des Sportsponsorings werden im Beitrag zentrale Thesen entwickelt, wie nicht-wirtschaftliche Motive sich auf Sponsoringengagement und Auswahl der Sponsoringobjekte auswirken.

Die Drucklegung des vorliegenden Bandes wurde durch die großzügige Unterstützung der Stiftung der Universität Åbo Akademi ermöglicht, wofür an dieser Stelle gedankt sei. Auch danke ich Dr. Tatjana Rollnik-Manke sowie Herrn Jens Meisenheimer von VS Research für die gute Zusammenarbeit von Seiten des Verlags.

Kulturelle Stile als Bild-Textstrategien in Jahresberichten

Christopher M. Schmidt

Inhalte:
1 Einleitung
2 Jahresbericht und kultureller Stil
3 Erstellung der Untersuchungskriterien
4 Die Analysekriterien
5 Auswahl des Analysematerials
6 Analyse der finnischen Jahresberichte
7 Analyse der deutschen Jahresberichte
8 Die Analyseergebnisse zusammengefasst
9 Konsequenzen für die Gestaltbarkeit von Berichtsteilen der Jahresberichte
Literatur

1 Einleitung

Der Beitrag versteht sich als qualitativ-funktionale Untersuchung zu Fragen der Kulturgebundenheit von Textsorten, hier untersucht anhand eines kulturkontrastiv ausgewählten Korpus im Bereich der Investor Relations-Kommunikation. Ziel des Beitrags ist es, den Begriff der kulturellen Stile in einen holistischen texttheoretischen Rahmen zu heben, in dem die multimodale Dimension von ‚Text' unter funktionaler Perspektive als eine kommunikative Einheit betrachtet wird. ‚Text' wird daher im weiteren Verlauf des vorliegenden Beitrags als weiter Textbegriff verwendet, worauf noch weiter unten näher eingegangen wird. In der Analyse des Beitrags wird der Begriff der kulturellen Stile anhand der Verwendung von sprachlichen und bildlichen Elementen untersucht. Weiterhin soll der Begriff der kulturellen Stile – auf der Basis einer empirischen Nachvollziehbarkeit im vorliegenden Beitrag – in seiner auch für die Praxis relevanten Brauchbarkeit für die multimodale Kommunikation veranschaulicht werden. Je nach Ergebnisausfall können dann Konsequenzen für die praktische Gestaltung/Gestaltbarkeit von Texten als ganzheitliche Kommunikationsangebote im Bereich der vorliegenden Untersuchung gezogen werden. Indem die Untersuchung neben unternehmensspezifischen Ausprägungen auch der Frage möglicher kulturspezifischer Ausprägungen von Kommunikaten nachgeht, reiht sie sich im Schnittbereich zwischen unternehmens- und landeskulturelle Forschung ein. Die Frage der Identität wird in diesem Fall als Wechselspiel beider Kulturdimensionen aufgefasst. Dabei kann eine so komplexe Frage wie sie die Kulturgebundenheit von Texten darstellt, nur über einen empirischen Zugriff unter Berücksichtigung der für eine Textsorte spezifischen kommunikativen Funktionen gewinnbringend erarbeitet werden; so die Grundthese dieses Beitrags. Daher versteht sich der kontrastive Vergleich zwischen dem deutschen und finnischen Korpus als exemplarisch für Untersuchungen dieser Art und weist methodologisch weit über den Rahmen dieses Ländervergleichs hinaus. Eine Übertragung auf andere Kulturbereiche ist auf der Basis der universal gesetzten Funktionen dieser Textsorte (s. weiter unten) und unter Prüfung der einzelnen darsuas entwickelten textanalytischen Untersuchungskriterien jederzeit möglich. Wie die Erstellung textanalytischer Untersuchungskriterien aus textuellen Grundfunktionen heraus realisiert werden kann, wird exemplarisch im vorliegenden Beitrag in Kap. 3-4 gezeigt.

Der sich in der texttheoretischen Forschung erstaunlich zäh gehaltene ‚Logozentrismus' mit seiner einseitigen Überbetonung der sprachlichen Dimension von Texten ist mittlerweile zunehmend in Frage gestellt worden (Stöckl 2004, Kress/van Leeuwen 2006, Fix 2007, Witchalls 2010), allerdings mit unterschiedlichen Konsequenzen in der Anwendung. Während Stöckl seine Analysen vor allem auf sprachliche Bilder bezieht, verlagern Kress/van Leeuwen das analytische Erkenntnisinteresse vor allem auf die Konstitutionsbestandteile bildlicher Darstellungen.[1] Witchalls hebt die Notwendigkeit der gegenseitigen Abstimmung bildlicher und sprachlicher Elemente in Textanalysen hervor (Witchalls 2010: 105ff.) und unternimmt den Versuch, anhand der statistischen Verwendung formaler Textelemente einen Vergleich quantitativ nachweisbarer Textbausteine in deutschen und US-amerikanischen Jahresberichten als Ausdruck kultureller Stile aufzustellen.

Aufgrund der bisherigen Darstellung oben ist schon ein begrifflicher Erklärungsbedarf angesprochen worden. So beinhaltet der Begriff kulturelle Stile nicht nur zwei hochgradig unterschiedlich gebrauchte Begrifflichkeiten – nämlich ‚kulturell' und ‚Stil'. Darüber hinaus ist der Begriff der ‚kulturellen Stile' bisher nur in Ansätzen empirisch in der Wirtschaftskommunikation verankert worden.[2] Die Vielschichtigkeit des Kulturbegriffs in der Wirtschaft und der damit einhergehende Erkenntnisbedarf an kulturbedingten Kommunikationspraxisen (seien diese unternehmens-, landes-, branchen-, sozio- oder subkulturell ausgerichtet) verleiht der Frage nach kulturellen Stilen heuristischen Wert sowohl für die Forschung im Allgemeinen als auch für die Praxisgewohnheiten im Speziellen im Bereich der Wirtschaftskommunikation. Gleichwohl kann

---

1 Vgl. dazu die texttheoretische Diskussion in Schmidt 2010b.
2 Neben der oben angeführten Arbeit von Witchalls (2010) können hier Bolten et al. 1996 für Geschäftsberichte, Bolten 2007: 75 passim u.a für Homepages in der Automobilwerbung und Wirtschaftskommunikation im Allgemeinen angeführt werden. Haller 2009 wiederum in für Websites der Automobilbranche.

davon ausgegangen werden, dass Stiltraditionen als kollektive Phänomene nicht ohne kulturelle Eingrenzungen gefasst werden können (Linke 2009). Zwar können ‚kulturelle Stile' als komplexe Systeme dichter Beschreibung (im Sinne von Geertz 1999) verstanden werden, jedoch folgt aus dieser Einsicht noch keine empirische Methode als solche. Vielmehr ist eine Detailanalyse immer mit der Notwendigkeit einer Eingrenzung der Manifestation von Kultur verbunden, will sie auch für die tägliche Praxis aussagerelevant bleiben. ‚Kulturelle Stile' wird im vorliegenden Beitrag folglich nicht als Gesamtsicht von Kulturen verstanden, da dies nicht nur den Rahmen des vorliegenden Beitrags bei Weitem sprengen würde, sondern auch die Überschaubarkeit der Ergebnisse für der Handlungsbereich der Wirtschaft beeinträchtigen würde. Folglich wird kultureller Stil als Manifestationsform kulturgebundener Kommunikationstradition innerhalb einer Textsorte – hier der Jahresberichte – verstanden. Dies schließt allerdings nicht aus, die nachvollziehbaren Anknüpfungsmöglichkeiten zu Kommunikationstraditionen außerhalb des untersuchten Materials dort aufzuzeigen, wo sie entweder aus der täglichen Praxis im Handlungsbereich der Wirtschaft oder aufgrund empirischer Untersuchungen anderenorts offenbar werden.

Dabei muss zunächst auf die Dimension 'Kultur' eingegangen werden. Entscheidend ist in diesem Zusammenhang nicht die oft beschworene Tatsache, dass der Kulturbegriff sich der unterschiedlichsten Definitionen erfreut. Die Unterschiedlichkeit in den Definitionen ergibt sich notgedrungen für einen so komplexen Erfahrungsbereich wie ihn Kultur darstellt. Definitionen in diesem Bereich sind methodisch eher an die jeweilige Herangehensweise kultureller Forschungen gebunden und sagen mindestens genauso viel über den jeweils avisierten Phänomenbereich wie über die letztlich immer als kontingent einzustufenden Festsetzungen a priori aus (Hübner 1986), mit denen textbasierte Alltagsphänomene als kulturell bedingte Kommunikationsformen für weiter führende Verwendungszwecke erschlossen werden sollen. Hierdurch wird die Nichthaltbarkeit interkultureller Kategorienbildung im Sinne universal gültiger Untersuchungswerkzeuge erklärlich (Schmidt 2008). Dies ist eine notwendige methodologische Konsequenz, die sich aus der Vielschichtigkeit des Kulturbegriffs ergibt. Wird diese methodologische Voraussetzung in kulturtheoretisch orientierten Untersuchungen berücksichtigt (egal ob diese eher allgemein interkulturell oder spezifisch kulturkontrastiv ausgerichtet sind), dann lassen sich aus der gegebenen Mehrdimensionalität des Kulturbegriffs nicht nur wissenschaftlich überzeugende Verfahren entwickeln, sondern ebenso solche Erkenntnisse gewinnen, die für die Praxis der Kommunikationstätigkeit im jeweils untersuchten Bereich von Relevanz sein können. Hieraus folgt, dass empirische Untersuchungen in diesem Bereich nicht einfach auf sogenannte ‚gängige' Analysekategorien zurückgreifen können, sondern die Relevanz der verwendeten

Analysekategorien müssen im Einzelnen jeweils ausgehend vom ausgesuchten Material logisch einsichtig gemacht werden. Das hat dann auch Konsequenzen für das methodische Vorgehen. Will man die Frage der Eigenständigkeit kultureller Stile greifen, so stellt die Verwendung textformaler Elemente keinen Eigenwert dar, sondern ist immer an kommunikative Funktionen gebunden. Die Frage nach dem Stil stellt sich somit als eine Frage nach den kommunikativ motivierten Stilfunktionen. Unter diesem Aspekt ist die materiale Manifestation von Texten lediglich das Resultat dieser auch kulturell bedingten Stile, weshalb formale Untersuchungskriterien nicht ausreichen, um die funktionale Verankerung kommunikativer Stile zu erfassen.

Dies gilt ebenso für den vorliegenden Beitrag, der ausgehend von betriebswirtschaftlich verankerten Funktionsbedingungen des untersuchten Materials zentrale textanalytische und kommunikationstheoretische Analysekategorien erstellt. Unter dem Aspekt ihrer jeweiligen Umsetzung im Untersuchungsmaterial werden die kulturellen Besonderheiten in den jeweiligen textuellen Realisationsformen erschlossen. Hieraus ergeben sich nicht nur Erklärungsleistungen für überindividuelle Textgestaltungsformen im Bereich der Jahresberichte. Im vorliegenden Beitrag wird spezifisch der nichtobligatorische Berichtsteil in Jahresberichten untersucht. Je nachdem wie die vergleichenden Analysen ausfallen, können relevante Konsequenzen auch für die Praxis der Geschäftsberichterstattung über den landeskulturellen Kontext hinaus gezogen werden.

2 Jahresbericht und kultureller Stil

Im vorliegenden Beitrag wird der Begriff ‚kultureller Stil' bewusst auf die landeskulturelle Perspektive bezogen, da diese Perspektive im Selbstverständnis des Unternehmensalltags in der Regel, wenn nicht verschwiegen, so doch weitaus unterschätzt wird. Der Drang zu Lingua Franca-Realisierungen bzw. zu Übersetzungen, die sich an fremdsprachlichen Ausgangsvorlagen orientieren, ist zwar unter dem Aspekt der Zeitknappheit und der Streubreite an sprachlich unterschiedliche Zielgruppen im täglichen Diskurs verständlich, birgt jedoch als langfristige Handlungsmaxime für das Kommunikationsmanagement ebenso viele Probleme der Verständlichkeit in sich, wie es für letztere Lösungen sucht (vgl. Yli-Jokipii 2008; Glaser 2003).

Damit hinterfragt der vorliegende Beitrag die Möglichkeit, ob sich Diskurstraditionen im Bereich des Jahresberichts in einer so jungen Teil-Textsorte wie ihn der Berichtsteil von Jahresberichten darstellt, landeskulturell entwickeln können, oder eher kulturübergreifend textsortenspezifisch entwickeln. Unternehmenskulturelle Fragestellungen stehen im vorliegenden Beitrag nicht im Zentrum des Interesses und werden vereinzelt nur dort angesprochen, wo sie in offensichtlicher Form textuell zur Geltung kommen. Bisherige Untersuchungen zu non-obligatorischen Teilen des Jahresberichts haben sich vor allem mit dem Aktionärsbrief befasst.[3] In kulturkontrastiven Untersuchungen sind die übrigen non-obligatorischen Berichtsteile bisher noch nicht systematisch untersucht worden. Die vorliegende Untersuchung versucht einen Beitrag für den sich hieraus ergebenden Nachholbedarf im Bereich dieses Berichtsteils zu leisten.

Als Vergleichsgrundlage werden in diesem Fall bewusst Texte aus zwei sprachlich und geografisch auseinander liegenden Kulturen gewählt, um auch die Frage nach der Textsortenidentität von Jahresberichten im Rahmen des vorliegenden Beitrags als eine möglicherweise kulturdependente Frage untersuchen zu können.

Als Materialgrundlage dienen hierbei Jahresberichte finnischer und deutscher börsennotierter Unternehmen. Es werden bewusst Unternehmen aus den verschiedensten Branchen untersucht, um möglichst branchen- oder sogar unternehmenskulturell bedingte Phänomene so weit wie möglich ausgrenzen zu können. Das Analysematerial umfasst ausschließlich Textmaterial aus den nicht-obligatorischen Teilen von Jahresberichten. Diese Auswahl geschieht aus mehreren Gründen. Aufgrund der unterschiedlichen nationalen Anforderungskriterien (nicht nur im Fall von Finnland und Deutschland) für die Frage der obligatorischen Inhaltsgestaltung haben Unternehmen besonders im Bereich der international nicht formalisierten Berichterstattung große Freiheiten, die sich vor allem auf den Berichtsteil (im Unterschied zum sog. Finanzteil) erstrecken. Nicht nur sind nationale Standards unterschiedlich, sondern außerdem ist die Frage der textuellen Realisationsmöglichkeit inhaltlich vorgegebener nationaler Standards weitestgehend offen. So sind z.B. die Inhalte des Lageberichts nach dem deutschen Rechnungslegungsstandard vorgegeben, jedoch so allgemein formuliert, dass Realisation und Spezifikation den Unternehmen offen gelassen ist, wodurch eine große Freiheit in der Ausgestaltung gegeben ist. Dies gilt in noch größerem Maße den sich eigendynamisch entwickelnden Teilen des Berichtsteils, die gesetzlich nicht vorgeschrieben sind (Bextermöller 2001).

Im Einzelnen versucht der vorliegende Beitrag Antworten auf folgende Fragen zu finden:

1. Nach welchen funktionalen Gestaltungsprinzipien sind die nichtobligatorischen Teile aufgebaut?

---

3   Z. B. in Schmidt 2002, Gohr 2002, Ebert 2003 und Witchall 2010. Böttger 2007 erweitert das Korpus, indem neben Aktionärsbriefen auch Corporate Statements unter dem Aspekt der Verwendung des Englischen als Lingua Franca untersucht werden.

2. Gibt es nationale Unterschiede im Rahmen der vorliegenden Studie in der Realisationsform gleicher Berichtsteile? Wenn ja, welche Konsequenzen können hieraus für die übernationale Zielgruppenadressierung gezogen werden?

3. Nach welchen Textgestaltungs-Prinzipien werden im Einzelnen funktionale Bestandteile wie z.b. dialogische Aspekte der Leseradressierung, Faktendarstellung, Formen des Bezugs auf das eigene Unternehmen, Beweisführung u.a. realisiert?

4. Gibt es landeskulturelle Besonderheiten in der Hantierung mit logischen (Grafiken, Diagramme, Modell-Abbildungen etc.) und ikonischen Bildern (fotografische Abbildungen verschiedener Art), die überwiegend als nonverbale Darstellungsform im Fall von Jahresberichten verwendet werden? Welche Schlussfolgerungen können daraus für die praktische Anwendung/ Anwendbarkeit nonverbaler Bestandteile von Jahresberichten gezogen werden?

Auf den obigen Fragen aufbauend soll die Gestaltung von Berichtsteilen unter dem Aspekt untersucht werden, ob die deutschen und finnischen Berichtsteile jeweils kulturspezifische Besonderheiten aufweisen. Da der Berichtsteil zunehmend getrennt vom Finanzteil (z.B. in Finnland) sowie erheblich aufwändiger publiziert wird, lässt sich ihm eine besondere Funktion für die zielgruppenspezifische Kombination im Bereich strategischer Kommunikation von Unternehmen zuschreiben. Besonders unter dem Aspekt der Nicht-Obligation erhält für den Berichtsteil die werbetreibende Funktion eine besondere Bedeutung. Je weniger landesspezifische Ausprägungen zu den einzelnen unten im Detail noch zu erstellenden Analysekriterien ausfindig gemacht werden, desto mehr ist dies ein Indiz dafür, dass die Geschäftsberichterstattung nach globalen Gesichtspunkten entwickelt werden kann. Sollten die landeskulturellen Stile von einander abweichen, können hieraus andererseits Konsequenzen dafür gezogen werden, in welche Richtung landeskulturelle spezifische Realisationsformen der Berichterstattung gesucht und für die Kommunikationstätigkeit in Jahresberichten brauchbar gemacht werden können – unter funktionalem Aspekt auch jenseits der beiden hier untersuchten Kulturräume. Hieraus ergibt sich der generelle Anwendungs-Mehrwert dieses Beitrags. So dient das hier vorliegende finnischdeutsche Korpus für obige Fragestellungen der Anschaulichkeitsfunktion im kulturübergreifenden Sinn.

Widmet man sich der Frage nach den textbasierten kulturellen Stilen, so muss auch auf den Stilbezug der Materialgrundlage eingegangen werden. Obwohl der Stilbegriff in sprachwissenschaftlicher Forschung traditionellerweise eher verbal ausgerichtet gewesen ist, ist im Rahmen der vorliegenden Untersuchung eine entscheidende Erweiterung vorzunehmen. Wenn Stil als Medium kulturbedingter mentaler Modelle fungiert, so ist das Erkenntnisinteresse an Stil prinzipiell semiotisch ausgerichtet, wie Linke (2009: 1137) hervorhebt. ‚Semiotisch' bedeutet konsequenterweise in diesem Fall alle Manifestationen eines Kommunikats im Rahmen einer kommunikativen Tätigkeit. Da außerdem aufgrund der holistischen Bedeutung von Kultur letztere sich ganzheitlich auf Kommunikation auswirkt, können kulturelle Phänomene bezüglich ihrer Manifestationsform nur dann hinreichend überzeugend untersucht werden, wenn sämtliche Kommunikationsdimensionen Grundlage der Untersuchung sind. Dies bedeutet im Bereich der textbasierten Kommunikation, dass immer ein Text als Ganzheit das Kommunikat darstellt. Die Konsequenz hieraus in Bezug auf multimodale Texte ist, dass eine rein verbal ausgerichtete Untersuchung den vollen Umfang des semiotischen Prozesses solcher Texte nicht greifen kann. Unter semiotischer Perspektive sind kulturelle Stile ebenso verbal wie auch nonverbal vermittelbar, da kulturbedingte mentale Modelle eine starke bildliche Konzeptualisierung zur Grundlage haben können, die sich als Verbildlichung sowohl im verbalen wie im nonverbalen Darstellungsmodus materialisieren können (vgl. Schmidt 2010a). Entscheidend für den semiotisch ausgerichteten Untersuchungsansatz ist, dass die Kommunikationsdimensionen Verbalität, Paraverbalität und Nonverbalität ausgehend von Handlungskontexten im Bereich der Extraverbalität gleichberechtigt nebeneinander gestellt werden. Diese Einsicht ist umso wichtiger, will man texttheoretische Erkenntnisse der Kommunikationspraxis – hier im Handlungsbereich der Wirtschaft – zugänglich machen. In der Kommunikationspraxis der Wirtschaft ist der unvoreingenommene Gebrauch nonverbaler Darstellung schon längst zur Tradition vor allem in der werblichen Kommunikation geworden (Kroeber-Riel/Esch 2004). Unter semiotischer Perspektive ist der Einbezug nonverbaler Darstellung sogar ein wichtiger Bestandteil zum Erfassen des Interpretanten (im Sinne von Ch. S. Peirce 1993/1906), der im Rahmen einer gegebenen Kommunikationstradition immer auch an eine gewisse Kulturtradition gebunden ist, unabhängig davon, ob diese landes- oder unternehmenskulturell geprägt ist (Schmidt 2010b). Folglich werden in der vorliegenden Untersuchung die oben genannten Kommunikationsdimensionen aufeinander in Bezug gesetzt, um so die sich gegenseitig ergänzende kommunikative Funktion der untersuchten Texte fassen zu können. Die epistemische Grundlage der Bestimmbarkeit von Kulturspezifika im kulturkontrastiven Vergleich ist die Distinktion zwischen Identität und Varianz in den textuellen Realisationsformen. Kulturelle Stile können demnach in Anlehnung an Linke folgendermaßen definiert werden:

> „Wir können also dann von *kulturellen Stilen* sprechen, wenn sich Handlungen oder Artefakte durch wiederkehrende und ‚gleiche' Formen auszeichnen, die aufgrund möglicher

20   Christopher M. Schmidt

> Kontrasterfahrung als *signifikante* Ausdrucksmuster, als *Formen von Formen* erkennbar sind
> und sich sowohl kohärenz- als auch differenzbildend auf eine gesellschaftliche Gruppe oder
> eine historische Epoche beziehen lassen." (Linke 2009, 1138; Herv. im Orig.)

Wie aus dem obigen Zitat deutlich wird, ergibt sich das Phänomen eines kulturelles Stils erst aus dem systematischen Erafssen eines Korpus, also vor allem auf analytisch-induktivem Weg. Methodisch unverzichtbar ist dann im Fall texttheoretischer Untersuchungen das Ausgehen von textsortenspezifischen Kommunikationsfunktionen für eine Analyse. Es versteht sich von selbst, dass diese Funktionen immer textsortenspezifisch erstellt werden müssen, will man die Frage der Zielgruppenansprache für eine bestimmte Textsorte adäquat erfassen.

Bei Jahresberichten kann davon ausgegangen werden, dass es gerade die non-obligatorischen Berichtsteile sind, die einen verhältnismäßig hohen Grad an kulturspezifischer Ausprägung enthalten, da diese als kulturspezifische (im Sinne einer gesellschaftlichen Gruppe) Traditionen vor allem in institutionell nicht regulierten Diskursbereichen verwendet werden. Hieraus ergäbe sich eine freiere Gestaltungsmöglichkeit als in regulierten Diskursbereichen sowie eine Dynamik in der textuellen Gestaltbarkeit in diesen Diskursbereichen. Zumindest intuitiv ist sich vor allem die Wirtschaft dieser Gestaltungsfreiheit mehr als bewusst, was z.B. durch innovative Werbekommunikationsformen zum Ausdruck kommt. Jedoch wird dies z. T. in der textuellen Verankerung von Marken- und Unternehmensidentitäten immer noch sehr ‚aus dem Bauch heraus' verwirklicht, mit entsprechenden dysfunktionalen Konsequenzen (Reins 2006).

3 Erstellung der Untersuchungskriterien

Bedingt durch die zunehmende Liberalisierung der Finanzmärkte in Kombination mit der digitalen Durchdringbarkeit der Anlageinstrumente sind auch die Zielgruppen von Jahresberichten internationaler und heterogener geworden als noch zu Zeiten vor der Internetnutzung. Neben öffentlichen Einrichtungen sowie korporativen Instanzen sind es vor allem nichtprofessionelle Anleger, die durch die leichte Zugänglichkeit der Börsen u.a. durch Investmentfonds sowie der Deregulierung des Finanzmarkts[4] eine zunehmend wichtige und gleichzeitig vielschichtige Adressatengruppe ausmachen. Dies ist nicht ohne Konsequenzen für das Kommunikationsmanagement börsennotierter Unternehmen gewesen:

---

4   In Europa setzt diese Phase vor allem mit dem Beginn des Europäischen Binnenmarkts 1993 ein
    und hat seitdem eine gewisse Eigendynamik erhalten.

"Ähnlich wie bereits für die Medienarbeit festgestellt, sind auch Zielgruppen der Investor Relations noch einmal auszudifferenzieren: Neben institutionellen Anlegern und den Analysten der großen Banken und Investmentgesellschaften spielen insbesondere seit den neunziger Jahren des 20. Jahrhunderts Privatanleger eine gewichtige Rolle für die Finanzkommunikation. Vor allem hierdurch haben sich auch jene Teile der Medienlandschaft, die sich mit Wirtschaftsthemen allgemein bzw. mit der Börse im speziellen beschäftigen, als eine wichtige Zielgruppe der Investor Relations herauskristallisiert." (Westermann 2004: 58)

Bedingt durch die Vielfalt der Adressatengruppe kann davon ausgegangen werden, dass auch die Funktion des Berichtsteils nicht lediglich auf eine vorrangige Kommunikationsfunktion reduziert werden kann. Heterogenität in der Adressatengruppe führt auch zur Heterogenität der Textfunktionen. Daher ist es verständlich, wenn R. Keller auf fünf kommunikative Grundfunktionen für Jahresberichte kommt. Nach Keller (hier zitiert aus Bextermöller 2001: 126) sollen Jahresberichte

- informieren
- überzeugen
- Image prägen
- Beziehung pflegen
- Unterhalten.

Dabei liegt es auf der Hand, dass diese Grundfunktionen nicht getrennt voneinander relevant sind, sondern sich gegenseitig bedingen. Dies wird in der verzahnten Zusammenstellung des Berichtsteils umso deutlicher, denn selbst eine Sach-Information kommt nicht ohne argumentativ überzeugende und ästhetisch ansprechende Textgestaltung aus, will sie auf möglichst optimale Akzeptanz bei den Adressaten stoßen (Bextermöller 2001: 127). Wenn folglich Manager zur Funktion des Lageberichts befragt werden, und diese Frage mit der Informationsfunktion beantworten, so ist hiermit nicht eine textfunktionale oder -theoretische Dimension angesprochen, sondern lediglich eine utilitaristische Zielvorgabe der Senderinstanz formuliert. Dieser Umstand kann nicht genug betont werden, denn selbst wissenschaftliche Untersuchungen ziehen hieraus den vorschnellen Schluss der eindimensionalen Reduktion der Textfunktion/en des Jahresberichts. Wenn dieser dann vorschnell auf eine rein informative Funktion reduziert wird (Gillaerts et al 2011: 152), so wird hierdurch nicht nur die Gestaltungsbreite dieser Text verkannt, sondern vor allem auch ihre multifunktionale Nutzbarkeit verkannt (Yli-Jokipii 2008: 200).

Die bisherige texttheoretische Forschung hat zur Einsicht geführt, dass der Textbegriff nicht unabhängig von der methodologischen Bindung an die jeweils zu untersuchenden Textsorten erstellt werden kann. Dies zieht notgedrungen die

Forderung eines weiten Textbegriffs nach sich, der im kulturtheoretischen Sinn ebenso landeskulturell (Hess-Lüttich 2006) als auch unternehmenskulturell (Schmidt 2010b) bezüglich seiner Gesamtaussage konditioniert sein kann. Daraus ergeben sich Konsequenzen für die Frage nach den für Textanalysen relevanten Untersuchungskriterien. Im vorliegenden Beitrag wird die Ansicht vertreten, dass relevante Analysekriterien aus den Textfunktionen abgeleitet werden können und müssen. Dabei handelt es sich um ein textsortenspezifisches funktional-logisches Ableitungsverfahren. Ausgangspunkt sind in diesem Fall die oben genannten fünf Hauptfunktionen der Jahresberichte. Im Fall der vorliegenden Arbeit ist dieses methodische Vorgehen wichtig, da es sich um eine qualitative Untersuchung handelt. Ziel der Untersuchung ist es gerade die kulturspezifischen Elemente der funktionalen Textgestaltung zu fassen. Sprachlich-formale Fragen als solche stehen hier automatisch am Rande des Erkenntnisinteresses.

4 Die Analysekriterien

Aus den oben dokumentierten Textfunktionen *informieren, überzeugen, Image prägen, Beziehung pflegen* und *unterhalten* lassen sich im nächsten Schritt Analysekriterien ableiten. Diese Kriterien stehen nicht im Eins-zu-Eins-Verhältnis zu den einzelnen Textfunktionen, sondern können im prototypischen Sinn aus den einzelnen Funktionen gefolgert werden, wobei ein Analysekriterium jeweils mindestens eine Textfunktion erfassen kann. Methodisch gesehen sind die jeweiligen Kriterien fakultative Kriterien, die sich aber im texttheoretischen Sinn gemäß des Ansatzes dieses Beitrags auf jeweils sämtliche Kommunikationsdimensionen gerade der Textsorte Geschäftsbericht beziehen können. Damit sind diese Analysekriterien vor dem Hintergrund der für Geschäftsberichte typischen Textfunktionen besonders für Geschäftsberichte anwendbar, wobei – wie bisher deutlich geworden sein sollte – von einem weiten Textbegriff im Printbereich ausgegangen wird. Dies ist gerade unter dem Aspekt der Sprache-Bild-Relation wichtig, mit der Geschäftsberichte operieren.

Explizite versus implizite Darstellung

Die Begriffe der expliziten bzw. impliziten Darstellung beziehen sich im vorliegenden Beitrag auf die Frage, ob darzustellende Inhalte als solche sprachlich benannt bzw. nonverbal abgebildet werden (explizit) oder lediglich indirekt über andere Inhaltsaspekte kontextuell angedeutet bzw. indirekt erschlossen werden können (implizit). Dies hängt mit der Funktion des Informierens zusammen. Die weiter oben dokumentierte Informationsfunktion für Geschäftsberichte avisiert vor allem die Frage nach den fakten-basierten Darstellungsformen. In Jahresberichten betrifft dies u.a. die Art, wie ein Unternehmen seine Aktivitäten, Ergebnisleistungen, Geschäftsbereiche, ggf. Tochterunternehmen/ Marken innerhalb einer Dachmarke, Strategiepläne, Projekte etc. präsentiert. Relevant für den Berichtsteil ist hier besonders die Frage, wie positive/negative Nachrichten in der Text-Bild-Interaktion dargestellt werden. In expliziter Darstellung können z.b. Fakten zum Unternehmen als solche entweder verbal ausformuliert oder nonverbal präsentiert werden; dargestellt durch logische (Infografiken, Diagramme, Modelle etc.) oder ikonische Bilder. Im impliziten Darstellungsmodus werden Informationen eher indirekt durch gleichzeitige Verweise auf Rahmenbedingungen präsentiert, die sich aus den Sachfragen ergeben bzw. zu diesen geführt haben. Insbesondere fragen diese beiden Analysekriterien danach, ob Sachinformation durch sachorientierte Propositionen oder über metaphorische Domänen verbal/nonverbal dargestellt wird. Hierbei muss hervorgehoben werden, dass die Frage der expliziten/impliziten Darstellungsweise nicht als Unterscheidungskriterium für positive/negative Sachinformationen zu verstehen ist, sondern im kulturtheoretischen Sinn ein Darstellungsmodus ist, der beide Aspekte betrifft. Dies bedeutet, dass es unter diesem Kriterienpaar nicht lediglich um die vielfältigen linguistisch-formalen Signale expliziter und impliziter Information auf Satzebene geht (dazu Behrens et al. 2009), sondern um die aus kulturvergleichender Perspektive wichtigere Frage nach der Art und Weise, wie das eigene Unternehmen zu positiver/ negativer Informationsdarstellung in Bezug gesetzt wird. Letzteres ist eine Fragestellung, die nach der Art der textuellen Referenz fragt und sich ebenso auf den verbalen wie auch den nonverbalen Darstellungsmodus beziehen kann. Hierdurch wird neben der Funktion des Informierens an die Frage anknüpft, wie unter dem Aspekt expliziter/impliziter Darstellung versucht wird, Überzeugungskraft über Textinhalte aufzubauen. Dass auch der Unterhaltungseffekt durch die Art der Verkettung verbaler und nonverbaler Elemente verwirklicht werden kann, liegt auf der Hand (vgl. dazu Abb. 2 weiter unten).

Diskursive Perspektive

Dieses Kriterium bezieht sich auf die logisch-argumentative Perspektive, mit der Erklärungen zu Geschehnissen, Resultaten, Ergebnissen und anderen unternehmensrelevanten Informationen geliefert werden. Dieser Aspekt der berichtenden Darstellung ist besonders deshalb wichtig, weil aus unternehmensstrategischer Sicht nicht nur die Überzeugungsfähigkeit der Eigenleistung wichtig für ihre Akzeptanz bei den Zielgruppen ist, sondern neben Informations- und Überzeugungsaspekten ebenfalls eine langfristige Bindung an das Unternehmen untermauert werden soll. Dies betrifft insbesondere die Funktion der Beziehungspflege, die als solche nicht losgelöst von der Überzeugungskraft dargebotener Information verwirklicht werden kann. Damit ist mit diesem Analysekriterium der Fokus auf die Erklärungslogik der Darstellungen gelegt. Im Rahmen der Unternehmenskommunikation im Allgemeinen und der Jahresberichterstattung im Besonderen handelt es sich hier prinzipiell um eine Grundwahl zwischen zwei Makrostrategien. Dieses Analysekriterium untersucht insbesondere die Rolle des Unternehmens als Senderinstanz hinter dem Text, auch wenn einzelne Personen zu Wort kommen (wie z.B. im Aktionärsbrief). Dieses Kriterium erlaubt es zu untersuchen, in welcher Weise das Unternehmen sich selbst als Initiator der beschriebenen Sachinformationen darstellt (bzw. von jemandem im Unternehmen so dargestellt wird). Wird mit anderen Worten das Unternehmen (oder Teilbereiche des Unternehmens) im logischen Argumentationsverlauf der darzustellenden Geschehnisse als der Akteur dargestellt, der die Ergebnisse initiiert, oder ist der Überzeugung stiftende Darstellungsfokus auf Phänomene, Handlungsbedingungen, Entwicklungen u. a. außerhalb des Unternehmens gelegt (z.B. Marktentwicklungen, Käuferverhalten, makroökonomische Tendenzen, politische Rahmenbedingungen etc.), die als externe Vorbedingungen die jeweiligen Ergebnisse bedingen? Der erstere Aspekt wird hier die **endogene** Perspektive genannt und der letztere als **exogene** Perspektive bezeichnet. Diese Perspektiven beziehen sich auf die argumentationslogische Rolle, die die Unternehmen in der Darstellungsweise der Ergebnisse einnehmen.

In der endogenen Perspektive werden die beschriebenen Phänomene als durch die eigenen proaktiven Aktivitäten des Unternehmens erreichten Unternehmensleistungen dargestellt. In exogenen Darstellungen fungieren die Unternehmensaktivitäten darstellungslogisch als Konsequenzen, die sich aus Marktentwicklungen und anderen externen Rahmenbedingungen ergeben. Die Unternehmensergebnisse sind im letzteren Fall reaktiv an die exogenen Handlungsvoraussetzungen gebunden. Anders ausgedrückt: In endogenen Darstellungslogiken ist das Unternehmen Initiator eigener Handlungsprozesse, die zu den dokumentierten Leistungen und Ergebnissen führen; in exogener Darstellung sind es externe Bedingungen, die zu den eigenen Handlungsweisen und Ergebnissen geführt haben.

Senderbezogenheit

Um ein Image (im weitesten Sinn) des Unternehmens prägen zu können, müssen die verwendeten Textstrategien – zusätzlich zu den zwei obigen Kriteriengruppen – beachten, welche unternehmensbezogene Instanz den Leser textintern anspricht. Dies ist ein besonders wichtiges textstrategisches Mittel zur kognitiven Positionierung des Unternehmens. Zusätzlich zu formalen Instanzen des Unternehmens (Vorsitzender, Mitarbeiter, Vertreter verschiedener Managementebenen, Kunden etc.) können auch unternehmensexterne Bezugsgruppen (Meinungsführer, Kooperationspartner, Öffentlichkeiten, politische Organe, Institutionen, fiktionale Textfiguren etc.) als textinterne Senderinstanzen fungieren und Resultate präsentieren bzw. kommentieren. Hieraus können sich Textstrategien zum Darstellungsmodus unternehmensbezogener Informationen ergeben, die mehrere der obigen Textfunktionen zu verbinden erlauben.

Dialogizität

Um Adressatenkontakte zu etablieren und zu vertiefen (kultivieren), ist es entscheidend einen Leserkontakt schon auf der diskursiven Textebene zu etablieren. Dialogizität bezieht sich auf die Frage, wie die sendende Instanz im Text (Unternehmen, Textautor, Vorstandsvorsitzender etc.) – wenn überhaupt – mit dem Leser interagiert. Werden deiktische Elemente (Einbezug des Lesers in das Geschehen durch Leseradressierungen) durch verbale Formen oder andere Formen der Leserintegrierung in das Dargestellte (z.B. durch nonverbale Leserbezüge) verwendet? In welcher Funktion werden ikonische Bilder verwendet, um den Leser kognitiv an den Textinhalt zu binden; oder auch nicht?

Rationalität/Emotionalität

Die Unterhaltungsfunktion der Geschäftsberichte (fünfte Funktion in der Liste, Kap. 3 weiter oben) ist bezüglich der Jahresberichte vor allem für die Frage nach der visuellen Aufmachung sowie der textuellen Gestaltung der Berichte relevant. Zusätzlich kann aber auch durch die freie Gestaltbarkeit und Aufmachung gerade im non-obligatorischen Teil ein zusätzlicher Unterhaltungseffekt erreicht werden. Rationalität/Emotionalität fragt in diesem Sinn nach der Art, wie Leserinteresse generiert wird. Je nach Grundwahl innerhalb dieses Kriterienpaars kann der Leser erlebnisorientiert oder/und sachlich motivierend an das Unternehmen gebunden werden. Je unterhaltender die Textgestaltung konzipiert ist, desto mehr ist sie an die Verwendung emotionaler Textelemente gebunden. Dass mit der Wahl innerhalb des Kriterienpaars Rationalität/Emotionalität auch immer eine Grundwahl im Auftreten des Unternehmens auch über den Jahresbericht – im Rahmen der Corporate Identity-Strategie – verbunden ist, liegt auf der Hand, kann aber im Rahmen der vorliegenden Untersuchung nicht näher behandelt werden. Rationalität/Emotionalität erstreckt sich folglich neben den Kommunikationsdimensionen ebenso auf inhaltliche Fragen der Teilthemenwahl innerhalb des nicht-obligatorischen Bereichs. Dabei erhalten die Kommunikationsdimensionen eine Signalfunktion derart, dass ein Thema sowohl sachlich-logisch argumentierend dargestellt werden kann (z.B. die mittlerweile sehr verbreitete CSR-Thematik) oder auch verbal wie nonverbal emotional aufbereitet werden kann. Dies zeigt sich u. a. durch die Art, wie Textbestandteile mit symbolischer Verweisfunktion, über die eigentlichen Propositionen hinausgehend, eingesetzt werden. Hier spielt die Art der textuellen Integration zwischen Verbalität und Nonverbalität eine besondere Rolle. Nicht nur die Frage, ob eher logische oder ikonische Bilder eingesetzt werden, ist in diesem Fall wichtig, sondern auch, wie diese inhaltlich und paraverbal aufeinander in Bezug gesetzt werden.

5 Auswahl des Analysematerials

Als Materialgrundlage dienen ausgewählte Teile aus dem Berichtsteil von Jahresberichten. Dabei fällt die Wahl auf solche Teile, die nicht von den nationalen oder internationalen Richtlinien und Gesetzen zur Rechnungslegung in Jahresberichten erfasst werden. Hieraus entsteht eine besonders große Freiheit in der Gestaltbarkeit dieser Texte und damit – in Übereinstimmung mit dem zu Beginn eingeführten Begriff der kulturellen Stile – die Erfassbarkeit solcher Stiltraditionen, die sich selbständig im Verlauf der Diskurstradition einer Kultur (ohne institutionellem Dirigismus) als Resultat sozialer Interaktionsprozesse herausgebildet haben. Der Lagebericht wie auch der Finanzbericht werden von dieser Untersuchung nicht betroffen. Allein aufgrund der nationalen Unterschiede in den inhaltlichen Anforderungen des Lageberichts bildet dieser als solcher schon keine vergleichbare Grundlage für Untersuchungen wie im vorliegenden Beitrag. Stattdessen werden unter dem non-obligatorischen Aspekt solche Teile ausgewählt, die maximale Gestaltungsfreiheit erlauben. Hierzu gehören folgende Teile:

- die erste Umschlagseite

- Visionstexte (entweder explizit als solche gekennzeichnet oder/und solche Texte die visionsähnliche Funktionen aufweisen)

- Einführungstexte vor dem Aktionärsbrief (Vorwort)

- Aktionärsbrief (Vorwort)

- Kurzpräsentation des Unternehmens (soweit vorhanden)
- Kurzübersichten zum Berichtsjahr (soweit vorhanden)

Kulturelle Stile als Bild-Textstrategien in Jahresberichten 27

- Darstellungen zu den Kerngeschäftsbereichen/Divisionen/Teilmarken etc. (soweit vorhanden)

- Marktanalysen (soweit vorhanden)

Obige Teile bilden fakultative Teile eines Jahresberichts, da es sich um nonobligatorische Teile handelt (vgl. Bextermöller 2001). Sie stellen daher keine automatisch verwendeten Teile dar, sondern werden in die Untersuchung einbezogen, soweit ein Jahresbericht diese Teile enthält. Dabei stellt die obige Liste keine Anordnungs-Chronologie dar, sondern es versteht sich von selbst, dass die Non-Obligation auch eine jeweils individuelle Anordnung solcher Teiltexte zulässt. Tendenziell befinden sich diese Teile traditionsgemäß – soweit vorhanden - zu Beginn des Jahresberichts und haben daher eine zentrale Aufmerksamkeit schaffende Funktion für die Gestaltung der Berichte.

Die Auswahl der Unternehmen geschieht nach dem Zufälligkeitsprinzip, jedoch so dass Unternehmen verschiedener Branchen ausgewählt werden. Insgesamt bilden die Berichte zu den Geschäftsjahren 2006, 2007, 2008, 2009 und 2010 Grundlage der Untersuchung. Diese Jahre werden gewählt, weil sie international sowohl konjunkturell starke als auch schwache Geschäftsjahre abdecken und dadurch möglicherweise einseitige Darstellungsweisen aufgrund von einseitiger konjunktureller Entwicklung ausgeschlossen werden kann.

Als Beispiele für Unternehmen aus dem deutschen Sprachraum wurden folgende Unternehmen ausgewählt: Lufthansa (Luftfahrt), Deutsche Telekom (Telekommunikation), Henkel (Gebrauchsartikel), Metro (Großhandel), Commerzbank (Banken), Volkswagen (Automobilindustrie), Siemens (Technologie). Das finnische Korpus setzt sich zu den gleichen Geschäftsjahren aus folgenden Unternehmen zusammen: Kone (Fahrstuhltechnologie), UPM (holzverarbeitende Industrie), Finnair (Luftfahrt), Kesko (Großhandel, Gebrauchsartikel), Atria (Lebensmittel), Tietoenator (Informationstechnologie), Cargotec (Spedition).

6 Analyse der finnischen Jahresberichte

Der Berichtsteil erscheint bei den meisten untersuchten Jahresberichten als getrennt erscheinende Publikation; im Unterschied zum Finanzteil in der Regel in Hochglanz und mit reichhaltiger fotografischer Ausstattung. Allein Cargotec bildet hier eine Ausnahme derart, dass der Berichtsteil („Annual Review") und die Finanzinformationen („Financial Report") in eine Publikation zwar eingehen, jedoch auch hier von der Papierqualität her und was die Aufmachung betrifft, im Sinne der übrigen Publikationen unterschieden werden. Durch die deutlich hochwertigere Herstellung des Berichtsteils, wird die besondere werbetreibende Funktion dieses Teil hervorgehoben.

Die Umschlagseite/Das Cover

In der bildlichen Gestaltung des Umschlags fällt auf, dass die Publikationen eines Unternehmens im Zeitraum 2006-2010 einem jeweils für das Unternehmen typischem Konzept folgen, von dem kaum oder gar nicht abgewichen wird. So benutzt Kesko vor allem szenische Darstellungen von Einkaufssituationen in den ketteneigenen Geschäften (Lebensmittel, Gebrauchswaren). Cargotec wiederum in den Jahren 2006-2007 (keine Jahrestitel) Landschafts- oder Arbeitsmilieu-Fotografien. Interessant ist, dass im Fall von Cargotec 2008 lediglich ein neutraler weißer Hintergrund mit Firmenlogo verwendet wird und ab 2009 keine fotografischen Darstellungen, sondern das Hauptgewicht auf weiß-rote Farbkombinationen gelegt wird. Dabei ist die rote Farbe sowohl in der typografischen als auch nonverbalen Gestaltung identisch mit dem Rot des Firmennamens, was als Anzeichen für eine angestrebte stärkere nonverbale Markenprofilierung als in früheren Aufmachungen gewertet werden kann. Finnair wiederum verwendet sowohl stilisierte Darstellungen von Szenen im Anschluss an den Flugverkehr (z.B. 2007 Passstempel und 2009 grafische Flugdarstellung um den Globus herum in Kombination mit verbalen Kurzdarstellungen zentraler Kapitel der Berichtsteils), als auch fotografische Darstellungen in Anknüpfung an die eigenen Fluglinien (z.B. 2010 Singapore-Panorama; auch hier in Kombination mit der Einteilung des Berichts nach Hauptkapiteln). Eine Sonderstellung nehmen die Berichtsteile von Kone der Jahre 2008-2010 ein. Im Unterschied zu den Jahren 2006-2007 bei Kone wird die Corporate-Identity-Profilierung jetzt stark betont. Dies sowohl durch die Bezeichnung „Corporate Responsibility Report" anstelle des ansonsten verwendeten „Annual Report" sowie die Verwendung ganzseitiger Bilder mit Szenen zum Unternehmen oder dessen Produkte in verschiedenen Städten, die eine jährlich wechselnde CSR-Thematik verbal und nonverbal visualisieren, die dann im Berichtsteil wieder spezifischer thematisiert wird. Obwohl der Berichtsteil von Kone für 2009 als „Corporate Responsibility Report" tituliert wird, handelt es sich nicht um eine andere Textsorte, da die Einteilungen des Bereichts auch weiterhin denen der Jahresberichte folgen. Nur wird durch den auf den CSR-Bereich verweisenden Titel der Versuch einer Image prägenden Funktion des Jahresberichts im Stile der CSR-Kommunikation nachvollziehbar. Bestenfalls handelt es sich hier also um den Versuch des Vermischens von zwei verschiedenen Textsorten, jedoch nicht um den des Ersetzens.

Abb. 1: Umschlagentwurf zum Berichtsteil des Jahresberichts von Kone, hier zum Jahr 2009 etwas überraschend als CSR-Bericht tituliert.

Inwieweit Kone dies auch konsequent im Sinne einer Corporate-Identity-Strategie auf Dauer zu verwirklichen versucht, kann im Rahmen des vorliegenden Korpus nicht beantwortet werden. Durch die auf dem Cover deutlich hervorgestellte Namensnennung der dargestellten Personen (lediglich Vornamen) wird von Anfang an versucht, eine personengebundene Realisierung der CSR-Strategie zu verwirklichen (s. Abb. 1 oben).

Die Umschlagseite im finnischen Korpus weist generell eine große Varianz und Ideenvielfalt zwischen den Unternehmen auf, weshalb bezüglich des

Umschlags nicht auf eine einheitliche landesspezifische Tradition in der Aufmachung verwiesen werden kann. Stattdessen ist die unternehmensspezifische Corporate Identity-Dimension durch die Umschlaggestaltung stark betont, mit gleichzeitiger Verweisfunktion auf die Inhalte des Berichtteils. Einheitlich zwischen allen Unternehmen ist die Verwendung des eigenen Markennamens in der markenspezifischen Schriftform mit – falls vorhanden – Markensignum und Markenslogan[5] bzw. Claim. Unternehmensspezifik wird nonverbal durch die stilisierten Alltagsszenen bzw. Motive, die nur indirekt an die Unternehmensleistungen anknüpfen, vor allem implizit hergestellt. Im Unterschied zur nonverbalen Darstellung bilden die verbalen Ausführungen, dort wo sie auftreten, Kurzfassungen von Berichtsinhalten. Jährlich wechselnde Jahresrubriken werden kaum benutzt.

Berichtsteil vor dem Vorwort (Vision, Unternehmen in Kürze/Jahr in Kürze)

Zwischen Umschlagseite und Vorwort (Aktionärsbrief) durch den Geschäftsführer weist das finnische Korpus trotz gewisser Varianzen wiederkehrende Teiltexte auf. Grob gesehen kann das Korpus was diesen Teil des Berichts betrifft in zwei Teile aufgeteilt werden. Einmal sind dies solche Jahresberichte, die vor dem Vorwort keine werbetreibenden Visionstexte verwenden und statt dessen in Kurzform stichpunktartig auf die Themenbereiche der kommenden Kapitel des Jahresberichts verweisen; z. T. mit konkreten Seitenangaben (z. B. Kone). Andererseits werden auch solche Teiltexte verwendet, die explizit als Versionen dargestellt werden, z. T auch in Kombination mit Unternehmenswerten (z.B. Kesko). Obwohl die Benennung ‚Vision' auf eine strategische werbetreibende Funktion dieser Teile hinweist, so ist die Werbefunktion lediglich in den nonverbalen Darstellungen vorhanden (z.B. Kesko 2010: doppelseitiger Wandanstrich mit neuer Farbe zur Signalisierung von ‚Neuem'). Die verbalen Darstellungen der Visionen folgen dagegen einem anderen Muster. Es handelt sich im Unterschied zum deutschen Korpus (vgl. Kap. 7 zum Visionstext) bei sämtlichen Unternehmen um IST-Aussagen zu dem, was das Unternehmen leistet, wobei die zukunftsweisende Funktion in den Hintergrund rückt. Ausschließlich in Präsensform wird die informationstreibende Funktion hervorgehoben. Dabei können entweder Sachaussaugen zum Unternehmen mit z.T. ausgiebigen numerischen Angaben zu Mitarbeiterzahl, Marktregionen oder Umsatz gemacht werden (Tietoenator, Atria). Diese Angaben können sehr ins Detail gehen (z.B. bei UPM) und fungieren auch als Kurzpräsentation des Unternehmens (u.a. Cargotec).

---

5   Zur Abgrenzung des Begriffs Markenslogan vom Begriff Werbeslogan s. Schmidt 2003.

Entweder in Kombination mit den obigen ‚visionsähnlichen' Aussagen in Form von *State-Of-The-Art*-Aussagen oder als Kurzpräsentation des Unternehmens (z.b. „Cargotec in Brief" 2007) werden zusammenfassende Informationen zum Unternehmen geliefert, jedoch auffallend oft in Fließtextform mit ausgesuchten Kurzgrafiken zu vor allem Umsatzveränderung und Marktanteilen im Vergleich zum Vorjahr. Hierbei fällt die Kombination von optisch herausgestellten Kurz-Fließtexten mit ein- bis zweiseitigen Teilgrafiken im obigen Sinn in der Form von vor allem Stapeldiagrammen und Kreisgrafiken auf. Die Kombination von Fließtext und grafischer Darstellung ist durchgehend für das finnische Korpus, wobei die Fließtextdarstellung eine wichtige Funktion in der in der Regel zweiseitigen Kurzpräsentation des Unternehmens einnimmt. Optisch wird diese Unternehmenspräsentation auch z.T. mit kartografischen Darstellungen der Niederlassungen kombiniert (z.B. Kone 2006-2010), wobei die Unternehmens-Standorte auf der Weltkarte grafisch hervorgehoben werden. Vor allem durch die Farbgebung der grafischen Darstellungen wie auch der Markenbezeichnungen wird ein einheitliches Markenimage zu etablieren versucht, was auch eine farbliche Abwechslung in der Aufmachung nach sich zieht, allerdings nicht immer über die Jahresgrenzen hinweg (z. B. Farbe Blau in Kone 2006, Grün/Blau in Kone 2008, Grün in Kone 2009). Da das Markensignum von Kone die Farbe Blau über die Jahre hinweg verwendet, ist mit der wechselnden Farbe in der optischen Darstellung über die Berichtsjahre hinweg eine gewisse Inkonsequenz bezüglich des einheitlichen Auftretens im Text verbunden.

Trotz der unterschiedlichen Abweichungen in der Art der Kurzpräsentation des Unternehmens wird die Funktion dieses Berichtsteils derart deutlich, dass hiermit eine schnelle Orientierungshilfe für den nichteingeweihten Leser in das Unternehmensprofil geboten wird. So wird u.a. auch an dieser Stelle die Rubrik ‚Group Profile' benutzt (UPM 2008). Die Unternehmenspräsentation erfolgt dabei anhand einer Kondensation und Reduktion der unternehmensrelevanten Informationen auf eine möglichst minimale Textlänge mit auch numerischer Nennung der ‚wichtigsten' Daten:

"Cargotec is the world's leading provider of cargo handling solutions, with net sales amounting to EUR 2.6 billion in 2006. The company employs close to 9,000 people and has activities in approximately 160 countries. ... Cargotec's three global business areas, Hiab, Kalmar and MacGregor, are all market leaders in their field. Cargotec's class B shares are quoted on the Helsinki stock exchange." (Carcotec 2006: 0)

Auffällig ist das Fehlen von ‚Kennzahlen' nach deutscher Tradition als ausgiebige tabellarische Liste. Dagegen wird in den meisten Berichtsteilen eine reduzierte Kennzahlenversion – gekennzeichnet als „Key Figures" – zusätzlich zur obigen Darstellungsform verwendet. Der Umfang der Kennzahlen variiert zwischen 8-9 (Cargotec, Atria) und 17 Angaben (Finnair). Die Kennzahlen werden dabei auch gern durch optisch schnell wahrnehmbare Stapeldiagramme oder andere grafischen Hervorhebungen jeweils mit Vergleichsjahren zu einzelnen Kennzahlbereichen einprägsam kombiniert, z. T. über zehn Berichtsjahre (UPM 2008). Indem in den grafischen Darstellungen sehr auffällig mit Farbeffekten gearbeitet wird, wird hierdurch nicht nur die schnelle Wahrnehmbarkeit der Sachinformation in Kombination mit einem Interesse weckenden Effekt durch die Farbhantierung erhöht, sondern durch Farbgleichheit mit der Farbe im Markensignum auch ein werbetreibender Effekt für die Marke erreicht (z.B. UPM, Cargotec).

Optisch möglichst einprägsam durch Großschrift, in Kombination mit auffälligen Farbhintergründen und z.t. mit systematisch abgegrenzten Kurzfließtexten (z.B. nach Geschäftsbereichen; Atria, Cargotec und Kesko) sind die Fließtext-Darstellungen zu Unternehmen an dieser Stelle so allgemein gehalten, dass sie lediglich für den nicht eingeweihten Leser Informationsfunktion haben, jedoch durch die Bild-Text-Kombination nicht nur werbenden sondern auch unterhaltenden Effekt auslösen können. Trotz der Verwendung von Rubriken wie ‚Vision', ‚Value' oder ‚Goal' sind die Informationen so gut wie ausschließlich im Präsens gehalten, was den Leserfokus auf die momentane Situation lenkt und die schon oben angesprochene IST-Aussagen-Funktion dieser Teile unterstreicht. Zukunftweisende Darstellungen als Visionsaussagen zum Unternehmen fehlen gänzlich.

Auffällig in der Textanreihung der Berichtsteile im finnischen Korpus ist das Kapitel „Year in Brief" entweder direkt nach der Unternehmensübersicht – noch vor dem Vorwort (Aktionärsbrief) - oder nach dem Vorwort. Dieses Kapitel folgt aber immer erst, nachdem die Unternehmensübersicht bzw. -präsentation gemacht worden ist. Die Darstellung der Jahresübersicht folgt dabei oft der chronologischen Darstellung von ‚Highlights' nach Monaten eingeteilt, die für das Unternehmen wichtig gewesen sind. So wird das Jahr gern in Verlaufsdiagrammen (z.B. Kone 2006) dargestellt. Alternativ dazu findet sich auch die Fließtextdarstellung ohne Verlaufsdiagramme (z.B. Kesko 2007).

Besonders interessant ist die Bildhantierung in den bisher dargestellten Berichtsteilen. Diese oft ein- bis zweiseitigen Darstellungen zeigen gern Szenen aus dem Alltag. Eine Unternehmensanknüpfung wird hierbei implizit hergestellt, wenn nicht Personen oder Szenen aus dem Unternehmensalltag dargestellt werden, sondern Referenzgruppen außerhalb des Unternehmens, wie z.B. verschiedene Kundensegmente oder Verkaufssituationen (Kesko 2006-2010). Die implizite Anknüpfbarkeit an das Unternehmen wird auch im Fall der B2B-Produkte nonverbal hergestellt; in den Berichten von UPM zum Beispiel durch stilisierte Detailbilder mit Ausschnitten aus den Naturbereichen, die die Rohstoffe für die eigentliche Produktion liefern, ohne eine Produktabbildung zu benutzen (UPM 2009). die Verbindung zwischen stilisierter nonverbaler Darstellung und Produkt(gruppe) muss dabei vom Leser implizit durch Allgemeinwissen erschlossen werden. Nicht nur erhalten die bildlichen Darstellungen dabei einen ästhetischen, unterhaltenden Effekt, sondern Bildlichkeit ist im finnischen Korpus bezüglich der Referenz auf das Unternehmen stark metaphorisch geprägt. Metaphorisch bedeutet in diesem Fall die Darstellung von unternehmensexternen Personen und Motiven, die nicht eine dokumentarisch-veranschaulichende Funktion haben, sondern eher eine Visualisierung abstrakter Aussagen darstellen. Dies gilt auch bei Personendarstellungen dort, wo die dargestellten Personen nicht explizit als Mitarbeiter gekennzeichnet werden (wie z.B. im Fall des Vorstandsvorsitzenden oder des ‚Board of Directors'). Die Nichtkennzeichnung der dargestellten Personen wird sogar als bewusst eingesetztes Stilmittel verwendet – nicht nur in den oben dargestellten Fällen, sondern außerdem auch bei ganzseitigen Großportraits (Tietoenator 2007, 2008). Bildliche Darstellungen fungieren dabei als „fiktionale Realitäten" (Mast 2002) zur Darstellung von wirklichkeitsähnlichen Situationen, die allerdings nur im übertragenen Sinn auf das Unternehmen verweisen. ‚Fiktional' sind diese Darstellungen dort, wo sie keine textuell gekennzeichnete explizite Realitätsverankerung haben. Mögliche ‚Realitäten' stellen sie trotzdem insofern dar, als diese Bilder symbolische Abbildungen denkbarer Situationen im Anschluss an das Unternehmen darstellen. Wichtig in diesem Zusammenhang ist zu betonen, dass es sich wirkungslogisch beim Begriff der ‚fiktionalen Realitäten' nicht um einen Widerspruch, sondern um einen paradoxal herbeigeführten Effekt handelt: Trotz des Fehlens expliziter Unternehmensbezüge kann der Leser selbst einen Bezug durch eine übersummative Text-Bild-Verarbeitung herstellen. Von der impliziten Verweisfunktion der nonverbalen Darstellungen wird im Korpus systematisch lediglich durch Cargotec (2006-2010) abgewichen, die ausschließlich Ausschnitte aus dem eigenen Unternehmensalltag bildlich mit ikonischer Zeichenfunktion verwenden.

Bezüglich der Dialogizität ist eine durchgehende Adressierungstradition im finnischen Korpus zu erkennen. Dies betrifft im verbalen Bereich besonders die Personendeixis. Ein Bezug zur Senderinstanz in Form von Personalpronomen („we"/"our") findet systematisch in allen Jahresberichten lediglich in den Teilen Vision, Strategie und Vorwort statt. Die übrigen Berichtteile des hier vorliegenden Korpus weisen nur sehr spärlich diesen Personenbezug auf. So wird die Personendeixis „we" außerhalb der obigen drei Teile in Keskos Berichten gar nicht verwendet; „our" lediglich 2010 zweimal, 2008 dreimal und 2006 fünfmal und sonst gar nicht. Ähnlich ist es auch bei den anderen Unternehmen, wobei auch z.T versucht wird, die Personendeixis in der ersten Person Plural außerhalb von Visionsformulierung und Vorwort ganz zu vermeiden (z.B. UPM 2010, 2009, 2008 und 2007). Stattdessen wird der Name des Unternehmens verwendet, um in der 3. Person zu berichten. Hierbei wird auch nicht das dichte Auftreten des Firmennamens gescheut. Es entsteht dabei der Eindruck, dass hierdurch sogar eine effektivere Einprägsamkeit des Senders als Sender (im Rahmen einer Positionierungsstrategie seitens des Unternehmens) beim Leser angestrebt wird, was oft eine Dichte wie im folgenden Zitat nach sich ziehen kann:

> "KONE is present in approximately 50 countries worldwide. Globally, KONE has seven production units and seven R&D centers. KONE's organization is divided into three key business lines ..." (Kone 2009: 4; Unternehmenspräsentation 'KONE in Brief')

Aufgrund dieses auch bei anderen Unternehmen durchgehenden Stilmittels fallen dann die Abweichungen auf; besonders wenn sie massiv auftreten, wie zum Beispiel in Cargotec 2009 (allerdings nur in diesem Jahr). Abweichend von vorherigen Berichtsjahren und besonders auffallend abweichend vom nachfolgenden Berichtsjahr verwendet Cargotec 2009 ein aufwändiges Hochglanz-Landscapeformat für die Publikation und verwendet die 1. Person Plural systematisch im ganzen Berichtsteil. Für das Jahr 2010 wird dann genau die gegenteilige Strategie (wieder) gewählt: systematisches Vermeiden des Senderbezugs mit obiger Deixis. Ein personifizierter Senderbezug anhand der Deixis findet auch in den Berichten von Tietoenator zu den Jahren 2007 bis 2010 statt, wo der Senderbezug gerade nicht durch die Nennung des Unternehmens, sondern durchgehend im ganzen untersuchten Berichtsteil in der 1. Person Plural hergestellt wird. Allerdings fällt diese Strategie in diesen Jahren gerade aufgrund ihres Abweichens von der prototypischen Stilart der anderen Unternehmen auf. Inwieweit es sich hier um ein Übergangsphänomen oder ein Versuch der abgrenzenden Positionierung vom üblichen kulturellen Stil in dieser Hinsicht handelt, kann noch nicht beantwortet werden.

Obwohl die Verwendung der Personendeixis in der ersten Person Plural systematisch in den Teilen Vision, Strategie und Vorwort (Aktionärsbrief) verwendet und auf diese Teile – von obigen Ausnahmen abgesehen – beschränkt ist, ergibt sich hieraus allerdings noch keine Dialogizität; im Gegenteil: die Adressierung des Lesers/der Leser in der zweiten Person fehlt so gut wie grundsätzlich in den finnischen Berichten des vorliegenden Korpus. Personenbezug durch Deixis in der ersten Person Plural sagt folglich noch nichts bezüglich der Herstellung von Dialogizität im verbalen Bereich. So wird z.B. in Tietoenator 2008 und 2009 insgesamt nur viermal die Leseransprache als ‚you' verwendet, in den Jahren 2006 und 2007 gar nicht. Lediglich Cargotec 2009 verwendet die Ansprache in der 2. Person durchgängig, wodurch ausschließlich

Kulturelle Stile als Bild-Textstrategien in Jahresberichten 35

in diesem Bericht eine Dialogizität auf verbaler Ebene hergestellt wird. In den übrigen Berichten wird die 2. Person in der Regel selbst im Vorwort vermieden. Bezüglich der 1. Person Plural als „we" fällt auf, dass diese Form fast ausschließlich als ausschließendes „we" verwendet wird, das heißt als Rückbezug auf den Sender/Sprecher, nicht jedoch als inkludierendes „we", wo der Leser in die Sprachhandlung mit einbezogen werden könnte.

Selbst dort, wo im Grunde eine inkludierende Sprachhandlung vorbereitet wird, wird diese nicht im Sinne des Inkludierens des Lesers zu Ende geführt, wie z. B. im Fall der Dankessagung am Ende des Vorworts bei Kesko. Hier wird nach anfänglicher Verwendung der 1. Person Singular der deiktische Bezug ausschließlich zurück zur Senderinstanz vollzogen, indem dann anstelle der Verwendung der 1. Person Plural wieder der Unternehmensname im gleichen Satz verwendet wird. Der hierdurch entstandene unpersönliche Bezug zwischen Sender (Vorstandsvorsitzendem) und Leser/Zielgruppen wird dann noch im darauf folgenden Satz durch die Ansprache ausschließlich in der 3. Person besonders betont. Hierdurch wird sogar ein Ausschlussmechanismus ausgelöst: Die Leser, die nicht zu den genannten Gruppen gehören (z.B. shareholders, retailers, staff) werden psychologisch gesehen automatisch vom Dank ausgeschlossen:

> "I wish to extend my warmest thanks to all Kesko employees for their diligence and for a job well done. I would also like to thank all shareholders, K-retailers and their staff, and all our business partners for good cooperation during 2010." Kesko 2010: 7)

Das Vorwort

Das Vorwort selbst, das den deutschen Lesern auch als ‚Brief an die Aktionäre' bekannt ist, unterscheidet sich in der finnischen Realisierung im Korpus schon markant von der für den deutschen Kulturraum typischen Brieffunktion. Als Rubriken in den finnischen Vorworten wird vor allem die Bezeichnung „CEO's Review" (Kone, Atria, Tietoenator), „Review by the President and CEO" (Kesko), „Review by the President" (UPM), „CEO's Message" (Cargotec) verwendet. Auffällig ist die Rubrizierung des Vorworts bei Finnair als „Editorial" seit 2008 (vorher „Review by the President & CEO").[6] UPM verwendet in Abwei-

---

6 Interessant ist in diesem Zusammenhang das Unternehmen Fortum (Energiebranche), das nicht Teil des hier analysierten Korpus ist, weshalb an dieser Stelle auf den Stil des Vorworts nur unter dem Aspekt der Textverlaufs-Strategie dieses Unternehmens eingegangen wird. Fortum verwendet seit 2009 die Rubrik „CEO's Interview". Durch die Interviewmethode wird offenbar versucht, sich von dem ansonsten traditionellen Berichtsstil finnischer Unternehmen abzuheben. Dabei wird das Interview in diesem Fall im berichtenden Zeitschriften-Stil als Wechsel zwischen den Fragen der (anonym verbleibenden) textinternen Reporterinstanz und den Antworten des

chung von den anderen Unternehmen in der Rubrik des Vorworts (trotz Textbezeichnung als „Review by the president and CEO") in den Berichten zu 2006-2008 die Leseransprache „Dear Reader" bzw. 2009-2010 die Ansprache „Dear Shareholder" mit jeweils handschriftlich stilisierter Unterschrift am Ende des Vorworts. Trotz dieser stilistischen Briefmerkmale findet auch in diesen Vorworten im Fließtext keinerlei Leseransprache statt.

Die durchgehend fehlende Leseransprache ist keine Zufälligkeit, und dies zeigt sich besonders in den Vorworten. Statt eines persönlich signalisierten Bezugs zwischen Leser und Unternehmen ist auffällig, dass die neutrale Darstellungsform der Berichterstattung bevorzugt wird. So fungiert das Vorwort des Vorstandsvorsitzenden weniger zur vertrauensfördernden persönlichen Kontaktherstellung wie im Brief,[7] sondern als Ausdruck einer Autoritätsperson, die in ihrer grundsätzlich als uneingeschränkt geltenden exzellenten Einsicht in das Unternehmensgeschehen eine besonders ‚objektive' Aussageinstanz einzunehmen scheint, wobei die kommunikative Strategie auf der analytisch-explikativen Darstellungsform beruht. Dadurch können auch negative Ergebnisse als Teil größerer Zusammenhänge – und damit außerhalb des Einflussbereichs des eigenen Unternehmens – scheinbar sachlich-logisch erklärt werden:

> „In general, there are two main reasons for the poor profitability. First of all, pressure on our prices, coupled with cost increases, creates a situation that is not sustainable. Competition from Asia and the overheated labour market cut our profitability. The other challenge we have faced is delivery problems and poor judgement in certain projects, especially in the product-based solution business." (Tietoenator 2007: 4)

> "The contraction of national economies in the Baltic Sea region had a substantial negative effect on Atria's growth preconditions. Reduction in purchasing power and uncertainty of the economy depressed the demand for food in consumer goods retail trade. (...)
> Atria's net sales fell by EUR 41 million, or 3,0 per cent, year-on-year. In addition to decreased sales, our net sales were impaired by the weakening of the Rusian rouble and Swedish krona against the euro. Calculated in fixed currencies, our net sales fell 1,2 per cent." (Atria 2009: 2)

> "Addressing the challenging situation in the European paper business is our top priority. Demand growth is shifting to markets outside of Europe. The currently inefficient European paper industry clearly needs consolidation to be able to improve its cost structure and competitiveness." (UPM 2010: 7)

CEO auf die jeweiligen Fragen dargestellt. Eine Adressierung an den Leser fehlt auch hier, weshalb trotz einer vom kulturellen Stil abweichenden Darstellungsform auch hier kein Leserkontakt hergestellt wird. Daher stellt Fortum trotz der augenscheinlich andersartigen Realisierung des Vorworts lediglich eine Variante des kulturellen Stils des Korpus dar, nicht jedoch seine Aufhebung.

7   Dazu spezifisch bezüglich der Aktionärsbriefe in Ebert 2003: 94.

Die Vermittlung der Textinhalte wird durch den Stil einer eher objektivierenden Textdarstellung in der Tradition eines Zeitschriftenartikels verbal, para- und nonverbal aufgebaut. Symptomatisch ist in diesem Zusammenhang die Bild-Text-Kombination, die der berichtenden Tradition der (Fach-)Zeitschriften folgt: Bild (in diesem Fall des Geschäftsführers) mit paraverbal herausgestelltem Bildkommentar und abgesetzt davon der berichtende Fließtext.

Da ein dialogischer Bezug fehlt, erstaunt es auch nicht, dass die Berichtsform aus der ‚neutralen' Distanz erfolgt, indem vor allem Hintergründe zum Geschehen im und um das Unternehmen eruiert werden. Dadurch erhält der Fließtext im Vorwort einen starken journalistischen Anstrich. Und dies wirkt sich dann auch auf die exogene Darstellungsperspektive aus. Es werden in der Argumentationslogik vor allem Rahmenbedingungen dargestellt, die wiederum zu den jeweiligen Unternehmensresultaten oder Geschehnissen im Berichtsjahr geführt haben. Dabei werden Ereignisse im Berichtsjahr, die eine Einwirkung auf die Resultatleistung(en) des eigenen Unternehmens gehabt haben, besonders betont, indem sie aus einer allgemeinen – oft volkswirtschaftlichen – Perspektive dargestellt werden. Durch die Verlagerung des Darstellungsfokus auf unternehmensexterne, branchenspezifische oder volkswirtschaftliche Rahmenbedingungen wird auch gleichzeitig das Augenmerk des Lesers vom eigenen Unternehmen entfernt und auf diese Rahmenbedingungen gelenkt, aus denen sich die eigenen Ergebnisse scheinbar logisch ableiten lassen:

> "Air transport is often at the centre of events. In the whole massive aviation machine, the airline is the element that has an identity in the eyes of the passenger. An airline's service is considered to be personal. When the service goes well, the customer is satisfied." (Finnair 2008: 2)

> „The financial environment in the trading sector quickly deteriorated during 2008. As a result out of consumer prudence, construction and other major household acquisitions in particular declined. In the current cyclical conditions, it is an advantage that the steadily developing grocery trade accounts for nearly half of our business." (Kesko 2008: 4)

Ist einmal die exogene Perspektive etabliert, dann folgt daraus auch, dass die Aktivitäten des Unternehmens – vor allem in schwierigen Konjunkturzeiten – sich reaktiv aus dem Marktgeschehen heraus ergeben. Der psychologische Effekt aus diesem Textverlauf heraus ist, dass das Unternehmen gezwungen ist, argumentationslogisch auf das Marktgeschehen zu reagieren, weshalb es (unter psychologisch-argumentativem Aspekt) auch letztlich keine alleinige Verantwortung für die Resultate erhalten kann; besonders, wenn diese ungünstig ausfallen:

"Although consumers' purchasing power began to strengthen in all of our business areas at the end of 2010, recovery was slower than expected throughout the year. The demand for daily consumer goods remained low, which weighed down the increase in the demand for fresh food products and caused significant price competition, both between the chains in the consumer goods retail trade and within our industry. As a consequence of price competition, the consumer sales value of the product groups we represent decreased in practically all of our countries of operation. By far Atria's most challenging operational environment was Russia, where total sales of meat products in the consumer goods retail trade decreased by approximately 10 per cent and prices remained low." (Atria 2010: 2)

Wie aus den obigen Zitatbeispielen hervorgeht, wird in keinem der Fälle spezifisch über das eigene Unternehmen berichtet, sondern die Unternehmensleistungen werden lediglich implizit angesprochen; als Konsequenz des Marktgeschehens und Konsumentenverhaltens generell. Die obigen Zitate mögen stellvertretend für die finnische Berichtsform in den Vorworten gelten. Der exogene Berichtsstil, in dem das Unternehmen eher implizit angesprochen und als reaktiv agierende Instanz dargestellt wird, ist prototypisch für die untersuchten finnischen Unternehmen. Im Fall der obigen Zitate setzt es auch nach den Zitaten fort und wird immer wieder im Verlauf des Fließtexts verwendet. Dadurch wird der journalistische Stil (im Sinne einer textinternen dritten Instanz zusätzlich zur Emittenten- und Rezipienten-Instanz) in den finnischen Berichtsteilen geprägt. Dies kann deswegen so generell gesagt werden, weil die reaktive und exogen ausgerichtete Darstellungsperspektive auch außerhalb des Vorworts, z.B. in den Marktübersichten, Darstellungen der Standorte, Absatzentwicklungen u.a. verwendet wird. Wichtig in diesem Zusammenhang ist anzumerken, dass der exogene Berichtsstil, mit dem ein Unternehmen als reaktive Instanz aufgrund von makroökonomischen Bedingungen reagiert, sich nicht auf konjunkturschwache Jahre beschränkt, sondern ein generelles Spezifikum des Stils in finnischen Geschäftsberichten – auch schon vor dem hier untersuchten Zeitraum[8] – darstellt:

„ The profitable growth recorded particularly in foreign operations encourages us to expand in Russia and our other countries of operation, and to commence the building and home improvement trade in new countries." (Kesko 2007: 6)

Marktanalysen/ Geschäftsbereiche

Aufgrund der exogen ausgerichteten Darstellungstradition in finnischen Berichten erstaunt es auch nicht, dass ein Teil des non-obligatorischen Jahresberichts eine systematische Marktübersicht ist, in der die ökonomischen Handlungs-

---

8 Vgl. in diesem Zusammenhang auch Schmidt 2002 zu den Jahren 1999 und 2000, wo schon ähnliche Ergebnisse zu den finnischen Vorworten erbracht werden konnten..

Kulturelle Stile als Bild-Textstrategien in Jahresberichten 39

möglichkeiten des eigenen Unternehmens ausgelotet werden. In diesem Teilbericht wird die exogene Darstellungsperspektive mit allen Implikationen auf ihren Höhepunkt getrieben. Die Marktübersichten fungieren im Zeitungsberichtsstil als Hintergrundinformationen, in deren Fließtextverlauf (bedingt durch die Darstellungsperspektive), das eigene Unternehmen völlig aus dem Darstellungsfokus verschwinden kann:

> „Strong growth, about 4.0%, continued in the Finnish economy in 2007. However, growth slowed down towards the end of the year. Private consumption continued to grow briskly, by some 3.7%, but consumer confidence in the economy dropped during the latter half of the year. The Finnish economic growth is expected to slow down to some 2.6% in 2008, mainly due to a decline in export demand. Private consumption is estimated to increase by around 3.0% and investments by about 3.6%. Consumer prices are expected to rise by 2.7%. Housing production is expected to decline in 2008.
>
> The Swedish economy is expected to grow by 2.1% and private consumption by 2.7% in 2008. Consumer prices are expected to rise by 3.2%.
>
> The Norwegian economy is estimated to grow by 2.9% and private consumption by 3.0% in 2008. Consumer prices are expected to rise by about 3.3%." (Kesko 2007: 8)

> „The air transport sector is complex in terms of internal tensions and drivers. Airlines are unquestionably the engines of their own value chains, but the largest operating margins arise elsewhere in the chain. Capacity buffers and price swings are natural occurences in the sector, a consequence of airlines' mobile assets.
>
> When these movements are combined with the volatile global economy, it is truly a wonder that airlines are able to adjust to the powerful fluctuations of their operating environment.
>
> If airlines had the elasticity of an aircraft's wings, this capacity to adjust would be understandable. The cost structures of traditional airlines, however, are strongly anchored in high fixed costs. That's why the corrections made in response to changing operating conditions are often abrupt.
>
> The later these corrections come into play, the more desperate such manoeuvres appear to be. Airlines' structures — like passenger aircraft — are not made for aerobatics. Greater flexibility, therefore, must be created if we are to ensure a smoother financial ride.
>
> Despite the upheavals of the past decade, air transport is an area of growth. The mobility of people and goods is increasingly important for different sectors and national economies. This is in spite of the vast developments recently made in communications technology. In fact, global communication links have facilitated more extensive business contacts than ever before, naturally fuelling the need for movement of people and goods." (Finnair 2010: 7)

Der geringe Grad an expliziter Bezugnahme auf das eigene Unternehmen kann sich dabei sogar auf ganze Seiten erstrecken. Besonders bedingt durch die exogene Darstellungsperspektive in Kombination mit der impliziten Bezugnahme auf das eigene Unternehmen ist der Fokus in diesen Teilen des Berichtsstils am schwächsten auf die Corporate-Identity-Dimension bezogen. Stattdessen tritt die exogene Perspektive als kultureller Stil in diesen Teiltexten im gesamten Korpus besonders deutlich hervor.

7 Analyse der deutschen Jahresberichte

Die untersuchten deutschen Jahresberichte weisen, was die Teiltexte betrifft, eine andere Einteilungslogik als die finnischen Berichte auf. Dies gilt nicht nur in Bezug auf die thematische Abfolge der Teiltexte im Berichtsteil, sondern ebenfalls bezüglich der Art der Realisierung gleicher oder ähnlicher Teiltexte. Die unterschiedliche Teiltextabfolge im Berichtsteil ist dabei nur teilweise durch Unterschiede in den Rechtsformen deutscher und finnischer Börsenunternehmen begründet. So gibt es z. B. den Aufsichtsrat nach deutscher Norm nicht in den finnischen Unternehmen, weshalb der Bericht des Aufsichtsrats sowie eine Darstellung seiner Zusammensetzung, die in deutschen Berichten in der Regel nach dem Vorwort (Aktionärsbrief) kommen, in den finnischen Berichten ganz fehlt. Auch Texte zur Corporate Governance, in deutschen Berichten dem Lagebericht vorangestellt, treten nicht im Berichtsteil finnischer Jahresberichte auf, sondern stattdessen zu Beginn – und in der Regel auch als Teil – des Finanzberichts. Ansonsten lassen sich schon die übrigen Teiltexte zu Beginn des Berichtsteils und vor dem Lagebericht zwischen dem finnischen und deutschen Korpus funktional vergleichen.

Die Umschlagseite

Schon die Gestaltung des Covers zeigt bezüglich der Hantierung mit verbalen und nonverbalen Elementen einen entscheidenden Unterschied zu den finnischen Berichten auf. Es wird systematisch eine Jahresrubrik verwendet, die zusätzlich zur Kennzeichnung des Berichts als Geschäftsbericht eingesetzt wird. Diese als eine Art von Jahresthema optisch herausgestellte Rubrik wird dann auch in den non-obligatorischen Teilen in unterschiedlicher Form wieder aufgegriffen. In der Regel werden jährlich unterschiedliche Rubriken verwendet; lediglich die Volkswagen AG benutzt für die Jahre 2007-2009 die gleiche Rubrik. Von allen untersuchten Berichten weist lediglich Siemens' Geschäftsbericht 2006 keine Jahresrubrik auf. Deutlich ist auch, dass die Jahresrubrik zusätzlich zum Claim des Unternehmens aufgeführt wird, sofern ein Claim vorhanden ist. Henkel führt 2010 einen neuen Claim ein, weshalb der Claim als Rubrizierung des Berichts in den Fokus gestellt wird. Die systematische Verwendung einer Rubrik zeigt, wie wichtig die Frage der thematischen Gestaltung der Geschäftsberichte im deutschen Korpus ist.

Neben der Rubrizierung weisen die deutschen Berichte ebenfalls bezüglich der Verwendung von Bildmaterial deutliche Unterschiede zum finnischen Korpus auf. So werden stilisierte oder auch abstrakte (nicht darstellende) Bilder im deutschen Korpus gar nicht verwendet, sondern es handelt sich vor allem um piktoriale Darstellungen entweder von Produkten der Unternehmung bei Sachgüteranbietern (z.b. Metro und Volkswagen) oder es werden wie im Fall von Lufthansa konkrete Szenen (Flugzeugausschnitte) bzw. Mitarbeiter einzeln (Metro 2007) oder in Gruppenaufnahme (Lufthansa 2008) aus dem Unternehmen abgebildet. Die Tendenz zu konkreten fotografischen Abbildungen wird lediglich in den Fällen gebrochen, wo keine nonverbalen Abbildungen verwendet werden, wie im Fall der Telekom 2009 und 2010. Aber auch in diesem letzten Fall wird die Gestaltung des Covers in Übereinstimmung mit einem einheitlichen Unternehmensauftritt verwirklicht; hier durch das Betonen der unternehmensspezifischen Farbe auf ganzseitigem weißen Hintergrund.

So kann zusammenfassend konstatiert werden, dass trotz einzelner Abweichungstendenzen im deutschen Korpus versucht wird, die Covergestaltung systematisch entweder in Hinblick auf eine einheitliche jährliche Themengestaltung der Berichte oder in Übereinstimmung mit zentralen markenspezifischen Elementen zu verwirklichen.

Berichtsteil vor dem Vorwort

Schon ab der zweiten Umschlagseite fällt die andersartige Gestaltung der deutschen Geschäftberichte ins Auge. Interessant ist hierbei die andersartige Handhabung mit Finanzdaten zum Unternehmen als in finnischen Berichten. Diese auch als Kennzahlen bezeichneten Angaben werden durchgehend in tabellarischer Form mit einem Überblick von 2-5 Jahren gegeben. Dabei werden neben den Grunddaten wie Umsatz, Gewinn und Mitarbeiterinformationen im Unterschied zu den finnischen Berichten ebenfalls detaillierte Informationen zu Cash-Flow und Aktienentwicklungen (Telekom) oder zu Verkaufsvolumen (VW) u.a. gegeben. Die Menge der gelieferten Informationseinheiten liegt bei über 30 Einheiten weitaus höher als in der finnischen Tradition. Dies deutet auf eine viel stärkere Detailorientiertheit der Informationen in diesem Teil als in den finnischen Berichten hin. Der vor allem in Kleindruck gelieferte Informationsgehalt ist äußert kondensiert (z.B. Telekom), auch wenn die Fakten durch sogenannte „Highlights" paraverbal durch Großdruck numerischer Ergebnisse für Teilbereiche des Konzerns aufzulockern versucht werden (z. B. Lufthansa 2007). Bei VW 2009 wird diese Auflockerung durch eine Weltkarten-Abbildung in Kombination mit den zentralen numerischen Ergebnissen textuell realisiert. Im Vergleich zum deutschen Korpus stellt der finnische Kennzahlenbereich eine stärker unterhaltende Textgestaltung dar (vgl. weiter oben), wo sogar versucht wird, nonverbale Elemente mit den wenigen Kennzahlen multimodal zu kombinieren, um den für diesen Bereich avisierten Leser nicht abzuschrecken, wie im Fall von Tietoenator 2007 (vg. Abb. 2 nächste Seite).

Abb. 2: Key Figures, Tietoenator 2007: 3

Diese Form multimodaler Gestaltungen weist das deutsche Korpus bezüglich der Finanzdaten nicht auf. Fotografische Abbildungen von Personen oder Gegenständen fehlen völlig im Zusammenhang mit den Finanzdaten im deutschen Korpus. Die unterschiedliche Gestaltung der deutschen und finnischen Seiten zu den Finanzdaten weist konsequenterweise auch auf eine unterschiedliche kommunikative Funktion dieser Teiltexte hin. Während die Daten im finnischen

Korpus – im Verhältnis zum deutschen Korpus – aufgrund der Kürze auch für den nichteingeweihten Leser schneller rezipierbar und z.T. mit nonverbaler Untermauerung dargestellt werden, weisen die Unternehmen des deutschen Korpus einen weitaus sachlicheren Informationsstil auf, wo die Frage der Unterhaltsamkeit völlig fehlt und statt dessen die Funktion der Informativität zentral ist. Letzteres zeigt sich nicht nur durch die umfangreichere Information, sondern ebenfalls durch zahlreiche Anmerkungshinweise zur verwendeten Fachterminologie der Rechnungslegung.

Zwar ist die Einbindung der Finanzdaten (Kennzahlen) in die piktoriale Darstellung wie im Beispiel Tietoenator 2007 der Abb. 2 auch für das finnische Korpus eher eine Ausnahme, jedoch ist die deutlich einfachere und für den Nichteingeweihten übersichtlichere und kürzere Darstellung der Finanzdaten im finnischen Korpus ein Hinweis dafür, dass eine unterschiedliche Zielgruppenorientiertheit in dem finnischen und deutschen Bericht an dieser Stelle angestrebt wird. So sind die deutschen Finanzdaten zu Beginn des Berichts auch für den eingeweihten Leser umfangreich und weitaus informativer als im finnischen Korpus, weshalb es nahe liegt, dass die Finanzinformationen in beiden Korpora eben für unterschiedliche Zielgruppen erstellt werden, was wiederum auf eine jeweils anders geartete Textfunktion dieses Teils hinweist.

Umso deutlicher fallen dann die Abweichungen von der prototypischen Gestaltung dieses Teiltextes auf, wie im Fall von Siemens 2009, die gänzlich auf eine Darstellung der Finanzdaten im Berichtsteil in Form von Kennzahlentabelle verzichtet. Stattdessen beginnt der Bericht mit stilistisch hervorgehobenen Visions- und Wertedarstellungen, ganz im Stil einer dezidierten Markenbildungsstrategie, was die Informationsfunktion wiederum hier zugunsten der unterhaltenden und Image prägenden Funktion stark in den Hintergrund rückt.

Siemens 2009 ist auch in dem Sinne eine Abweichung von der ansonsten einheitlichen Publikationsweise der deutschen Berichte, als dass der Jahresbericht Siemens 2009 in zwei Teilen publiziert ist; ähnlich wie die finnischen Berichte in einen Berichts- und einen Finanzteil eingeteilt, allerdings miteinander kartonal verheftet. Zusätzlich zu den Kennzahlen zum Unternehmen weisen auch die übrigen Teile vor dem Vorwort (falls vorhanden) große Unterschiede zum finnischen Korpus auf. Entweder in Kombination mit den Kennzahlen oder getrennt nach diesen werden Kurztexte zum Unternehmen aufgeführt. Jedoch handelt es sich nicht durchgehend um Kurzpräsentationen, die an dieser Stelle im finnischen Material dominieren, sondern vielmehr um Visionen, die auch als solche gekennzeichnet werden. Hierbei ist der unterschiedliche Umgang mit dem Visionsbegriff auffallend. Während im finnischen Korpus Visionen oft in Verbindung mit Strategiekonzepten verwendet werden und die Aussagen auf das Jetzt (in der Regel auch im Präsens gehalten) gerichtet sind, werden die

Visionsaussagen im deutschen Korpus gerade nicht als eine *State-Of-The-Art*-Aussage geführt, sondern als zukunftsweisende Zielvorgaben in Kurzform, wobei gern an eigene Themenbereiche angeknüpft wird, die u.a. über Jahresrubriken eingeführt sind, wie in den folgenden Beispielen:

> „Wir schreiben ein weiteres Kapitel unserer Erfolgsgeschichte: In allen Geschäftsfeldern wollen wir Spitzenleistungen erbringen. Für uns bedeutet dies eine Verbesserung des Kundennutzens und der Qualität sowie eine Optimierung von Prozessen und die weitere Steigerung unserer Profitabilität. Wir wollen und dauerhaft an die Spitze des Wettbewerbs setzen – ‚Upgrade to Industry Leadership‘.“ (Lufthansa 2007: 1; *Jahresrubrik des Berichts 2007; Anm. des Verf.*)

> „Unsere Zukunftsvision wird mehr und mehr Realität: Vernetztes Leben und Arbeiten – connected life and work (*Jahresrubrik des Berichts 2007; Anm. des Verf.*) – unabhängig von Zeit und Ort. Durch das mobile Internet verschmelzen bislang getrennte Telekommunikationswelten immer stärker miteinander. Ein bis vor kurzem kaum vorstellbarer Freiheitsgrad entsteht. Die digitale Revolution hat dabei gerade erst begonnen.“ (Telekom 2009: U5)

An dieser Stelle zeichnet sich schon eine andersartige landeskulturelle Tradition im Umgang mit der Teiltextsorte ‚Vision‘ in der Kommunikationsweise durch Jahresberichte zwischen deutschen und der finnischen Unternehmen ab. An dieser Stelle wird auch deutlich, dass im internationalen Wirtschaftsalltag mit unterschiedlichen funktionalen Traditionen zu gleichen Textsorten gerechnet werden muss. Dies hatte sich weiter oben schon in den unterschiedlichen kulturellen Stilen im Vorwort von Jahresberichten gezeigt. Für die internationale Einbindung von Großunternehmen können die zum Teil sehr unterschiedlichen kulturellen Stile, dort wo sie praktiziert werden, dann auch konkrete Konsequenzen für eine effektive Kommunikationsgestaltung haben. Wenn daher Unternehmensleitsätze und Visionen als zukunftsweisende Aussagen definiert werden (Mast 2002: 75f.; Bextermöller 2001: 322f.; Ebert 1997: 158ff.), dann kann dies nicht als prinzipielle textsortenspezifische Bestimmung gemacht werden, sondern muss gerade auch für den Handlungsbereich der Wirtschaft bei Bedarf interkulturell relativiert werden. Wie wichtig dies auch für die Handhabung mit Geschäftberichten sein kann, wird an dieser Stelle schon anhand des unterschiedlichen Umgangs mit Visionsaussagen im finnischen und deutschen Korpus deutlich.

Neben Visionstexten werden in den deutschen Berichten an dieser Stelle ebenfalls – hier ähnlich wie in den finnischen Berichten – manchmal Kurzpräsentationen zu den Unternehmen als Kurztexte aufgeführt, allerdings nicht als Regel im deutschen Korpus. Solche Kurzprofile mit numerischen Angaben z.B. zu Mitarbeiterzahl, Marktgebieten etc. sind dann eher Abweichungen vom Trend in diesem Korpus. Z. B. benutzt die Telekom solche *State-Of-The-Art*-Darstellungen (in 2006, 2007 und 2010), jedoch die anderen Unternehmen gar nicht. Die deutschen Berichtsteile weisen eine größere Gestaltungsvielfalt als die finnischen auf. So verwenden z. B. die Telekom 2010 und Metro 2007 mehrere Seiten lang auffällig doppelseitiges, multimodales Material, wobei der Schwerpunkt deutlich auf den unterhaltenden und Image prägenden Aspekt zu Lasten der Informationsfunktion gelegt wird. Unabhängig davon jedoch, wie die Textgestaltung des Berichtsteils ausfällt, kann hier schon angeführt werden, dass nonverbale Teile im deutschen Korpus immer konkrete Szenen aus dem oder in Anknüpfung an das Unternehmen darstellen, egal ob hierbei das Schwergewicht auf Detaildarstellungen von Anwendern der unternehmenseigenen Produkte oder Mitarbeiter, Produktgruppen, Materialausschnitte etc. des Unternehmens gelegt wird. Es handelt sich in diesen Fällen um ikonisches Material, das textintern auf das Unternehmen bezogen wird/werden kann. Eine Ausnahme bildet auch hier lediglich Siemens 2009, die aufgrund der in diesem Jahr stark betonten CSR-Thematik auch bildliche Darstellungen mit symbolischer Aussagefunktion bezüglich der umweltschützenden Zielsetzung des Unternehmens verwenden (z. B. grünes Blatt als Sinnbild sauberer Umwelt).

Das Vorwort (Aktionärsbrief)

Der Stil des deutschen Vorworts unterscheidet sich sehr deutlich vom Stil des finnischen Vorworts in den untersuchten Jahresberichten. Zunächst kann konstatiert werden, dass dieser Teiltext von der Aufmachung her deutlich in den Fällen an die Brieftradition anknüpft, wo das Vorwort als Aktionärsbrief realisiert wird. Dies wird nicht nur durch die handschriftliche Adressierung des Lesers als „Sehr geehrte Damen und Herren" realisiert (u.a. Lufthansa), sondern die stilistisch als handschriftlich abgedruckte Unterschrift am Ende des Vorworts unterstreicht diese Brieffunktion noch. Allerdings werden auch Abweichungen hiervor verwendet. So verzichtet Telekom 2010 ganz auf die Adressierung (allerdings nur 2010) durch Überschrift. Weiterhin weicht auch in dieser Hinsicht Siemens 2009 vom allgemeinen Trend ab, denn in Siemens 2009 werden keinerlei formale Briefmerkmale für das Vorwort verwendet. Auch das ansonsten obligatorische Foto des Vorstandsvorsitzenden (oft in Großformat) fehlt gänzlich in diesem Bericht. Stattdessen ist das Vorwort eben als Vorwort gekennzeichnet und im sachlichen Berichtsstil verfasst. Ein Trend in diese Richtung ist schon in Siemens 2008 nachvollziehbar, wo ein sehr kurzer Text des Vorsitzenden ohne verbale Brief- oder Vorwort-Kennzeichnung und in Kombination mit einem Naturfoto dargestellt wird. Dies stellt eine deutliche Abweichung von der ansonsten noch prototypischen Brief-Norm im deutschen

Korpus dar, die andererseits gerade durch diese deutliche Abweichung als Norm wiederum bestätigt (und auch in Siemens 2006 und 2007 verwirklicht) wird. Dass diese Abweichung keine Zufälligkeit im Fall von Siemens darstellt, sondern eher als Versuch der abgrenzenden Positionierung im Bereich der Zielgruppenkommunikation zu werten ist, zeigt sich dann in der Fortführung dieser Corporate-Identity-Strategie in Siemens 2010. Im Bericht dieses Jahres wird anstatt eines Vorworts die Bezeichnung „Einleitung" für diesen Teiltext verwendet. Der Leser wird in diesem Text auf die Inhalte des Jahresberichts vorbereitet; symptomatisch allerdings auch hier (in Übereinstimmung mit dem deutschen Korpus insgesamt) unter Bewahrung der dialogischen Leseransprache in der zweiten Person Plural:

> „In unserem Geschäftsbericht möchten wir Ihnen anhand von drei ausgewählten Reportagen näherbringen, wie wir als Pionier den Herausforderungen unserer Zeit begegnen. Anhand des solarthermischen Kraftwerks Lebrija zeigen wir Ihnen exemplarisch, wie wir uns auf innovations- und technologiegetriebene Wachstumsmärkte konzentrieren. Diese Anlage wird schon bald 50 Megawatt Strom produzieren und damit rund 50.000 Haushalte mit CO_2-freiem Strom versorgen können." (Siemens 2010: 4)

Aus dem obigen Zitat wird ersichtlich, dass mit dem Signalisieren einer veränderten Textsorte (hier Einleitung statt Brief) auch eine veränderte Kommunikationsfunktion einhergeht, was sich im obigen Zitat durch die besonders werbende Darstellung zeigt. Interessanterweise wird aber gerade die Dialogizität in der obigen Form bei Siemens 2009 stärker als in traditionellen Formen der Vorworte textintern verwirklicht, weshalb auch Dialogizität als textinterne Strategie nicht textsortengebunden zu sein braucht.

Unabhängig von der zum Teil variierenden optischen und textfunktionalen Aufmachung, weisen die deutschen Vorworte eine eigene textspezifische Eigenart im Vergleich zu den finnischen Vorworten auf. Dies betrifft vor allem die endogene Darstellungsart, mit der das eigene Unternehmen als die treibende Kraft hinter den Jahresergebnissen dargestellt wird, selbst wenn auf externe Entwicklungen Bezug genommen wird:

> „Mit einem starken organischen Wachstum konnten wir 2007 sowohl Umsatz als auch Ergebnis weiter steigern. Und das in einem oft schwierigen Umfeld. So nahmen die Rohstoffpreise weiter zu. Auch das spürbare Nachlassen der Baukonjunktur in Nordamerika, verschärft durch die Krise im Hypotheken- und Immobiliensektor und die Verunsicherung der Finanzmärkte, hat sich auf wichtige Kunden unseres Industriegeschäfts – und damit auf uns – ausgewirkt. Hinzu kam der anhaltende Preis- und Wettbewerbsdruck in vielen Konsumgütermärkten. Alles in allem: Unser Geschäft hat im Jahr 2007 zahlreiche Störfaktoren erfolgreich bewältigt.
> Unsere Positive Entwicklung sehen wir daher als weiteren Beweis für die Qualität unserer Strategie, unserer innovativen Produkte und unserer Mitarbeiter weltweit. Ein Erfolg, an dem alle unsere Unternehmensbereiche und Regionen beteiligt waren." (Henkel 2007: 2)

Kulturelle Stile als Bild-Textstrategien in Jahresberichten   47

Wie prototypisch diese endogene Darstellungsperspektive für das deutsche Korpus ist, wird dadurch deutlich, dass sie auch in den Fällen verwendet wird, wo die Jahresergebnisse eher durch schwierige Marktbedingungen gekennzeichnet sind. Dies macht dann immer das eigene Unternehmen als ergebnisbewusste Größe darstellbar, wobei es am Schluss des Argumentationsgangs das eigene Unternehmen ist, welches das trotz allem positiv darstellbare Ergebnis proaktiv herbeiführt. Dass dann durch die endogene Darstellungsweise auch negative Ergebnisse in ein positives Licht gerückt werden können, liegt auf der Hand:

> „Mit Blick auf die Aktienmärkte war das Geschäftsjahr 2008 für Volkswagen sicherlich ein Ausnahmejahr, wenn sich auch Stamm- und Vorzugsaktien sehr unterschiedlich entwickelt haben. auch in anderer Hinsicht war 2008 ein bewegtes Jahr: Im vierten Quartal hat die Finanz- und Wirtschaftskrise die Automobilindustrie mit voller Wucht getroffen. Die Märkte sind weltweit dramatisch eingebrochen – ein Ende der Krise ist nicht absehbar. In diesem Umfeld hat sich unser Konzern besser behauptet als der Wettbewerb. Das zeigt nicht zuletzt die Tatsache, dass wir in vielen Regionen Marktanteile hinzugewinnen konnten." (Volkswagen 2008: 11)

Auch in den Fällen, wo die Marktlage zugegebenermaßen ein nicht zufrieden stellendes Ergebnis herbeigeführt hat, wird das Handeln des eigenen Konzerns als aktives Einwirken auf die Ergebnislage und somit als ein positives Ergebnis, wenn auch nur aus der Sicht von Teilaspekten des Jahresgeschehens, dargestellt. Charakteristisch für den Argumentationsaufbau der ausgewählten deutschen Jahresberichte ist es, dass das eigene Unternehmen am Ende der jeweiligen Teildarstellung als proaktiv handelnder Akteur dargestellt, der in dieser Hinsicht trotz der Krise eigene Aktivitäten fortführt:

> „Alle Geschäftsfelder des Lufthansa Konzerns waren von der Krise erfasst, allerdings zeitversetzt und in unterschiedlicher Intensität. Sie folgen ihren eigenen Zyklen, die eine glättende Wirkung auf das operative Ergebnis des Konzerns hatten. Die Gruppenstruktur ist insofern vorteilhaft, da gut ausbalanciert.
> Daneben hat uns unser starkes Liquiditäts- und Finanzprofil einen klaren Wettbewerbsvorteil verschafft. Wir bewahrten uns die Möglichkeiten, unternehmerisch zu handeln, und konnten trotz Krise wichtige Investitionen fortführen oder in Angriff nehmen." (Lufthansa 2009: 3)

Die Dialogizität, die sich schon textfunktional ergibt, wird im Brief an die Aktionäre durchgehend im Korpus verwirklicht (auch bei textfunktionalen Abweichungen, wie z.B. in Siemens 2010). Dies wird nicht nur durch eine direkte Ansprache des Lesers erreicht, sondern auch durch den oft am Ende des Vorworts an den Leser gerichteten Dank für das Vertrauen und die nicht seltene Aufforderung, das Unternehmen auch in Zukunft zu ‚begleiten'. Allerdings ist diese metaphorische Abrundung des Vorworts mittlerweile derart zur floskelhaften Formulierung geworden, dass der persönliche Bezug, der durch diese Metapher des Begleitens zum Leser hergestellt werden soll, eben gerade durch das schablonenhafte Verwenden dieser Formulierungsweise verwässert wird, was die Gefahr des lediglich scheinbaren persönlichen Bezugs zum Leser in dieser Formulierungsweise birgt.[9]

Dass die Dialogizität ein wichtiges textfunktionales Merkmal im deutschen Korpus – zumindest was die formale Aufmachung der Texte betrifft – darstellt, zeigt sich auch in den Fällen, in denen im Vorwort aufgrund einer abweichenden Form von der Brieftradition die direkte Leseransprache vermieden wird, wie im Fall von Siemens 2008 (vgl. dazu auch oben). Das in diesem Fall sehr kurz gehaltene Vorwort, das im Stil eines generellen Statements angeführt wird, weist keine Adressatenansprache auf. Stattdessen thematisiert dieser Bericht im Anschluss an das Vorwort das Thema der Dialogizität mit den Investoren von Siemens als einen eigenen Teiltext, was wiederum die Wichtigkeit der Dialogizität auch in diesem Fall deutlich vor Augen führt. Die Ansprache des Lesers in der 2. Person ist im deutschen Korpus – im Unterschied zum finnischen Korpus – generell ebenso außerhalb des Vorworts verwirklicht.

Die Unternehmensaktie

Entwicklungen zum Berichtsjahr im Sinne des Jahresüberblicks mit Marktanalysen wie im finnischen Korpus fehlen im deutschen Korpus. Stattdessen werden im deutschen Korpus durchgehend Darstellungen zur Aktienentwicklung benutzt, wobei die Darstellungen auf die eigenen Aktienentwicklungen fokussiert sind. Bezüge zu anderen Konkurrenten oder zur Benchmark werden grundsätzlich im Vergleich mit der eigenen Aktie verwirklicht. Auffällig ist hierbei das Ausrichten der Textgestaltung anhand von verbaler Information in Kombination mit ausschließlich logischen Bildern (vor allem Aktienkurs-Verlaufsdiagrammen). Fotografische oder kartografische Abbildungen (wie im finnischen Korpus) fehlen hier.

Die durch die Textkomposition dominante Informationsfunktion wird aber auch mit anderen Funktionen kombiniert, wenn auch nicht so offenbar wie in den übrigen Textteilen. So wird auch die Leseransprache in diesem Teiltext als Adressierung in der zweiten Person Plural verwirklicht, wenn auch tendenziell eher gegen Ende dieses Teiltextes. Im Unterschied zum Teiltext „Year in Brief" im finnischen Korpus, mit dem dieser Text zur Aktienentwicklung eher noch verglichen werden kann, ist die Darstellung im deutschen Korpus sehr am Fließtext orientiert. Die über mehrere Seiten gehende Darstellung wendet sich

---

9   Vgl. dazu auch die Kritik schon in Ebert 2003.

aufgrund der eingehenden Analysen an solche Leser, die sich speziell für die Aktienkursbedingungen auch im Detail interessieren, weshalb die Textaufmachung in diesem Fall so stark von anderen, eher werbenden Teilen des nonobligatorischen Berichtteils im deutschen Korpus abweicht.

Obwohl es sich in der Aktienkursentwicklung um eine rückblickende Darstellungsform handelt, steht diese Art der Darstellung ganz in der Tradition der auch ansonsten im deutschen Korpus verwirklichten endogenen Darstellungsperspektive. Dies zeigt sich nicht nur in der Art, wie die eigene Aktie sich (metaphorisch verstanden) als aktive Größe an der Börse vertikal bewegt. Deutlich wird dies vor allem – und ist im Vergleich zum finnischen Korpus signifikant – dadurch, wie die eigene Aktie aus den unternehmenseigenen Aktivitäten heraus auf externe Marktbedingungen und -entwicklungen aktiv einwirkt, wodurch hierdurch wieder der proaktive Eindruck einer starken Aktienentwicklung – auch unter ungünstigen externen Bedingungen – besonders betont werden kann. Darstellungslogisch werden hierdurch – wie schon bei den Vorworten gezeigt – negative Nachrichten am Ende eines Argumentationsgangs mit positiven Darstellungen abgerundet, was neben der informierenden Funktion aufgrund der systematischen Verwendung dieses Stilmittels auch einen Image prägenden Effekt hervorruft:

> „In der zweiten Jahreshälfte zog allerdings zunehmend die Unsicherheit um die weitere konjunkturelle Entwicklung in die Kursbewertung ein. Die als zyklisch eingestuften Aktien wurden vermehrt aus den Portfolios genommen. In diesem Umfeld konnte auch die Lufthansa Aktie das erzielte Kursniveau nicht halten.
> Sie gab bis zum Jahresende um 12,6 Prozent auf 18,22 EUR nach. Die außerordentlich gute Ergebnisentwicklung, die erfolgreiche Integration der SWISS und die klare Positionierung in der Konsolidierungsdiskussion ermöglichen der Lufthansa Aktie jedoch im Industrievergleich eine deutliche Outperformance." (Lufthansa 2007: 25)

Zusätzlich zur Übersicht über die Aktienentwicklung verwendet nur Lufthansa noch im Berichtsteil seit 2007 durchgehend eine werbende Kurzform als Quartalsübersicht des Geschäftsjahrs. Dabei steht nicht die detaillierte Information über das Geschäftsjahr im Vordergrund (wie im Lagebericht), sondern eine werbende Darstellung, die weniger auf eine chronologische Darstellung der Jahresereignisse wie im finnischen Korpus ausgerichtet ist, sondern als Mittel benutzt wird, Leistungen und Aktivitäten des Konzerns im Sinne einer Werbung für die Exzellenz des Konzerns zu nutzen:

> „Mit dem Bau eines neuen Bildungs- und Konferenzzentrums investiert Lufthansa in die Zukunft ihrer Mitarbeiter und schafft einen neuen Ort zur Förderung des Kommunikations- und Kulturenaustausches. Die Eröffnung ist für das 1. Quartal 2009 geplant.
> Lufthansa wird von der Armbrust Aviation Group erneut für das beste Treibstoffmanagement der Luftverkehrsbranche ausgezeichnet. In sieben der insgesamt acht

Einzelkategorien wählen die befragten Treibstofflieferanten Lufthansa auf Platz 1."
(Lufthansa 2007: 6)

Kerngeschäftsbereiche

Zusätzlich zu den obigen non-obligatorischen Teilen des Berichtteils werden auch in den meisten Fällen stark bild-dominierende Texte zu entweder Unternehmensbereichen (Lufthansa), Präsentation von Markenvielfalt bei Dachmarken (Henkel), oder auch Bereiche des sozialen Lebens, die an Unternehmens-Dienstleistungen geknüpft werden, auch unter Thematisierung der jeweiligen Jahresrubrik (Telekom) verwendet. Bezüglich der verbalen und nonverbalen Realisationsweise dieser Teiltexte gilt auch hier, was schon oben konstatiert werden konnte. Die bildlichen Darstellungen beziehen sich explizit auf das Unternehmen: Es sind durchweg unternehmenseigene Produkte, Szenen oder auch Mitarbeiter aus dem Unternehmen (durchweg Metro, Lufthansa, Henkel und Volkswagen) bzw. im Anschluss an das Unternehmen als Verbraucher, Sachverständige etc. (Telekom 2007). Auch hierbei ist die starke Ausrichtung auf ein endogenes Darstellen immer dort auffallend, wo auf das Unternehmen Bezug genommen wird:

> „Unser Leben ist heute zunehmend vernetzt, immer mehr Menschen tauschen sich ganz individuell in virtuellen Foren und internationalen Plattformen aus. Gewaltige Mengen an Fotos und Filmsequenzen werden täglich ins Internet eingestellt und abgerufen, zehntausende Blogs starten an einem Tag, Communities gewinnen monatlich Millionen neuer Mitglieder. Dies geschieht in immer höherem Maße unabhängig von Zeit und Ort und angepasst an die Bedürfnisse der Menschen.
> Die Deutsche Telekom hat diese Entwicklungen früh erkannt und ihre Strategie auf die Trends der Zukunft, wie Web 2.0, mobiles Internet und Internet-Fernsehen, ausgerichtet. Schnelles Surfen und Fernsehen in HDTV-Qualität, Online -Videotheken und zeitversetztes Fernsehen mit T-Home Entertain, freier Zugang zum Internet von unterwegs mit web'n'walk, MyFaves für die unkomplizierte Kommunikation mit den fünf wichtigsten Personen – wir haben die Produkte und Services entwickelt, die sich durch intelligente Zugangsmöglichkeiten, intuitive Bedienung und einfache Nutzung auszeichnen. Und wir vermarkten das iPhone in Deutschland exklusiv." (Telekom 2007: 33)

Besondere Erwähnung verdient auch in diesem Zusammenhang der Jahresbericht von Siemens 2009. Dieser weicht in der Darstellung der Kerngeschäftsbereiche, sowohl von der Aufmachung als auch von der thematischen Ausrichtung her, stark von der prototypischen deutschen Tradition im Korpus ab. Der gesamte Berichtsteil ist als CSR-Bericht konzipiert. Daher ist auch die Unternehmenspräsentation im Sinne eines umfangreichen CSR-Berichts verwirklicht, der die verschiedenen Unternehmensbereiche und die Leistungen im Verbund mit dem sozialen Leben im Allgemeinen behandelt. Abweichend von den übrigen

Verfahrensweisen werden hier gerade massiv zusätzlich zu unternehmens-bezogenen Bildmotiven auch die verschiedensten Natur-, Sport- oder andere Tätigkeitsmotive des sozialen Lebens generell verwendet, um diese Situationen an Unternehmensleistungen thematisch anschließen zu können. Im Einklang mit dem übrigen deutschen Korpus werden auch hier ausschließlich Konkreta darstellende, fotografische Bilder an Stelle von abstrakt stilisierenden Bildern verwendet. Die verbale Perspektive folgt durch die sehr stark endogen ausge-richtete Strategie ebenfalls dem für das deutsche Korpus typischen Verfahren: erst werden jeweils Phänomene verschiedener Art aus dem täglichen Leben thematisiert, wie z. B. die Themen Urbanisierung, Klimawandel, Energiever-sorgung oder Globalisierung. Dann wird im Fließtext deutlich gemacht, in welcher Form Siemens aktiv auf diese Zustände einwirken kann/einwirkt.

8 Die Analyseergebnisse zusammengefasst

Wie die obige kontrastive Analyse zeigt, bestehen deutliche Unterschiede in den jeweiligen textuellen Stilen des finnischen und deutschen Korpus. Wie wichtig die Ausweitung des Stilbegriffs auf den gesamten jeweils untersuchten Text ist, zeigt sich in der Bild-Text-Interaktion, auf die die vorliegende Analyse hin-weisen konnte. ‚Stil' wird folglich in der vorliegenden Untersuchung aufgrund der funktionalen Verankerung der Jahresberichte in Kommunikationsfunktionen als eine texttheoretische Größe mit potentiellem Kulturbezug verstanden. Und so sollten auch die Ergebnisse der vorliegenden Untersuchung verstanden werden: Will man Konsequenzen für den Bereich der Geschäftsberichterstattung generell und Jahresberichte spezifisch ziehen, dann sollten die Ergebnisse immer im Verbund des Verbalen mit dem Nonverbalen gesehen werden. Die grund-sätzliche Bedeutung, welche kulturelle Stile als Textverlaufs-Strategien haben können, kann in ihrer Reichweite erst dann vollends erkannt werden, wenn Texthaftigkeit im holistischen Sinn als ein sich über die drei Kommunikations-dimensionen (verbale, para- und nonverbale Textdimension) erstreckendes Phänomen gegriffen wird. Eine Beachtung lediglich verbaler Elemente wird die Reichweite der kulturellen Stile nicht vollends erfassen können, wie aus der vorliegenden Untersuchung deutlich geworden sein sollte.

Wenn daher unterschiedliche Verfahren in den finnischen und deutschen Berichten z. B. bezüglich der multimodalen Realisierung von Leseradressierung, Handhabung mit Dialogizität (auch als Thematisierung ohne Einbindung des Lesers), diskursiver Perspektive und Selbstreferentialität ermittelt werden konnten, so ist dies auch unter textfunktionalem Gesichtspunkt relevant. Die schrittweise Ausdehnung von Informationsteilen in Form von Teiltexten im finnischen Korpus weist auf eine andere Anwendungsfunktion dieser Berichte als im Fall der deutschen Berichte hin. Die Logik im Aufbau der Teiltexte im finnischen Berichtsteil wird verständlich unter graduellem Aspekt: so dienen die Anfangstexte der schnellen Einführung und Orientierung in das Jahresergebnis, was dann schrittweise von der Informationsmenge her gesehen erweitert wird.

Dagegen weisen die deutschen Berichtsteile auf eine andere Anwendungslogik hin. Hier dienen die verschiedenen Teiltexte vor dem Lagebericht der Adressierung an verschiedene Zielgruppen, was dann nicht zu einer *kumulativen* Textkonstitution wie im finnischen Korpus, sondern eher zu einer *alternativen* Textzusammenstellung im deutschen Korpus führt. Diese letztere Form ist so ausgeführt, dass ein Leser diejenigen Teiltexte lesen kann, die ihn interessieren und die auch an seine gruppenspezifischen Leserbedürfnisse angepasst sind, ohne einen Informationsverlust eingehen zu müssen. U.a. aufgrund der alternativen Textzusammenstellung der deutschen Jahresberichte werden ihre im Vergleich zu den finnischen Berichten deutlich größeren Seiten-Volumen erklärlich.

Die Frage der expliziten/impliziten Bezugnahme auf das Unternehmen wies vor allem im nonverbalen Bereich Unterschiede zwischen dem deutschen und finnischen Korpus auf. Während Bildmotive der deutschen Berichte auf das Unternehmen bezogen waren, verwendeten finnische Unternehmen auch systematisch Bildmaterial, das nicht hauptsächlich Motive von Mitarbeitern oder Ausschnitte aus dem Unternehmensalltag darstellten, sondern ebenfalls im breiten Maße indirekt, über die bildliche Konstruktion ‚fiktionaler Realitäten' (vgl. Kap. 6), auf das Unternehmen referierten. Als Ausnahme von der faktischen Darstellungsweise zu unternehmenseigenen Bereichen /Personen im deutschen Korpus erwies sich hierbei Siemens 2009.

Nicht nur die deutlichen Unterschiede in der endogenen/exogenen Darstellungsperspektive waren deutlich zwischen dem finnischen und deutschen Korpus, sondern ebenfalls die unterschiedliche Hantierung mit der Dialogizität sowie mit den unterschiedlichen Tendenzen in der Senderbezogenheit fielen auf. Die Frage der Rationalität/Emotionalität war in beiden Korpora vor allem an die jeweilige Hauptfunktion eines Teiltextes gebunden und konnte verbal und/oder nonverbal nachvollzogen werden.

9 Konsequenzen für die Gestaltbarkeit von Berichtsteilen der Jahresberichte

Aus der kontrastiven Analyse wird deutlich, in welcher Weise kulturspezifische Traditionen als kulturelle Stile die non-obligatorischen Berichtsteile beeinflussen. Obwohl die jeweiligen finnischen und deutschen Korpora starke einheitliche Tendenzen innerhalb eines landesspezifischen Korpus aufwiesen, wurde deutlich, dass trotz Orientierung anhand von landesspezifischen Merkmalen auch Variationen innerhalb einer Tradition aufgrund von Corporate-Identity-Strategien möglich sind. Dies wurde besonders im Siemens-Beispiel 2009 deutlich. Die auffallend abweichende Aufmachung und inhaltliche Gestaltung von Siemens 2009 gegenüber den restlichen deutschen Geschäftsberichten im hier vorliegenden Korpus erwies sich als besonders deutlich an den funktionalen Merkmalen des deutschen Stils dieser Texte orientiert. Das Prinzip der Dialogizität ist lediglich in seiner meta-textuellen Realisationsform (als einleitende Fragen für die jeweils folgende Darstellung im Fließtext) in Siemens 2009 vom prototypischen Muster in dem Sinne abweichend, als es diesen Aspekt des deutschen Stils besonders konsequent verwirklicht, wenn auch nicht als Leseradressierung. Dies zeigt sich in der Leseransprache auf der zweiten Umschlagseite durch zwei Personen, dies sich als dem Leser durch den Geschäftsbericht begleitende Personen präsentieren. Trotz dieser von der Norm abweichenden Form werden nichtsdestoweniger gerade die Norm kennzeichnende Textfunktionen auch im Fall von Siemens 2009 verwirklicht (vgl. Kap. 8). Dieses Beispiel macht deutlich, dass ein originelles Abweichen von der Norm ohne weiteres innerhalb eines kulturellen Stils möglich ist ohne Letzteren aufzuheben. Dies ist eine wichtige Erkenntnis, denn hieraus folgt, dass eine textuelle Realisationsform der kulturspezifisch geprägten Stile nicht notgedrungen ein plakatives Wiederholen allgemeiner Textkonstitutionsverfahren nach sich ziehen muss.

Durch die Untersuchung im vorliegenden Beitrag konnte gezeigt werden, dass kultureller Stil nicht lediglich eine formale Erscheinung auf der Ebene der sprachlichen Ausdrucksform ist, sondern als Wechselverhältnis zwischen textfunktionalen Gebrauchskriterien und textuellen Manifestationsformen gegriffen werden kann. Auch wurde gezeigt, dass die Relevanz kultureller Stile in ihrer vollen Breite erst dann überschaut werden kann, wenn sämtliche Kommunikationsdimensionen im Verbund miteinander erfasst werden, denn als Kommunikat fungiert immer nur ein Kommunikationsangebot als Ganzes. Das Phänomen kultureller Stile kann daher sehr unterschiedliche Traditionen im Umgang mit den Kommunikationsdimensionen beinhalten. Erst wenn die kulturspezifischen Eigenarten dieser textuellen Manifestationsformen erfasst sind, können sie kommunikationsstrategisch adäquat umgesetzt werden, um so eine möglichst optimale Rezeption (im kommunikationsstrategischen Sinn) zu erreichen. Auch für die wichtige Frage der unternehmensspezifischen Positionierung unter den Zielgruppen anhand der von einem Unternehmen eingesetzten

Kommunikationsmittel (corporate communications) ist die Kenntnis kultureller Stile in landeskultureller Hinsicht unerlässlich.

Bevor jedoch eine unternehmensspezifische Positionierung in optimaler Form im Hinblick auf eine bestimmte kulturelle Zielgruppe verwirklicht werden kann, müssen die kulturellen Stile als prototypische Rahmenbedingungen von Text-Traditionen systematisch in ihrer historischen gewachsenen und im Hinblick auf ihre institutionelle Zweckbestimmung sowie in ihrer Konventionalisierung bewusst gemacht werden

Aufgrund der – wie sich am Beispiel deutscher und finnischer Jahresberichte zeigte – zum Teil erheblich voneinander abweichenden kulturellen Stile kann davon ausgegangen werden, dass eine unternehmensspezifische Ausgestaltung von Texten umso effektiver wahrgenommen werden kann, je deutlicher sie sich an den textfunktionalen Gestaltungstraditionen des kulturellen Stils in der Tradition einer Zielgruppe orientiert. Die vorliegende Untersuchung hat versucht deutlich zu machen, welche textfunktionalen Aspekte im Fall des kulturellen Stils von Jahresberichten eine Rolle spielen können, und dass es sich im Fall der kulturellen Stile nicht lediglich um sprachformale Fragen der Textgestaltung handeln kann. Aus dieser Erkenntnis folgt, dass ein reines Übersetzen der Berichtsteile – so wie es im Allgemeinen noch praktiziert wird – die optimale Ausnutzung kultureller Stile in Zielsprachen eben als Textstrategien nicht verwirklichen kann.[10] Ein reines Übertragen von Inhalten als Übersetzung führt in diesem Fall notgedrungen auch zu einer Übertragung des jeweiligen – im Zuge der Übertragung dysfunktional gewordenen – kulturellen Stils mit sich. Die dysfunktionale Zusammensetzung von Text und Bild wird im Fall der Übersetzungen besonders dort deutlich, wo der verbale Teil ohne Beachtung der für eine Zielsprache typischen kulturellen Stilelemente übertragen wird. Zusätzlich müssten auch die nonverbalen Elemente der Stil-Tradition einer Zielkultur als Teil der multimodalen Gestaltungsweise angepasst werden, wie aus den Ergebnissen des vorliegenden Beitrags deutlich wird.

Sowohl aus texttheoretischer als auch aus kommunikationsstrategischer Perspektive umfasst kultureller Stil daher immer den gesamttextuellen Bereich, denn Texte werden immer als holistische fungierende Texte mit allen ihren kulturellen Eigenheiten erstellt. Eine Textübertragung von einer Sprache in eine andere sollte diese holistische Bedeutung von kulturellen Stilen in allen Kommunikationsdimensionen (verbal, para-, non- und extraverbal) beachten, will sie die Maxime internationaler Unternehmenskommunikation verwirklichen: So viele Leser wie möglich nicht nur zu erreichen, sondern auch zu überzeugen. Die Einsicht, dass die kulturellen Stile auch innerhalb Europas stark variieren kön-

---

10 Vgl. dazu schon Bolten et al. 1996.

Kulturelle Stile als Bild-Textstrategien in Jahresberichten 55

nen, sollte nicht zuletzt auch für deutsche, global agierende Unternehmen wichtige kommunikationsstrategische Konsequenzen nach sich ziehen können.

Literatur

Behrens, Bergljot / Fabricius-Hansen, Cathrine (Hrsg.) (2009): Structuring information in discourse. The explicit/implicit dimension. Oslo (= Oslo Studies in Language 1)

Bextermöller, Matthias (2001): Empirisch-linguistische Analyse des Geschäftsberichts, Dortmund: P. Ewers.

Böttger, Claudia (2007): Lost in translation? An analysis of the role of English as the *Lingua Franca* of multilingual business communication. Hamburg: Kovač (= Philologia 107).

Bolten, Jürgen (1999): Kommunikativer Stil, kulturelles Gedächtnis und Kommunikationsmonopole In: Geißner, Hellmut K. (Hrsg.): Wirtschaftskommunikation in Europa. Tostedt 1999, 113-131.

Bolten, Jürgen (2007): Einführung in die Interkulturelle Wirtschaftskommunikation. Göttingen: Vandenhoeck & Ruprecht. (= UTB 2922).

Bolten, Jürgen/Dathe, Marion/Kirchmeyer, Susanne/Roennau, Marc/Witchalls, Peter/Ziebell-Drabo, Sabine (1996): Interkulturalität, Interlingualität und Standardisierung bei der Öffentlichkeitsarbeit von Unternehmen. Gezeigt an amerikanischen, britischen, deutschen, französischen und russischen Geschäftsberichten. In: Kalverkämper, Hartwig./Baumann, Klaus-Dieter (Hrsg.): Fachliche Textsorten. Komponenten – Relationen – Strategien. Tübingen: Narr (Forum für Fachsprachen-Forschung 25), 389-425.

Ebert, Helmut (1997): Textfunktionen und Textstrukturen von Führungs- und Unternehmensgrundsätzen der Gegenwart. Mit einem historischen Exkurs zur Tradition von Führungsgrundsätzen der Fried. Krupp AG. Frankfurt/Main u.a.: Lang

Ebert, Helmut (2003): Aktionärsbriefe – Imagegewinn durch Textqualität. In: Piwinger, Manfred (Hrsg.): Ausgezeichnete Geschäftsberichte. Von Profis lernen: Fallbeispiele außergewöhnlicher Präsentationen. Frankfurt/ Main: FAZ-Institut, 94-110.

Fix, Ulla (2007): Textstil und KonTextstile. In: Fix, Ulla (Hrsg.): Stil – ein sprachliches und soziales Phänomen. Berlin: Frank und Timme, 87-105.

Geertz, Clifford (1999): Dichte Beschreibung: Beiträge zum Verstehen kultureller Systeme. 6. Aufl. Frankfurt/ Main: Suhrkamp (= Suhrkamp Taschenbuch Wissenschaft 696).

Gillaerts, Paul/ van de Velde, Freek (2011): Metadiscourse on the move: The CEO's letter revisited. In: Garzone, Giuliana/ Gotti, Maurizio (Hrsg.): Discourse, communication and the enterprise. Genres and trends. Bern u.a.: Lang (= Linguistic Insights 134), 151-168.

Glaser, Evelyne (2003): Fremdsprachenkompetenz in der interkulturellen Zusammenarbeit. In: Thomas, Alexander/ Kinast, Eva-Ulrike/ Schroll-Machl, Sylvia (Hrsg.): Handbuch Interkulturelle Kommunikation, Bd.1: Grundlagen und Praxisfelder. Göttingen: Vandenhoeck & Ruprecht, 74-93.

Gohr, Martina (2002). Geschäftsbericht und Aktionärsbrief – eine textsortenlinguistische Analyse mit anwendungsbezogenen Aspekten. Universität Düsseldorf.

56 Christopher M. Schmidt

Haller, Elisabeth (2009): Interkulturelle Werbung. Eine Inhaltsanalyse von Websites aus der Automobilbranche für Deutschland und die USA in Hinblick auf die kulturellen und kommunikativen Stile. E-Theses Universität Wien. http://othes.univie.ac.at/6204/

Hess-Lüttich, Ernest W.B. (2006): Textbegriffe der Sprach-, Literatur- und Medienwissenschaften im Zeichen technischer Umbrüche. In: Grucza, Franciszek (Hrsg.): Texte. Gegenstände Germanistischer Forschung und Lehre (= Materialien der Jahrestagung des Verbandes Polnischer Germanisten in Torun 2006), Warszawa: Wydawnictwo Euro-Educacja, 177-191; überarbeitete Fassung in: Riedner, Renate/ Steinmann, Siegfried (Hrsg.) (2008): Alexandrinische Gespräche. Forschungsbeiträge ägyptischer und deutscher Germanist/inn/en. München: iudicium, 154-168.

Hübner, Kurt (1986): Kritik der wissenschaftlichen Vernunft. 3., verb. Aufl. Freiburg: Alber.

Kress, Gunther/ van Leeuwen, Theo (2006): Reading images: the grammar of visual design. 2. Aufl. London: Routledge.

Kroeber-Riel/Esch (2004): Strategie und Technik der Werbung: verhaltenswissenschaftliche Ansätze. Stuttgart. Kohlhammer.

Linke, Angelika (2009): Stil und Kultur. In: Fix, Ulla/ Gardt, Andreas/ Knape, Joachim (Hrsg.): Rhetorik und Stilistik. Handbücher zur Sprach- und Kommunikationswissenschaft 31, 2. Halbband. Berlin/New York: W. de Gruyter, 1131-1144.

Mast, Claudia (2002): Unternehmenskommunikation. Ein Leitfaden. Stuttgart: Lucius & Lucius (UTB 2308).

Peirce, Charles S. (1993/1906): Semiotische Schriften, Bd. 3, 1906-1913. Herausgegeben und übersetzt von C. Kloesel und H. Pape. Frankfurt am Main: Suhrkamp.

Reins, Armin (2006): Corporate Language. Wie Sprache über Erfolg oder Misserfolg von Marken und Unternehmen entscheidet. Mainz: Schmidt.

Schmidt, Christopher M. (2002): Kognitive Modelle in der Öffentlichkeitsarbeit von Unternehmen im deutsch-finnischen Vergleich. In: Ders. (Hrsg.): Wirtschaftsalltag und Interkulturalität. Fachkommunikation als interdisziplinäre Herausforderung. Wiesbaden: DUV (= Europäische Kulturen in der Wirtschaftskommunikation 2), 97-117.

Schmidt, Christopher M. (2003): Der Markenslogan als Instrument unternehmenskultureller Pesuasions-Strategien aus kognitionslinguistischer Perspektive. In: Nielsen, Martin (Hrsg.): Wirtschaftskommunikation im Wandel. Dynamik, Entwicklung und Prozessualität. Wiesbaden: DUV (= Europäische Kulturen in der Wirtschaftskommunikation 3), 79-105.

Schmidt, Christopher M. (2008): Kulturtheoretische Dimensionen: Überwindung eines überkommenen Paradigmas. In: Szurawitzki, Michael/ Schmidt, Christopher M. (Hrsg.): Interdisziplinäre Germanistik im Schnittpunkt der Kulturen. Festschrift für Dagmar Neuendorff zum 60. Geburtstag. Würzburg: Königshausen & Neumann, 305-315.

Schmidt, Christopher M. (2010a): Kognitive Modelle in der Wirtschaftskommunikation. Eine kognitionslinguistische Fundierung kulturbedingter Konzeptionalisierung. Sternenfels: Wissenschaft & Praxis. (Schriftenreihe Interkulturelle Wirtschaftskommunikation 15).

Schmidt, Christopher M. (2010b): Interdisziplinäre Implikationen eines dynamischen Textbegriffs. In: KODICAS/CODE Ars Semeiotica. Vol. 33, nr. 1-2. Gunter Narr Verlag Tübingen. S. 73-84.

Stöckl, Hartmut (2004): Die Sprache im Bild – Das Bild in der Sprache. Zur Verknüpfung von Sprache und Bild im massenmedialen Text. Konzepte, Theorien, Analysemethoden. Berlin/New York: de Gruyter (Linguistik - Impulse & Tendenzen 3)

Westermann, Arne (2004): Unternehmenskommunikation im Internet. Bestandsaufnahme und Analyse am Beispiel nationaler und internationaler Unternehmen. Berlin: Vistas (Öffentlichkeitsarbeit/ Public Relations und Kommunikationsmanagement 11).

Witchalls, Peter J. (2010): Cultural styles in corporate communication. An analysis of difference and transformation in cultural communication styles with a focus on the four largest German and four largest U.S. American banks' annual reports over the period 1997-2007. Hamburg: Kovač (= Communicatio 10).

Yli-Jokipii, Hilkka (2008): Translating professional discourse: a genre-based view on corporate ESP. In: Palmer-Silveira, Juan Carlos/Ruiz-Garrido, Miguel F./ Fortanet-Gómez, Inmaculada (Hrsg.): Intercultural and international business communication. Theory, research and teaching. 2. Aufl. Bern u.a.: Lang (= Linguistic Insights 38), 197-216.

Kriseln in der mehrsprachigen Krisenkommunikation

Claudia Böttger

Inhalte:
1 Einleitung
2 Hintergrund und Vorgeschichte der BP Ölkrise
2.1 BPs Krisenintervention als Militäraktion versus BPs Krisenintervention als Umweltmanagement
2.2 BP als Einzelkämpfer versus BP als Gruppenspieler
2.3 BP als aktiv handelndes Subjekt versus BP als passives Objekt
2.4 Faktische versus potenzielle Handlungsoptionen
3 Methode
4 Textmaterial
5 Englisch-deutsche Pressemitteilungen im Übersetzungsvergleich
5.1 Überschriften der Pressemitteilungen
5.2 Ziel von BPs Krisenmanagement: Wiederherstellen eines ursprünglichen Zustandes versus Schadenbeseitigung
5.3 Die Ölkrise als Verursacher von Verletzungen der Natur versus Versursacher von Umweltschäden
5.4 BPs Commitment versus BPs Zusage bzw. Zustimmung
6 Zusammenfassung und Ausblick
Literatur

1 Einleitung

Gerade vor dem Hintergrund der wachsenden Internationalisierung von Unternehmen, der steigenden Bedeutung von Bildern in den Massenmedien und der Entwicklung neuer Kommunikationsformen wie Weblogs stehen Unternehmensabteilungen, die mit der Krisenkommunikation beschäftigt sind, vor erheblichen kommunikativen Herausforderungen. Nicht selten sehen sich die Abteilungen von einem Moment zum nächsten im Rampenlicht des Öffentlichkeitsinteresses, denn schlagartig kann die Krisenkommunikation zur Kommunikationskrise führen, können Glaubwürdigkeit und Image eines Unternehmens auf dem Spiel stehen.

Unabhängig davon, ob die Krise schlagartig ausgelöst wurde oder sich langsam aufgebaut hat, in der Regel sitzt das Unternehmen auf der Anklagebank und allseits wird der Ruf nach der Krisenkommunikation laut. Aber Krisenkommunikation losgelöst vom Krisenmanagement wird schnell zur Kommunikationskrise, verstärkt so den öffentlichen Druck, schadet Glaubwürdigkeit und Image. Damit rücken folgende Fragen in den Mittelpunkt:

- Welche Faktoren sind für eine erfolgreiche Krisenkommunikation eines international tätigen Unternehmens entscheidend?
- Mit welchen kommunikativen Erwartungen seitens einer internationalen Öffentlichkeit müssen Unternehmen rechnen?
- Wie können sich Unternehmen auf ihre vielfältigen kommunikativen Aufgaben vorbereiten?
- Mit welchen kommunikativen Herausforderungen werden Unternehmen besonders in einem mehrsprachigen Umfeld konfrontiert?

Mit diesen und ähnlichen Fragen beschäftigt sich die interdisziplinäre Forschung zur Krisenkommunikation verstärkt in den letzten Jahren; so wurden in den letzten Jahren im deutschsprachigen Raum, so z.B. der Krisennavigator, - ein "Spin-Off" der Christian-Albrechts-Universität zu Kiel sowie die internationale Forschungsgruppe zur Krisenkommunikation an der Universität Illmenau gegründet. Die letztere definiert Krisenkommunikation wie folgt:

„Krisenkommunikation ist ein sozialer Aushandlungsprozess im Kontext von als bedrohlich und disruptiv wahrgenommenen Situationen, denen Beobachter intuitiv oder strategisch den Krisenstatus zuschreiben. In zeitlicher Hinsicht umfasst Krisenkommunikation öffentliche und nicht-öffentliche Kommunikationsprozesse in Antizipation von Krisen, während akuter Krisen und nach Krisen. In sozialer Hinsicht bezieht sich Krisenkommunikation auf individuelle und organisierte Akteure, die im Krisenkontext an Kommunikationsprozessen teilnehmen bzw. interagieren. In sachlicher Hinsicht werden sämtliche Kommunikationen betrachtet, die den Krisenprozess zum Inhalt haben. Dies schließt u. a. die strategische Krisenkommunikation von Organisationen im Rahmen der Pressearbeit und journalistische Konflikt- und Krisenberichterstattung ein."

Mit Krisenprozess wird demgemäß die Gesamtdauer einer Krise bezeichnet, die sich je nach zu Grunde gelegtem Phasenmodell in vier oder fünf Phasen unterteilen lässt (vgl. Töpfer 1999, 2007; Argenti 2002). Ein fünfteiliges Phasenmodell wird an dieser Stelle exemplarisch präsentiert (vgl. Töpfer 1999, 2007):

1. Die erste Phase wird als potenzielle Unternehmenskrise angesehen. Wegen der Abwesenheit von wahrnehmbaren Krisensymptomen wird diese Phase als Quasi-Normalzustand des Unternehmens bezeichnet.

2. Die zweite Phase wird als latente Unternehmenskrise bezeichnet. Sie ist geprägt durch die verdeckt bereits vorhandene oder mit hoher Wahrscheinlichkeit bald eintretende Unternehmenskrise, die jedoch in ihren Auswirkungen für das betroffene Unternehmen mit dem zur Verfügung stehenden Instrumentarium noch nicht erkennbar ist.

3. Die dritte Phase bezeichnet die akut beherrschbare Unternehmenskrise. Diese Phase setzt ein mit der unmittelbaren Wahrnehmung der von der Krise ausgelösten destruktiven Wirkung durch die Unternehmung, wobei sich die destruktive Wirkung laufend verstärkt. Die Kumulation der zur Krisenbewältigung herbeigezogenen Potenziale kann in einer solchen Situation Signalwirkungen haben.

4. Die vierte Phase umschreibt die akut nicht beherrschbare Unternehmenskrise. Diese wird zur Katastrophe, wenn überlebensrelevante Ziele nicht mehr erreicht werden können, der Zeitdruck wächst und die destruktiven Wirkungen intensiver und Handlungsmöglichkeiten, die den Krisenprozess steuern sollen, zusehends eingeschränkt werden. Des Weiteren zählen dazu die dringende Notwendigkeit von Handlungsentscheidungen, ein von den Entscheidungsträgern wahrgenommenes Gefühl der Bedrohung, ein Anstieg an Unsicherheit, Dringlichkeit und Zeitdruck sowie das Gefühl, das Ergebnis sei von prägendem Einfluss auf die Zukunft, unabhängig davon, ob es sich bei dem Krisenverlauf um eine plötzliche oder um eine schleichende Krisen handelt (Wiener & Kahn 1967).

5. Die fünfte Phase bezeichnet die Postkrisen-Phase. Damit ist die Phase benannt, die beginnt, nachdem die akute Krise begrenzt werden konnte und das Unternehmen bemüht ist, die Verluste wieder gut zu machen und den Kunden, Aktionären und Stakeholdern zu zeigen, dass sich das Unternehmen um die durch die Krise verursachten Probleme zu kümmern (Devlin 2007). Eine wichtige Rolle kommt dabei der strategischen Krisenkommunikation zu, deren Ziel es ist, den beobachtbaren bzw. hypothetisch zu erwartenden krisenbedingten Reputations- und Vertrauensverlust bei relevanten Stakeholdern zu minimieren und den Handlungsspielraum zur Erreichung der strategischen Ziele der Organisation unter den gegebenen Bedingungen zu maximieren.

Hier setzt die vorliegende Studie an, indem sie die strategische Krisenkommunikation in ihrer Postphase am Beispiel von British Petroleums Pressemitteilungen aus der mehrsprachigen Perspektive untersucht. Sie geht aus von der in der angewandten Krisenforschung wiederholt formulierten Forderung, dass Unternehmen in Krisenzeiten stärker als sonst eine abgestimmte, einheitliche Kommunikationsform, eine One-Voice-Policy (Bruhn & Boenigk 1999; Bruhn 2006; Esch 2011) wählen sollen, um den Stakeholdern Glaubwürdigkeit zu vermitteln. Wie ein international agierendes Unternehmen sich der komplexen kommunikativen Herausforderungen stellt und mit einer Stimme mehrsprachig kommuniziert, um verloren gegangenes Vertrauen der internationalen und damit mehrsprachigen Öffentlichkeit in das Unternehmen wiederherzustellen, soll am Beispiel von British Petroleums (BP) englischen und deutschen Pressemitteilungen empirisch basiert untersucht werden.

Zu diesem Zweck werden in dem vorliegenden Beitrag BPs originalsprachig englische Pressemitteilungen und deren deutsche Übersetzungen, mit denen BP die Öffentlichkeit über das Krisenmanagement nach Schließung des Bohrlochs im Golf von Mexiko 2010 informierte, gegenübergestellt. In Abschnitt 1 werden Hintergrund und Ergebnisse einer Vorstudie (Nikitin & Unger i. Dr.) zum Vergleich der englischen Originale und deren deutschen Übersetzungen von BPs Pressemitteilungen vorgestellt, die Pressemitteilungen aus der Zeit während der Ölkrise (April 2010 – September 2010) analysiert. In den Abschnitten 2 und 3 werden der methodische Rahmen der vorliegenden Studie und das Korpus vorgestellt, auf deren Basis in Abschnitt 4 die Übersetzungsanalyse der Pressemitteilungen der Postphase erfolgt.

2 Hintergrund und Vorgeschichte der BP Ölkrise

Im April 2010 löste der Untergang der Ölplattform "Deepwater Horizon" des Konzerns British Petroleum (BP) im Golf von Mexiko eine der größten Umweltkatastrophen der USA aus. Bei einem solchen Krisenfall, der international Beachtung findet, sieht sich die PR Abteilung der betroffenen Unternehmen und Institutionen vor die Aufgabe gestellt, sich an eine weltweite, mehrsprachige Öffentlichkeit zuwenden. Im Falle von BP informierte das Unternehmen die Öffentlichkeit bis zum endgültigen Verschluss des Bohrlochs im September 2010 auf seiner Webseite über das Geschehen rund um die Ölplattform. Die täglichen Pressemitteilungen, die ursprünglich auf Englisch erschienen, wurden in zahlreiche andere europäische und außereuropäische Sprachen übersetzt. Die damit verbundene Frage, ob die One-Voice-Policy in der mehrsprachigen Krisenkommunikation aufrechterhalten werden kann, war Gegenstand einer Vorstudie, die im Rahmen eines Praxisprojekts im Masterstudiengang „Organisations- und Personalkommunikation" des Fachgebiets Interkulturelle Wirtschaftskommunikation der Universität Jena im Sommersemester 2010 durchgeführt wurde (Nikitin & Unger, i. Dr.).

Das Praxisprojekt thematisierte damit eine Problematik, die in Ratgebern zur Krisenkommunikation zwar häufig als grundlegend eingestuft wird (Bundesministerium des Inneren 2008: 18), auf empirischer Basis bisher jedoch kaum untersucht wurde. Wie die Studie nachweisen konnte, wird im Zuge des Übersetzungsprozesses die Bewertung der Krisenabläufe, Krisenakteure und des Krisenmanagements als Ganzes subtil verändert, indem die Tragweite der Krise und die Rollen der Krisenakteure anders dargestellt werden, so dass die deutschsprachige Öffentlichkeit anders über die Krise informiert wird als die englischsprachigen Lesern. Den methodologischen Rahmen der Studie bildete

Kriseln in der mehrsprachigen Kommunikation   63

der systemisch-funktional basierte Metadiskursansatz (Hyland 1998, 2005). Dieser Ansatz stützt sich auf ein Repertoire sprachlicher Mittel und Konstruktionen, das lexikalische und deiktische Mittel sowie Mittel der Konnektivität und Satzmodi (Aktiv/Passiv) umfasst. Um die Übersetzungsanalyse der Pressemeldungen BPs durchzuführen, wurden 30 original englischsprachige Pressemitteilungen sowie deren deutschen Übersetzungen ausgewählt, die in dem Zeitraum April 2010 - September 2010 von dem Mineralölkonzern BP im Zuge der Havarie der Ölplattform „Deepwater Horizon" im Golf von Mexiko auf der Homepage des Unternehmens veröffentlicht wurden.

Die Studie konnte nachweisen, dass auf der lexikalischen und syntaktischen Ebene Unterschiede festgestellt werden, die zu Übersetzungsverschiebungen in den folgenden vier Bereichen führten:

2.1 BPs Krisenintervention als Militäraktion versus BPs Krisenintervention als Umweltmanagement

In den englischsprachigen Pressemeldungen wurde die Krisenbewältigung durch den Gebrauch militärischer Termini geprägt, wie „front", „mobilizing", „field operation" und „deployed" (vgl. Tabelle 1).

25.04.2010	1.	We are attacking this spill on two *fronts* (…)
25.04.2010	2.	BP (…) is planning and *mobilizing* to activate the blowout preventer.
25.04.2010	3.	In Houma, La. Where the *field operations* response is being coordinated, (…)
25.04.2010	4.	(…) almost 500 personnel on- and offshore have already been *deployed* to coordinate the oil spill response.

Tabelle 1

Demgegenüber wurden in der deutschen Übersetzung (vgl. Tabelle 2) diese militärischen Termini durch alltagssprachliche Begriffe ersetzt, wie „Stellen" statt „fronts" (Beispiel 1), „Einsatz" statt „moblizing" (Beispiel 2), „Einsatzzentrum" statt „field operations" (Beispiel 3) und „arbeiten" statt „deployed" (Beispiel 4).

| 25.04.2010 | 1. | Wir bekämpfen diesen Ölteppich an zwei *Stellen* (...) |
| 25.04.2010 | 2. | (...) darüber hinaus werden Vorbereitungen für den *Einsatz* des so genannten Blowout Preventers zur Bohrlochsicherung getroffen. |

25.04.2010	3.	Im *Einsatzzentrum* in Houma in Louisiana (...)
25.04.2010	4.	(...) *arbeiten* bereits fast 500 Einsatzkräfte (Offshore- und Onshore-Spezialisten) *daran,* die Aktivitäten zur Eindämmung des ausgelaufenen Öls zu koordinieren.

Tabelle 2

Während die Krisenintervention BPs den englischsprachigen Lesern als eine Militäroffensive vermittelt wurde, wurde sie mit Blick auf die Erwartungsnormen deutschsprachiger Leser als eine dem zivilen Umwelt-krisenmanagement zuzuordnende Maßnahme kommuniziert.

2.2 BP als Einzelkämpfer versus BP als Gruppenspieler

In den englischsprachigen Originaltexten wurde BP vorrangig als ein proaktives, an vorderster Front agierendes Unternehmen dargestellt, das einen Verbund von Unternehmen bei der Krisenbekämpfung anführt. Die Nominalphrase BP steht häufig in der dominanten, topikalisierten Position als alleiniger Agens, der eine Führungsposition im Rahmen des Krisenmanagements einnimmt, wie in den Beispielen 1 und 2; in Beispiel 3 stehen die mit BP kooperierenden Unternehmen nach dem Agens BP in einer untergeordneten Partizipialkonstruktion (vgl. Tabelle 3).

25.04.2010	1.	*BP* also today began preparations to drill a relief well into the MC252 exploration well following the arrival on site of the Transocean Development Driller III.
25.04.2010	2.	*BP* is preparing to drill relief wells to permanently secure the well.
25.04.2010	3.	*BP, operating with the U.S. Coast Guard and other agencies,* yesterday conducted a controlled burn on parts of an offshore oil spill in the Gulf of Mexico as it continues to escalate its response plan.

Tabelle 3

Dagegen wird BP in den deutschen Übersetzungen weniger als Einzelkämpfer dargestellt, sondern eher als ein Team Player, der im Schulterschluss mit anderen Partnern die Krise bekämpft. Realisiert wird dies durch syntaktische Verschiebungen, die im Übersetzungsprozess stattfinden und bei denen BP aus der in den

Kriseln in der mehrsprachigen Kommunikation 65

Originaltexten dominanten Satzanfangposition in den Beispielen 1, 2 und 3 in die Satzmitte verschoben wird (vgl. Tabelle 4).

25.04.2010	1.	Mit Eintreffen des Bohrschiffes Transocean Development Driller III hat *BP* darüber hinaus heute damit begonnen, eine Entlastungsbohrung in das Bohrloch MC252 vorzunehmen (sic!).
25.04.2010	2.	Zur dauerhaften Sicherung des Bohrloches bereiten *Transocean und BP* zudem Entlastungsbohrungen vor.
25.04.2010	3.	Im Rahmen ihrer intensivierten Bemühungen um die Bekämpfung des im Golf von Mexiko aus-getre tenen Öls hat *BP* gestern *in Zusammenarbeit mit der US-Küstenwache* einen Teil des Ölteppichs kontrolliert abgefackelt.

Tabelle 4

Anders als im Beispiel 2 des englischen Originals, wo BP als alleiniger Agens genannt wird, wird in der deutschen Übersetzung das kooperierende Unternehmen Transocean noch vor BP an erster Stelle aufgeführt. Somit wird BP in den deutschen Übersetzungen mehr Bedeutung als Team player denn als Einzelkämpfer des Krisenmanagements beigemessen als in den englischen Originaltexten.

2.3 BP als aktiv handelndes Subjekt versus BP als passives Objekt

In den englischsprachigen Originaltexten wird BP fast ausschließlich als proaktives Subjekt in Aktivsätzen genannt, so dass das Unternehmen als der eigentliche Agens des Krisenmanagements konstruiert wird. So heißt es in den Beispielen 1, 2 und 3: „BP is mobilizing (…)", „BP is planning and mobilizing (…)" und „BP launched (...)" (vgl. Tabelle 5):

| 25.04.2010 | 1. | *BP is mobilizing* its full resources to fight the oil spill, which follows the sinking of the Transocean Deepwater 'Horizon' drilling rig in the Mississippi Canyon 252 block. |

25.04.2010	2.	*BP (...) is planning and mobilizing* to activate the blow-out preventer.
25.04.2010	3.	*BP launched* its comprehensive, pre-approved oil spill response plan following the April 22 sinking of the Transocean Deepwater 'Horizon' 130 miles south-east of New Orleans.

Tabelle 5

Anders dagegen die deutschen Übersetzungen. Da werden aus den Aktivsätzen in Beispielen 1 bis 3 Passivsätze, in denen BP in Beispiel 1 als Teil der BP Group Erwähnung findet, in den anderen beiden Sätzen jedoch nicht einmal als Objekt erwähnt wird. Während BP in den englischen Originalen als proaktiver Agens im Vordergrund steht, bleibt BP in den deutschen Übersetzungen als Akteur der Krisenintervention gänzlich unerwähnt (vgl. Tabelle 6).

25.04.2010	1.	*Alle Ressourcen der BP Gruppe werden mobilisiert*, um den Ölteppich zu bekämpfen, der eingetreten ist, nachdem die Transocean-Bohrinsel 'Deepwater 'Horizon'' im Block Mississippi Canyon 252 gesunken war.
25.04.2010	2.	(...) *darüber hinaus werden Vorbereitungen* für den Einsatz des so genannten Blowout Preventers zur Bohrlochsicherung *getroffen*.
25.04.2010	3.	Die umfangreichen, bereits vorab genehmigten Maßnahmen zur Eindämmung des Ölteppichs wurden sofort nach dem Untergang der Transocean-Plattform 'Deepwater 'Horizon'', 210 Kilometer südöstlich von New Orleans gelegen, eingeleitet.

Tabelle 6

2.4 Faktische versus potenzielle Handlungsoptionen

In den englischen Texten werden die Handlungsoptionen von BP im Rahmen des Krisenmanagements durchweg als faktische Assertionen – also im Realen vorhandene Handlungsoptionen – dargestellt. In Tabelle 7 werden die Handlungsoptionen entweder wie in den Beispielen 1 und 2 im Präsens („have behind them") und („they... prevent") versprachlicht oder wie in Beispiel 3 verdeutlicht, wird eine künftige Handlung mit dem Futur ausgedrückt („will begin capturing"). In diesem Beispiel zeigt das Modalverb „will" an, dass ein

Kriseln in der mehrsprachigen Kommunikation 67

Handlungsentschluss im verbal antizipierten Umschlagen von der mentalen Vorgeschichte in die Handlungsausführung umgesetzt wird (Redder 2001: 314).

25.04.2010	1.	The team on the ground and those at sea *have* the Group's full resources *behind them.*
25.04.2010	2.	The drilling rig Development Driller III is moving into position to drill a second well to intercept the Macondo well and inject a specialized heavy fluid they securely *prevent* flow of oil or gas and allow work to be carried out to permanently seal the well.
25.04.2010	3.	Once it becomes operational, the Helix Producer containment system *will begin capturing* additional oil and gas.

Tabelle 7

Die real vorhandenen Handlungsoptionen der englischen Originaltexte werden dagegen in den deutschen Übersetzungsvarianten in Tabelle 8 als potenzielle Handlungsoptionen versprachlicht. Das möglichkeitsbezogene Modalverb „können" fungiert hier als so genannter „hedge", bzw. Heckenausdruck, um Einschätzungen und Bewertungen in ihrem Absolutheitsanspruch abzuschwächen und um eine Aussage diskursiv einzubetten. Gemäß dem systemisch-funktionalen Ansatz indizieren Heckenausdrücke

> "(...) the writer's decision to recognize alternative voices and viewpoints and so withhold complete commitment to a proposition as well as imply that a statement is based on the writers reasoning rather than certain knowledge." (Hyland 2005: 52)

25.04.2010	1.	Sowohl das Einsatzteam an Land als auch das auf See *können* bei ihrer Arbeit auf die Ressourcen der gesamten BP-Gruppe *zurückgreifen.*
25.04.2010	2.	Zu diesem Zweck wird die Bohrinsel Development Driller III derzeit in Position gebracht, um mit einer Entlastungsbohrung einen Zugang zum Macondo-Bohrloch zu schaffen, über den eine schwere Spezialflüssigkeit in das Bohrloch *gepumpt werden kann.* So *kann* der weitere Austritt von Öl und Gas sicher *verhindert werden* und die Ausführung von Arbeiten ermöglichen, mit denen das Bohrloch dauerhaft verschlossen werden kann.
25.04.2010	3.	Sobald das Auffangsystem des Schiffes Helix Producer

		in Betrieb geht, *können* darüber weitere Mengen *abgeleitet werden.*

Tabelle 8

Wie anhand dieser Beispiele in der Vorstudie von Nikitin und Unger (i. Dr.) nachgewiesen werden konnte, finden im Zuge des Übersetzens Verschiebungen („translational shifts") statt (House 1997: 110), die zur Folge haben, dass der propositionale Gehalt einer Aussage in der Zielsprache subtil verändert wird. Diese übersetzungsbezogenen Verschiebungen bei den Pressemitteilungen von BP betreffen vor allem die Bewertungen von Sachverhalten, durch die die Darstellung der Krise und der Krisenakteure subtil verändert wird und zur Folge hat, dass die Leser der deutschen Übersetzungen die Krise sowie das Krisenmanagement BPs anders wahrnehmen als die Leser der englischen Texte.

Nachfolgend soll in der vorliegenden Studie untersucht werden, ob diese Befunde auch auf die Krisenkommunikation in der Postphase zutreffen, in dem besonders die Wiederherstellung der Reputation und des Images des Unternehmens im Vordergrund stehen.

3 Methode

Um die Übersetzungsanalyse durchzuführen, werden der funktional-pragmatische sowie der systemisch-funktionale Ansatz miteinander verbunden. Der systemtisch-funktionale Ansatz liegt dem registerbasierten Übersetzungsbewertungsmodell von House (1977, 1997) zu Grunde, das auf folgenden drei Registern aufbaut: *Field, Tenor* und *Mode.* Field of discourse ist die Registerdimension, gemäß dem die referentielle Bedeutung des Textes untersucht werden kann; Tenor of discourse, gemäss dem die interpersonalen Aspekte der Autor–Leser Beziehung und Mode of discourse, gemäss dem die Vertextungskonventionen untersucht werden können.

Die vorliegende Analyse stützt sich auf die Registerdimension Field, und analysiert schwerpunktmäßig die lexiko-grammatischen Mittel, die in den Pressemitteilungen als häufig wiederkehrende Schlagworte versprachlicht identifiziert werden konnten.

4 Textmaterial

Um Texte aus der Postphase von BPs Krisenkommunikation, d.h. nach Schließung des Bohrlochs im September 2010 zu analysieren, wurden als Textmaterial

Pressemitteilungen ausgewählt. Pressemitteilungen sind das wohl meistgenutzte kommunikative Instrument der Öffentlichkeitsarbeit und dienen der öffentlichen Kommunikation von Organisationen und Unternehmen gegenüber ihren externen und internen Teilöffentlichkeiten bzw. Anspruchsgruppen. Pressemitteilungen sind zumeist rekonstruierende, kommunikative Handlungen, die aus medienrelevantem Anlass über einen Sachverhalt berichten, ein Ereignis oder eine Einschätzung mittels Fakten und Zitaten darstellen oder beschreiben, die an die Presse weitergegeben werden, um die Öffentlichkeit zu informieren. Das Wichtigste und Neue steht stets am Anfang, die weiteren Informationen folgen zumeist einer Hierarchie abnehmender Relevanz. Meinungen und Wertungen sollten vermieden werden und vom Experten oder jeweils Verantwortlichen im direkten oder indirekten Zitat vorgebracht werden. (Femers 2011: 111).

Für den Zweck dieser Untersuchung wurden Pressemitteilungen aus der Zeit von Januar 2011 bis Ende März 2012 ausgewählt. Während dieses Zeitraums veröffentliche BP auf seiner Homepage www.bp.com unter der Rubrik „Gulf of Mexico Response" 11 englischsprachige Pressemitteilungen, von denen unter der Rubrik „Informationen zum Unfall im Golf von Mexiko" 5 ins Deutsche übersetzt wurden. Die deutlich geringere Anzahl an deutschen Übersetzungen im Vergleich zu den englischsprachigen Originalen legt die Vermutung nahe, dass das Krisenmanagement von BP davon ausging, dass auf Grund der erfolgten endgültigen Schließung des Bohrlochs in dieser Phase der Krise das internationale Interesse an den Vorgängen in der Golfregion bereits abgeflaut war und somit hauptsächlich auf nationalem Niveau weiterhin Informationsbedarf bestand und Übersetzungen aller Pressemitteilungen sich erübrigt hatten.

5 Englisch-deutsche Pressemitteilungen im Übersetzungsvergleich

Vergleicht man alle englischen Pressemitteilungen BPs mit den deutschen Übersetzungen, springt auf den ersten Blick ein wesentlicher Unterschied zwischen beiden Texten ins Auge: Die Übersetzungen haben alle den folgenden, in fett hervorgehobenen Zusatz unter dem Veröffentlichungsdatum und dem Titel der Pressemitteilung:

> „Dies ist eine Übersetzung der englischen Meldung der BP PLC. – rechtlich verbindlich ist allein das englische Original. Die Meldung im englischen Original finden sie auf (...)".

Dieser so genannte Disclaimer verdeutlicht, wie fließend die Grenzen zwischen PR und juristischer Kommunikation sind. Er markiert, dass sich das Unternehmen von einer Rechtsverbindlichkeit der Übersetzungen distanziert. Somit kann das Unternehmen nicht für Schadensersatzforderungen haftbar gemacht werden, die aus den übersetzten Texten abzuleiten wären. Original und Übersetzung divergieren also in ihrer rechtsverbindlichen Funktion. Wenden wir uns zunächst den Überschriften der englischen Pressemitteilungen zu.

5.1 Überschriften der Pressemitteilungen

Versteht man die Überschrift von Texten im funktional-pragmatischen Sinn als ein ‚Ankündigen' (Rehbein 1978), so besteht ihre Funktion darin, den Rezipienten hinsichtlich einer nachfolgenden sprachlichen Handlung zu orientieren. Geht man dabei von der Annahme aus, dass diese Handlung - wie das Lesen - interaktiven Charakter hat, wird der Rezipient im Leseprozess durch den Titel auf seine Rolle als ein mit dem Autoren kooperierender Interaktant vorbereitet. Dies geschieht durch eine im Titel angeregte Erwartung an den Inhalt des nachfolgenden Textes auf Seiten des Rezipienten (Tabelle 9).

21.04.2011	1.	BP effort aims to restore natural resources affected by spill
15.07.2011	2.	BP *announces* enhanced drilling standards in the Gulf of Mexico
18.08.2011	3.	BP *clarifies* various media reports today
17.10.2011	4.	BP *announces* settlement with Anadarko Petroleum Company of claims related to Deepwater Horizon Accident
09.11.2011	5.	Federal On-Scene Co-ordinator approves Gulf Coast Shoreline Clean-Up completion plan. Mile-stone paves way for restoration work

Tabelle 9

In den englischen Titeln 1 bis 4 wird die Aufmerksamkeit des Lesers auf den Agens BP gelenkt, der jeweils in der topikalisierten Subjektposition steht. In den Beispielen 2, 3 und 4 fungiert die Nominalphrase BP als Teil einer sprachlichen Form, die mentale Prozesse realisiert und somit gemäß dem funktional-pragmatischen Ansatz (Rehbein 2004: 251) als Matrix-Konstruktion aufgeführt wird. Matrix-Konstruktionen bestehen aus der Nominalphrase als Subjekt sowie einer Verbalphrase, in den vorliegenden Beispielen bestehend aus einem *verbum dicendi* oder *verbum sentiendi*: „BP announces", „BP clarifies" und „BP announces". Die Funktion von Matrix-Konstruktionen impliziert folgendes:

Kriseln in der mehrsprachigen Kommunikation 71

„[…] dass es eine bestimmte Ausprägung der Sprechsituation gibt, die ein Sprecher S gedenkt, handelnd zu vollziehen, indem S sagt, was kommt bzw. p [propositionalem Gehalt] für H [Hörer] (in eine Wissenskategorie) einordnet. Wenn nun S antizipiert, dass H in irgendeiner Weise eine Inkohärenz zwischen dem, was S sagen oder wie S handeln will, und dem, was vorher geschehen ist bzw. zu dem Wissen von H unterstellt, dann könnten Matrix-Konstruktionen für S dazu dienen, eine *Interaktionskohärenz zwischen S und H bezüglich der Konstellation* herzustellen (Bührig 1998). Vorsichtig sei folgende These formuliert: *Mittels Matrix-Konstruktionen werden (i) die mentalen Prozesse zwischen Sprecher und Hörer synchronisiert, (ii) die Prozessierung sprachlicher Muster, speziell propositionaler Gehalte, sprecherseitig kontrolliert.*" (Rehbein 2004: 261) *(kursiv im Original)*.

Der kommunikative Zweck von Matrix-Konstruktionen liegt aus funktional-pragmatischer Sicht (Rehbein 2004: 261) vorrangig in der Versprachlichung von Elementen, in denen die Konstellationen sprachlichen Handelns, d.h. die spezifischen Formen der Interaktion zwischen Agenten und Klienten in institutionellen Kontexten eine wichtige Rolle spielen, bei denen ein starkes Wissensgefälle bearbeitet wird, um die unterschiedlichen Wissensbestände bei den beiden Interaktantengruppen abzugleichen.

Auffallend ist, dass in drei der fünf englischen Titel eine jeweils unterschiedliche Rezipientenrolle geformt wird als in den deutschen Übersetzungen. Während die englischen Titel in den Beispielen 1 und 5 als Deklarativsätze und in den Beispielen 2, 3, und 4 mit Matrix-Konstruktionen versprachlicht werden, werden sämtliche Titel der deutschen Übersetzungen als Deklarativsätze ohne Realisierung der Matrix-Konstruktionen formuliert (vgl. Tabelle 10).

21.04.2011	1.	BP ermöglicht Schadensbeseitigung an der Golfküste früher als geplant
15.07.2011	2.	BP verbessert Standards für Bohrungen im Golf von Mexiko
18.08.2011	3.	Stellungnahme zum Ölfilm im Golf von Mexiko
17.10.2011	4.	BP und ihre Partner investieren 11,5 Mrd. Euro in Öl- und Gasprojekte in Großbritannien
09.11.2011	5.	US-Koordinator genehmigt Plan über Fertigstellung von Reinigungsarbeiten an der Golfküste. Wichtiger Schritt für weitere Restaurierung

Tabelle 10

So lautet der Deklarativsatz zum Beispiel in Titel 2: „BP verbessert Standards für Bohrungen im Golf von Mexiko" (Original: „BP *announces* enhanced drilling standards in the Gulf of Mexico") und in Titel 4: „BP und ihre Partner investieren 11,5 Mrd. Euro in Öl- und Gasprojekte in Großbritannien" (Original: „BP *announces* settlement with Anadarko Petroleum Company of claims related to Deepwater Horizon Accident"), während in Titel 3 eine Nominalphrase gewählt wird: „Stellungnahme zum Ölfilm im Golf von Mexiko" (Original: „BP *clarifies* various media reports today").

Bei der Analyse der nachfolgenden Textbeispiele liegt der Schwerpunkt auf Schlagworten, die im Rahmen der Pressekampagne eine zentrale Rolle spielen: *Early Restoration Project, injured natural resources* und *commitment*.

5.2 Ziel von BPs Krisenmanagement: Wiederherstellen eines ursprünglichen Zustandes versus Schadenbeseitigung

Den Kern von BPs Krisenmanagement bildet eine Anzahl von Projekten, die unter dem Titel „Early Restoration Projects" zusammengefasst sind. Sie haben zum Ziel, die Schäden, die im Zuge der Ölkrise zur Bedrohung für die Tier- und Pflanzenwelt geworden sind, zu beseitigen:

> „Early restoration projects are designed to accelerate efforts to restore natural resources in the Gulf that were injured as a result of the Deepwater Horizon accident. BP has committed to provide up to $1 billion to fund these projects under an agreement signed with federal and state trustees in April 2011. Priority will be assigned to projects that offer the greatest benefits to affected wildlife, habitats and recreational use." (BP Homepage)

Der Titel „Early Restoration Projects" lenkt mit der Nominalphrase „Restoration" die Leseraufmerksamkeit auf die Wiederherstellung eines ursprünglichen Zustands der betreffenden Golfregion. Dies geht aus der etymologischen Betrachtung hervor („to restore, c. 1300, ,to give back' also, ,to build up again, repair', from O.Fr. *restorer,* from L. *restaurare* ,repair, rebuild, rene' from *re-* ,back, again' + *-staurare,* as in *instaurare* ,restore'"). In den Beispielen 1 bis 3 in Tabelle 11 wird in den englischen Pressemitteilungen mit Nominal- und Verbalphrasen auf diesen Titel Bezug genommen.

21.04.2011	1.	BP Exploration & Production Inc. (BP) today announced it has signed a ground breaking agreement with federal and state agencies that will accelerate work starting this year to *restore areas* of the Gulf of Mexico that were affected by the Deepwater Horizon accident. (I.1-3)
21.04.2011	2.	The agreement commits up to $ 1 billion to projects that will *restore* injured *natural resources* in the Gulf at the earliest opportunity. (II.1-2)

21.04.2011	3.	B.P believes *early restoration* will result in identified improvements to wildlife, habitat and related recreational uses in the Gulf (....) (III.1)

Tabelle 11

Während in den englischen Originaltexten BPs Einsatz in der Golfregion als Einsatz zur Wiederherstellung der durch die Ölkrise verschmutzten Natur definiert wird, wird dieser Einsatz in der deutschen Übersetzung durchgängig als Einsatz definiert, der der Beseitigung von Schaden dient (vgl. Tabelle 12).

21.04.2011	1.	BP Exploration & Production Inc. (BP) today announced it has signed a ground breaking agreement with federal and state agencies that will accelerate work starting this year to *restore areas* of the Gulf of Mexico that were affected by the Deepwater Horizon accident. (I. 1-3)	BP Exploration & Production Inc. (BP) hat heute mitgeteilt, dass es eine wegweisende Vereinbarung mit Behörden auf Bundes- und Staatsebene in den USA unterzeichnet hat; die Vereinbarung zielt darauf ab, die *Schadenbeseitigung* in den von den Aus-wirkungen des Unfalls auf der Bohrinsel Deepwater Horizon betroffenen Bereichen des Golfes von Mexiko noch in diesem Jahr und somit früher als geplant aufzunehmen.
21.04.2011	2.	The agreement commits up to $ 1 billion to projects that will *restore* injured *natural resources* in the Gulf at the earliest opportunity. (II. 1-2)	Über diese Vereinbarung werden Projekt mit einem Gesamtbudget von bis zu 1 Mrd. US-$ finanziert, um *Umweltschäden* im Golf von Mexiko schnellstmöglich zu *beseitigen.*
21.04.2011	3.	B.P believes *early restoration* will result in identified improvements to wildlife, habitat and related recreational uses in the Gulf (....) (III.1)	Wir bei BP sind davon überzeugt, dass die *frühzeitige Schadenbeseitigung* zu merklichen Verbesserungen für die Tierwelt und ihre Lebensräume führen wird; das gleiche gilt für die Naherholungsbereiche entlang der Küste.

Tabelle 12

Mit dem Begriff der Schadenbeseitigung lenkt die deutsche Übersetzung den Fokus auf die negativ konnotierte Beeinträchtigung der Lebensqualität durch Verschmutzung der ursprünglichen Lebensräume von Mensch und Tier geführt hat.

Während also dem Leser der deutschen Übersetzung das BP Krisenmanagement als eines präsentiert wird, bei dem die Bemühungen um die Begrenzung bzw. Beseitigung der verursachten Umweltschäden im Vordergrund stehen, wird dem Leser des englischen Originals das BP Krisenmanagement als ein positiv zu wertendes Projekt der Wiederherstellung eines ursprünglich intakten Zustandes präsentiert. Somit wird im Übersetzungsprozess ein entscheidender Perspektivenwechsel vorgenommen, der die Wahrnehmung der Ölkrise in der Öffentlichkeit auf unterschiedliche Weise prägt, je nachdem ob man das englische Original oder die deutsche Übersetzung liest.

5.3 Die Ölkrise als Verursacher von Verletzungen der Natur versus Versursacher von Umweltschäden

Ein weiterer, ähnlich gelagerter Perspektivenwechsel wie in 5.2 wird bei den Beispielen in Tabelle 13 vorgenommen. Hier unterscheiden sich Original und Übersetzung vor allem in der Bewertung der verursachten Schäden.

21.04.2011	1.	The agreement commits up to \$ 1 billion to projects that will restore *injured natural resources* in the Gulf at the earliest opportunity. (II.1-2)
21.04.2011	2.	(…) assessing the potential *injury* to natural resources. (III.6)
21.04.2011	3.	OPA directs the federal and state Trustees *to study potential injuries,* complete a report that *identifies the injuries* resulting from the incident, and develop restoration plans to *address the identified injuries.* (V.1-3)
21.04.2011	4.	It allows projects important to the Gulf's *recovery* to begin now (…) (II.2-4)

Tabelle 13

In den Beispielen 1 bis 4 der englischen Übersetzung werden Begrifflichkeiten wie „injured", „injury" und „recovery" verwendet. Allen drei Begrifflichkeiten ist gemeinsam, dass sie im Englischen sowohl in Bezug auf Menschen, Tiere und die Umwelt verwendet werden können und somit ein Prozess der Humanisierung der Umwelt stattfindet.

21.04.2011	1.	The agreement commits up to $ 1 billion to projects that will restore *injured natural resources* in the Gulf at the earliest opportunity. (II.1-2)	Über diese Vereinbarung werden Projekt mit einem Gesamtbudget von bis zu 1 Mrd. US-$ finanziert, um *Umweltschäden* im Golf von Mexiko schnellstmöglich zu beseitigen.
21.04.2011	2.	(...) assessing the potential *injury* to natural resources. (III.6)	(...) die potentiellen *Umweltschäden* genau zu spezifizieren.
21.04.2011	3.	OPA directs the federal and state Trustees *to study potential injuries,* complete a report that *identifies the injuries* resulting from the incident, and develop restoration plans to *address the identified injuries.* (V.1-3)	Gemäß des OPA haben die Treuhändler auf US-Bundes- und auf US-Staatsebene *die potentiellen Umweltschäden zu untersuchen,* einen Bericht über die aus dem Unfall resultierenden Schäden zu erstellen sowie Pläne zur Beseitigung der festgestellten Schäden zu entwickeln.
21.04.2011	4.	It allows projects important to the Gulf's *recovery* to begin now (...) (II.2-4)	Wichtige derartige Projekte können somit als so genannte "early restoration projects" bereits jetzt aufgenommen werden (...)

Tabelle 14

In den Beispielen 1 bis 3 der deutschen Übersetzung wird durchgängig der Begriff Umweltschäden verwendet, der explizit ausschließlich auf den Bereich der Natur bzw. den ökologischen Bereich verweist. In Beispiel 4 bleibt der im Original verwendete Begriff „recovery" unübersetzt und wird stattdessen durch den englischen Titel „early restoration projects" ersetzt. Auffällig ist hier, dass „restoration" vorwiegend für Bereiche verwendet wird, die nicht nur dem humanen Bereich zugeordnet sind.

76   Claudia Böttger

5.4 BPs Commitment versus BPs Zusage bzw. Zustimmung

Bereits wenige Wochen, nachdem der Ölausfluss im Golf von Mexiko durch das Aufsetzen eines Abdichtzylinders am 15. Juli 2010 gestoppt und noch bevor das Loch am 19. September 2010 zementiert und somit dauerhaft verriegelt werden konnte, identifizierte BPs Managing Director Bob Dudley in seiner Gedenkrede anlässlich des 5. Jahrestages des Hurrikans Katrina am 29. August 2010 BPs künftige Aufgabenfelder. Diese wurden unter dem Titel „Our commitment to the Gulf Coast" zusammengefasst:

> „We *committed* very early on to pay all legitimate claims for damages resulting from the oil spill and necessary response costs. To date, we have paid over $400 million. We are meeting claims for losses that include property damage; net loss of profits and earning capacity; subsistence loss and natural resource damage; removal and cleanup costs; cost of increased public services and net loss of government revenue. The BP board has established a $20 billion claims fund, setting aside assets to assure Gulf Coast residents that the funds will be there to make good on our *commitments*. Earlier this month, we underlined our *commitment* to the Gulf Coast and its citizens by depositing $3 billion into that account ahead of schedule."
>
> (http://www.bp.com/genericarticle.do?categoryId=98&contentId=7064761)

Commitment wurde somit zu einem der zentralen Schlagworte von BPs Krisenmanagement, wie die englischsprachigen Textstellen 1 bis 3 in Tabelle 15 belegen:

21.04.2011	1.	BP's *commitment* to early restoration is not required by the Oil Pollution Act (OPA) at this stage of the NRD process (…) (IV.1-2)
21.04.2011	2.	B.P believes early restoration will result in identified improvements to wildlife, habitat and related recreational uses in the Gulf, and our *voluntary commitment* to that process is the best way to get restoration projects moving as soon as possible. (….) (III.1-3)
15.07.2011	3.	(…) demonstrating the company's *commitment* to safe and reliable operations. (I.2-3)

Tabelle 15

Eine etymologische Betrachtung von *commitment* zeigt, dass der Begriff besonders seit Mitte des letzten Jahrhunderts eine wesentliche Bedeutungsveränderung erfahren hat und um eine wichtige Bedeutungsvariante erweitert wurde:

„late 14c., "to give in charge, entrust," from L. *committere* "to unite, connect, combine; to bring together," from *com-* "together" (see *com-*) + *mittere* "to put, send" (see *mission*); [...] The intransitive use (in place of *commit oneself*) first recorded 1982, probably influenced by existentialism use (1948) of *commitment* to translate Sartre's *engagement* "to emotionally and morally engage." (Online etymology dictionary)

Demzufolge stellt sich *commitment* als eine Form von verpflichtender Verbindlichkeit dar, die eine emotionale, intellektuelle wie auch eine moralische Komponente beinhaltet. All diese Konnotationen werden in den englischsprachigen Pressemitteilungen angesprochen, wenn sich BP wiederholt im *commitment* zu seinen in der Golf Region geplanten Aktivitäten verpflichtet. Im Gegensatz dazu wird der Begriff *commitment* in den deutschen Versionen mit jeweils unterschiedlichen Begrifflichkeiten übersetzt (vgl. Tabelle 16).

21.04.2011	1.	The agreement *commits* up to $ 1 billion to projects that will restore injured natural resources in the Gulf at the earliest opportunity. (II.1-2)	Über diese Vereinbarung *werden* Projekte mit einem Gesamtbudget von bis zu 1 Mrd. US-$ *finanziert,* um Umweltschäden im Golf von Mexiko schnellstmöglich zu beseitigen.
21.04.2011	2.	BP's *commitment* to early restoration is not required by the Oil Pollution Act (OPA) at this stage of the NRD process (...) (IV.1-2)	Die von BP *gegebene Zusage* zur vorzeitigen Aufnahme der Arbeiten ist in der aktuellen Phase der Schadensbewertung (NRD process) nicht durch den Oil Pollution Act (OPA) vorgeschrieben; (...)
21.04.2011	3.	B.P believes early restoration will result in identified improvements to wildlife, habitat and related recreational uses in the Gulf, and our *voluntary commitment* to that process is the best way to get restoration projects moving as soon as possible. (....) (III.1-3)	Wir bei BP sind davon überzeugt, dass die frühzeitige Schaden-Beseitigung zu merklichen Verbesserungen für die Tierwelt und ihre Lebensräume führen wird; das gleiche gilt für die Naherholungsbereiche entlang der Küste. Mit unserer *freiwillig gegebenen Zustimmung* für diese Projekte können wir nun so schnell wie möglich daran gehen, die Schäden zu beseitigen.

15.07.2011	4.	(…) demonstrating the company's *commitment* to safe and reliable operations. (I.2-3)	(…) und *setzt damit ein klares Zeichen dafür,* dass sichere und verlässliche operative Aktivitäten im Unternehmen absolute Priorität genießen.

Tabelle 16

Eine der Übersetzungsvarianten ist „Zusage" (Beispiel 1), eine zweite „Zustimmung" (Beispiel 2) und eine dritte die Nomen-Verb Verbindung „Zeichen setzen" (Beispiel 3). Während „Ein Zeichen setzen" ausschließlich dem alltagssprachlichen Gebrauch entnommen ist, sind „Zusage" und „Zustimmung" darüber hinaus auch im Kontext der Rechtssprechung zu finden sind. Zwar existiert eine allgemeine Legaldefinition von „Zusage" bislang nicht, der praktisch wichtigste Fall ist jedoch als Zusage bzw. Zusicherung in § 38 des Verwaltungsverfahrensgesetzes geregelt. Darin heißt es, ob eine Äußerung eines Behördenvertreters als Zusage bzw. Zusicherung aufgefasst werden darf, hängt von seinem Willen ab, die Behörde rechtlich zu binden. Die dogmatische Einordnung als Verwaltungsakt ist daher streitig, weil einerseits zwar eine rechtliche Verbindlichkeit gegeben ist, andererseits eine Regelung lediglich in Aussicht gestellt wird. Fehlt der Bindungswille, liegt eine bloße Auskunft vor. Eine besondere Form ist nicht vorgeschrieben, allerdings können bei einer nur mündlich erteilten Zusage leicht Beweisschwierigkeiten auftreten.

Anders als bei *commitment*, das synonym für Versprechen oder Schwur steht, bei dem man sich gegenüber einem Aktanten bindend verpflichtet, bestimmte Handlungen zu realisieren, ist die Verbindlichkeit in Form einer Zusage daher weitaus abgeschwächter. Bei einer Zusage z.B. im Rahmen einer Schadensersatzforderung kann eine Zahlung lediglich in Aussicht gestellt werden, ohne dass dabei gezwungenermaßen versprochen wird, diese auch zu realisieren. Dieses wirft auch ein anderes Licht auf den, der die Bereitschaft äußert, sich zu verpflichten, in diesem Fall BP.

Bei der zweiten Übersetzungsvariante „Zustimmung" handelt es sich ebenfalls um einen Begriff aus der Rechtssprache. Gemäß § 182 BGB impliziert Zustimmung eine einseitige empfangsbedürftige Willenserklärung. Gemeint ist damit, dass eine Willenserklärung nicht wirksam wird, bevor sie dem Empfänger zugegangen ist. Mit Zustimmung ist also die Erklärung eines Einverständnisses zu dem von einem anderen vorgenommenen Rechtsgeschäft gemeint. Folglich bleibt ein Vertrag, der vor der Zustimmung geschlossen wird, bis zur Erteilung der Genehmigung bzw. Zustimmung „schwebend unwirksam":

Kriseln in der mehrsprachigen Kommunikation

> „(1) Hängt die Wirksamkeit eines Vertrags oder eines einseitigen Rechtsgeschäfts, das einem anderen gegenüber vorzunehmen ist, von der Zustimmung eines Dritten ab, so kann die Erteilung sowie die Verweigerung der Zustimmung sowohl dem einen als dem anderen Teil gegenüber erklärt werden. (2) Die Zustimmung bedarf nicht der für das Rechtsgeschäft bestimmten Form. (3) Wird ein einseitiges Rechtsgeschäft, dessen Wirksamkeit von der Zustimmung eines Dritten abhängt, mit Einwilligung des Dritten vorgenommen, so finden die Vorschriften des § 111 Satz 2, 3 entsprechende Anwendung." (§ 182 Zustimmung http://www.etymonline.com)

Im Zusammenhang mit dem *commitment* BPs in der Ölkrise von „Zustimmung" zu sprechen, ist daher irreführend, da hiermit kein Vertrag und kein Rechtsgeschäft angesprochen wird.

6 Zusammenfassung und Ausblick

Ziel der vorliegenden Studie war es, zu untersuchen, ob, in der mehrsprachigen Krisenkommunikation eine One-Voice-Policy aufrecht erhalten wird, oder ob der Übersetzungsprozess zu Abweichungen in der Bewertung von Sachverhalten führt. Exemplarisch sollte dies an Hand von BPs originalsprachig englischen Pressemitteilungen und deren deutschen Übersetzungen, die während der Postkrise des Unternehmens auf der unternehmensseitigen Webseite veröffentlich wurden, untersucht werden. Die Gegenüberstellung zeigte, dass die englischen Originale andere sprachliche Strategien anwenden als die deutschen Übersetzungen. Um die Unbeliebtheit bestimmter Programme sprachlich zu mindern und die Ablehnung seitens der Leser zu begrenzen, verwendet das Englische in Teilen Euphemismen. Dies trifft besonders dann zu, wenn die Öffentlichkeit über unpopuläre Sachverhalte oder Maßnahmen informiert wird. Als Beispiel sei der Titel des Krisenprogramms „Early Restoration Projects" angeführt, der als Euphemismus für Schadensbegrenzung verwendet wird und den Schaden und seine Ursache dadurch vergessen machen soll. Anders dagegen die deutsche Übersetzung „Schadenbeseitigung", die vermutlich angesichts des in Deutschland stärker vorherrschenden Umweltbewusstseins markiert, dass nicht davor zurückgeschreckt wird, die Umweltschäden und die Bedrohung der Natur durch die Ölkrise sachlich und expliziter zu benennen als dies in dem englischen Original der Fall ist.

Vor dem Hintergrund der Allgegenwärtigkeit des Krisendiskurses in internationalen Kontext, wäre es für Kommunikationsabteilungen in Unternehmen ratsam, um im Krisenfall mit einer Stimme zu sprechen und um unterschiedliche Wahrnehmungen der Krise und ihrer Akteure in der Öffentlichkeit zu vermeiden, frühstmöglich Übersetzer in die Abstimmung ihrer Kommunikationsstrategie einzubeziehen.

Literatur

Argenti, Paul (2002): Crisis Communication. Lessons from 9/11. Harvard Business Review. 103-109

Baumgarten, Nicole; Böttger, Claudia; Motz, Markus und Julia Probst (Hrsg.) (2004): Übersetzen, Interkulturelle Kommunikation, Spracherwerb und Sprachvermittlung - das Leben mit mehreren Sprachen. Festschrift für Juliane House zum 60. Geburtstag. Bochum: AKS-Verlag

Böttger, Claudia und Kristin Bührig (2010): Multilingual business writing: The case of crisis communication. In: Meyer und Apfelbaum (Hrsg.) (2010), 253-272

Bruhn, Manfred (2006): Integrierte Unternehmens- und Markenkommunikation. Stuttgart: Schaeffler-Poeschel

Bruhn, Manfred und Michael Boenigk (1999): Integrierte Kommunikation. Wiesbaden: Gabler

Bundesministerium des Inneren (2008): Krisenkommunikation. Leitfaden für Behörden und Unternehmen. Berlin: Bundesministerium des Inneren

Coombs, W. T. (1999). Ongoing crisis communication: Planning, managing, and responding . Thousand Oaks, CA: Sage

Devlin, Edward S. (2007): Crisis management planning and execution. Boca Raton: Auerbach Publication

Drosdowski , Günther (1989): Duden Etymologie. Herkunfstwörterbuch der deutschen Sprache. Vol 7. Mannheim: Dudenverlag

Esch, Franz-Rudolf (2011): Wirkung integrierter Kommunikation, 5. Auflage, Wiesbaden: Gabler

Femers, Susanne (2011): Textwissen für die Wirtschaftskommunikation. Konstanz: UTB 8446

Hyland, Ken (1998): Exploring corporate rhetoric: metadiscourse in the CEO's letter. Journal of Business Communication. 35 (2): 224-245

Hyland, Ken (2005): Metadiscourse: Exploring interaction in writing. London & New York: Continuum

House, Juliane (1977): A model for translation quality assessment. Tübingen: Narr

House, Juliane (1997): Translation Quality Assessment: A Model Revisited. Tübingen: Narr

Merten, Klaus (2008): Das Handwörterbuch der PR – A – Q. Frankfurt: F.A.Z.-Institut für Management-, Markt- und Medieninformationen

Meyer, Bernd und Birigt Apfelbaum (2010): Multilingualism at Work. From policies to practices in public, medical and business settings. Universität Hamburg. Hamburg Studies on Multilingualism (9)

Nikitin, Jekaterina und Antonia Unger (i. Dr.): Crisis Communication - English-German translation analysis of corporate communication of BP during the oil spill disaster in the Gulf of Mexico. Proceedings of the Conference Greifswald of globalization and the role of English. Bonn: DAAD, 34-47

Online Etymology Dictionary: http://www.etymonline.com (Zugriff 21. März 2012)

Redder, Angelika (2001): Modalverben in wissenschaftlicher Argumentation - Deutsch und Englisch im Vergleich. In: Jahrbuch DaF 2/01. 313-330

Rehbein, Jochen (1978): Ankündigungen. In: Germanistische Linguistik 2-5, 339-388

Rehbein, Jochen (2004): Matrix-Konstruktionen in Diskurs und Text. In: Baumgarten,Böttger, Motz & Probst(2004): 251-275

Töpfer, Armin (1999): Plötzliche Unternehmenskrisen - Gefahr oder Chance? Grundlagen des Krisenmanagement, Praxisfälle, Grundsätze zur Krisenvorsorge. Neuwied: Luchterhand

Töpfer, Armin (2008): Anforderungen an den Dialog mit Stakeholdern in Ausnahmesituationen. Unternehmenskommunikation. Part 2, 355-402

Wiener, Anthony J. und Herman Kahn (1967): The Year 2000: A Framework for Speculation on the Next Thirty-Three Years. MacMillan, New York.

Unternehmensidentität und Nachhaltigkeitskommunikation – eine empirische Studie identitätsstiftender Kommunikationsstrategien von deutschen und dänischen Pharmaunternehmen

Stefanie Zornow & Anne Grethe Julius Pedersen

Inhalte:
1 **Einleitung**
2 **Unternehmerische Nachhaltigkeit**
3 **Nachhaltigkeitskommunikation**
3.1 Rahmenbedingungen der Nachhaltigkeitskommunikation
4 **Strategien zur Stiftung von Unternehmensidentität**
4.1 Glaubwürdigkeitsstrategien
4.2 Emotionalisierungsstrategien
4.3 Personalisierungsstrategien
5 **Methodisches Vorgehen und Auswahl des Analysematerials**
6 **Analyse von identitätsstiftenden Kommunikationsstrategien in der Nachhaltigkeitskommunikation**
6.1 Kommunikationsstrategien in ,The Novozymes Report 2010'
6.2 Kommunikationsstrategien in Lundbecks ,Communication on Progress Report 2010'
6.3 Kommunikationsstrategien in ,Auf einen Blick – Nachhaltigkeit bei Bayer 2009/2010'
6.4 Kommunikationsstrategien in Mercks ,Verantwortung – Corporate Responsibility Bericht 2011'
7 **Zusammenfassende Bewertung und Diskussion der Analyseergebnisse**
Literatur

1 Einleitung

> „Je stärker das CSR-Handeln eines Unternehmens auch als wesenseigener Kern seiner Identität (und nicht nur als Pflichthandeln) wahrgenommen wird, desto stärker alimentiert solches Handeln auch die emotionale Reputation des jeweiligen Unternehmens" (Eisenegger/Schranz 2011: 74).

Für viele Unternehmen gilt Nachhaltigkeit als erstrebenswertes Merkmal der Unternehmensidentität. Sie versuchen, sich über ihr verantwortliches Handeln und die Kommunikation darüber ein identitätsstiftendes Alleinstellungsmerkmal gegenüber verschiedenen Stakeholdern zu sichern. Die Kommunikation vermittelt dabei den Stakeholdergruppen des Unternehmens, wie Nachhaltigkeit im Unternehmen verstanden und gelebt wird. Das Kommunizieren über Nachhaltigkeit ist jedoch nicht unproblematisch. Erstens ist die Debatte um Konzepte unternehmerischer Nachhaltigkeit und die Kommunikation über Nachhaltigkeit geprägt von einem Nichtvorhandensein eindeutiger Definitionen und konsensualisierter Begrifflichkeiten (vgl. Schmitt/Röttger 2011: 174, Prexl 2010: 136). Zweitens kann die Kommunikation über Nachhaltigkeit als ein zweischneidiges Schwert betrachtet werden (Morsing/Schultz 2006): Eine allein positive, selbstlobende Berichterstattung über die Verantwortung des Unternehmens kann einerseits die Glaubwürdigkeit reduzieren und bei den Empfängern auf Reaktanz stoßen – vor allem dann, wenn Kommunikation und Handlungen des Unternehmens nicht in Einklang stehen, wenn also, um mit Eisenegger und Schranz (2011: 74) zu sprechen, das CSR-Handeln nicht "als wesenseigener Kern [der Unternehmens-]Identität [...] wahrgenommen wird". Andererseits sind die Erwartungen der Stakeholder (etwa Kunden, Investoren, Mitarbeiter, Gesetz- und Kreditgeber) an die Unternehmen gestiegen, ihre Geschäftätigkeiten nachhaltig auszurichten und Informationen über die ökonomische, ökologische und soziale Unternehmensverantwortung zu geben, weshalb von den guten Taten berichtet werden muss. Ansonsten verliert auch das Unternehmen seine Chance, von seinem nachhaltigen Identitätsprofil zu profitieren, denn die Stakeholder können ihre Entscheidungen (Kauf von Aktien oder Produkten, Beginn eines Arbeitsverhältnisses, Kreditgabe, Bewertungen) nicht nachhaltig ausrichten, wenn sie über die unternehmerische Nachhaltigkeit nichts erfahren. Vor diesem Hintergrund stellt sich die Frage, wie Unternehmen über Nachhaltigkeit kommunizieren und über die Nachhaltigkeitskommunikation eine positive Unternehmensidentität bei den Rezipienten erzeugen können.

Der vorliegende Beitrag untersucht am Beispiel deutscher und dänischer Pharmaunternehmen, welche identitätsstiftenden Kommunikationsstrategien die Unternehmen einsetzen, um über Nachhaltigkeitsthemen zu berichten. Welche Rolle dabei Glaubwürdigkeits-, Emotionalisierungs- und Personalisierungsstrategien vor dem Hintergrund eines Identitätsaufbaus spielen können und müssen, zeigen die Kommunikationsanalysen.

Zur Annäherung an das Thema werden in den nächsten Kapiteln zuerst die Konzepte Nachhaltigkeit und Nachhaltigkeitskommunikation sowie Kommunikationsstrategien zur Darstellung einer nachhaltigen Unternehmensidentität erläutert.

2 Unternehmerische Nachhaltigkeit

Das Konzept der Nachhaltigkeit hat eine lange Tradition und stammt originär aus der Forstwirtschaft. Dort bezeichnete es eine Waldbewirtschaftung, bei der die Holzernte die Regenerationsfähigkeit des Waldes nicht überschreitet (vgl. Prexl 2010: 39; Rennings/ Brockmann/ Koschel/ Bergmann/ Kühn 1997: 11). Dieses für wirtschaftliche, politische und wissenschaftliche Kontexte zu unspezifische Begriffsverständnis fand mit dem Brundtland Bericht der Vereinten Nationen von 1987, „Our Common Future", weltweit Beachtung. Dabei wurden die ursprünglichen Ideen aus der Forstwirtschaft auch für andere Bereiche anwendbar: „Die Bedürfnisse der Gegenwart werden befriedigt, ohne zu riskieren, dass künftige Generationen ihre Bedürfnisse nicht befriedigen können" (Hauff 1987: 47). Nachhaltigkeit ist demnach als Überbegriff zu verstehen, der sich auf eine nachhaltige Lebensweise und demnach ganz unterschiedliche Themenbereiche beziehen kann. Eine nachhaltige Entwicklung ist nur durch die (gleichberechtigte) Integration ökonomischer, ökologischer und sozialer Dimensionen zu erreichen, gemäß dem Triple Bottom Line-Ansatz (vgl. Elkington 1999).[11] Alle Aktivitäten, die sich auf die unternehmerische Verantwortung für eine nachhaltige Lebensweise beziehen, können als unternehmerische Nachhaltigkeit definiert werden (vgl. Prexl 2010). Unternehmen können demnach Verantwortung im ökonomischen, ökologischen und sozialen Bereich übernehmen.

Die Übertragung des Konzeptes der nachhaltigen Entwicklung auf die Handlungen von Unternehmen bietet laut Wilson (2003) folgende Chancen:

> "First, it helps set out the areas that companies should focus on: environmental, social and economic performance. Second, it provides a common societal goal for corporations, governments and civil society to work toward: ecological, social, and economic sustainability" (Wilson 2003: 2).

Wilson (2003) impliziert dadurch teils eine richtungsweisende Funktion des Nachhaltigkeitskonzeptes, die die Entscheidungen der Geschäftsleitung beeinflusst, und teils eine enge Verknüpfung und teilweise Überlappung der Ziele des Unternehmens mit denen der umgebenden Gesellschaft ermöglicht. Dies kann für die Existenzlegitimierung des jeweiligen Unternehmens entscheidend sein.

Hinweise zur unternehmerischen Nachhaltigkeit bzw. Corporate Sustainability in der Wissenschaft reichen in die 1930er Jahre zurück, intensiviert in den 1950er Jahren in der angelsächsischen Literatur (vgl. Bowen 1953) den mit der Nachhaltigkeit verwandten Begriffen wie etwa Corporate Social Responsibility (CSR). CSR meint dabei die Verpflichtung des Unternehmens, gemäß gesellschaftlicher Ziele und Werte zu handeln und wird übersetzt mit gesellschaftlicher oder sozialer Verantwortung von Unternehmen (vgl. Raupp/ Jarolimek/ Schultz 2011: 9). Heute herrscht zunehmend ein ganzheitliches CSR-

---

11 Aufgrund der Schwierigkeit, die drei Dimensionen Soziales, Ökologie und Ökonomie in Einklang zu bringen und alle Ziele gleichzeitig zu erreichen, was oftmals zu Dilemmasituationen führen kann, wurde das Konzept der "schwachen Nachhaltigkeit" eingeführt. Es erlaubt das vorübergehende Abweichen von einer Zielvorstellung, um eine andere Dimension in den Fokus der Betrachtung zu rücken (vgl. Prexl 2010: 43f.).

Verständnis vor, bei dem sowohl die ökonomische, ökologische und soziale Perspektive miteinander verbunden werden (vgl. Meffert/Münstermann 2005: 21f.). Daneben existieren eine Reihe alternativer Ansätze. So vertritt z.b. Friedman (1970) eine rein ökonomische Argumentation, indem er sagt, die einzige Verantwortung des Unternehmens bestehe darin, die verfügbaren Mittel gewinnbringend zu verwenden. Vertreter einer rein ethisch motivierten Sichtweise verstehen CSR als Beitrag für eine bessere Gesellschaft: Unternehmen übernehmen Verantwortung für Themen, die weit über Wirtschaft, Technik und rechtliche Vorschriften hinausgehen, also auch im Bereich der Ökologie und im Sozialen (vgl. Karmasin 2002; Carroll 2006). Neuere Ansätze, die CSR als Business Case ansehen, verbinden die rein ökonomische mit der ethisch motivierten Sichtweise, denn alle Verantwortungsbereiche des Unternehmens müssen mit dessen Kerngeschäft verknüpft sein und können am Ende auch dazu führen, den Gewinn zu steigern, jedoch mit einer nachhaltigen Art des Wirtschaftens. Hierbei fokussieren CSR-Konzepte auf ökonomische und soziale Aspekte (vgl. Weber 2008: 44) und Corporate Citizenship-Ansätze auf das gesellschaftliche Engagement der Unternehmen (vgl. Habisch/ Schmidpeter/ Neureiter 2007).

Wie einleitend erwähnt, ist die Debatte um unternehmerische Nachhaltigkeit und Nachhaltigkeitskommunikation geprägt von einem Nichtvorhandensein eindeutiger Definitionen und konsensualisierter Begrifflichkeiten. Die Begriffe Nachhaltigkeit, Corporate Social Responsibility, Corporate Responsibility und Corporate Citizenship werden oft synonym verwendet (vgl. Weber 2008, Welzel 2008, Prexl 2010: 66), obwohl sie unterschiedlichen Ursprungs sind und zum Teil unterschiedliche wissenschaftliche und praktische Traditionen widerspiegeln. In diesem Beitrag konzentrieren wir uns auf den Begriff Nachhaltigkeit, weil dieser in seinem Bedeutungsursprung weiter gefasst ist als z.B. CSR und die grundlegende Haltung widerspiegelt, dass auch Unternehmen moralische Akteure (vgl. Karmasin 2002: 199) sein müssen, die für ihre Handlungen verantwortlich sind und auf gesellschaftlich-soziale, ökologische und ökonomische Herausforderungen reagieren müssen.

3 Nachhaltigkeitskommunikation

Gegenüber dem Begriff der unternehmerischen Nachhaltigkeit hat der Begriff Nachhaltigkeitskommunikation erst vor wenigen Jahren Eingang in die wissenschaftliche Diskussion gefunden (vgl. Prexl 2010: 136; Michelsen 2005: 25). Eine allgemeingültige oder verbindliche Definition für unternehmerische Nachhaltigkeitskommunikation im engen Sinne fehlt jedoch (vgl. Prexl 2010: 136, 146; Michelsen 2005: 32 in Brugger 2010: 3). Wenn man aber Nachhaltig-

Unternehmensidentität und Nachhaltigkeitskommunikation 87

keitskommunikation in Anlehnung an Prexl (2010) als ein Handlungsfeld der Public Relations bzw. Unternehmenskommunikation betrachtet, ergibt sich folgende Definition von unternehmerischer Nachhaltigkeitskommunikation:

> "Nachhaltigkeitskommunikation [...] [umfasst] alle kommunikativen Handlungen von gewinnorientierten Unternehmen [...], die sich inhaltlich auf das nachhaltigkeitsrelevante Handeln des Unternehmens bzw. bestimmter Zielgruppen beziehen und mit denen ein Beitrag zur strategischen Aufgabendefinition und Aufgabenerfüllung des Nachhaltigkeitsmanagements und zur Erfüllung von Umsatz-, Absatz- und Imagezielen geleistet wird. Zusätzlich hat Nachhaltigkeitskommunikation von Unternehmen das Potenzial, einen Beitrag zur wirtschaftlichen und gesellschaftlichen Sensibilisierung für nachhaltige Entwicklung zu leisten und zu einer nachhaltigeren Entwicklung in Unternehmen und Gesellschaft beizutragen"(Prexl 2010: 148).

Auch Brugger (2010) versteht unternehmerische Nachhaltigkeitskommunikation als kommunikative Handlungen, die über Maßnahmen im sozialen, ökologischen und ökonomischen Bereich berichten:

> „Unternehmerische Nachhaltigkeitskommunikation umfasst alle kommunikativen Handlungen über soziales und ökologisches Engagement sowie über die Zusammenhänge ökologischer, sozialer und ökonomischer Perspektiven in den drei Teilbereichen Marktkommunikation, Organisationskommunikation und Öffentlichkeitsarbeit, mit denen ein Beitrag zur Aufgabendefinition und -erfüllung in gewinnorientierten Wirtschaftseinheiten geleistet wird" (Brugger 2010: 3f in Anlehnung an Zerfaß 1996: 287)

Die obigen Definitionen spiegeln ein inhaltsorientiertes Verständnis der Nachhaltigkeitskommunikation wider, die allerdings durch zwei weitere Dimensionen ergänzt werden können, denn Nachhaltigkeitskommunikation kann auf mindestens drei verschiedene Bedeutungsebenen ausgelegt werden (vgl. Metzinger 2005: 297; Prexl 2010: 136f.):

- Kommunikation über das Thema Nachhaltigkeit

- Etwas so kommunizieren, dass es möglichst nachhaltig im Sinne von ‚lang andauernd‘ ist

- Etwas möglichst nachhaltig im Sinne von ‚ressourceneffizient‘ kommunizieren.

Zur ersten Bedeutungsebene gehört die Kommunikation über das unternehmerische Handeln und die Fortschritte in sozialen, ökologischen und ökonomischen Bereichen.[12] Die zweite Bedeutungsebene umfasst Kommunikation, die langfristig und kontinuierlich ist und „sich treu bleibt". D.h. das Unternehmen sollte heute nicht Botschaft A und morgen Botschaft B senden, sondern die rote Linie der Kommunikation muss ersichtlich bleiben. Zudem sollte keine Lücke zwischen Gesagtem und dem Handeln klaffen.[13] Auch die Frequentierung der Kommunikation spielt hier eine Rolle: Die Empfänger sollten nicht durch überflüssige, gleichgültige Informationen, Wiederholungen und Redundanz überlastet werden. Bei der dritten Bedeutungsebene liegt der Schwerpunkt schließlich auf dem Ressourceneinsatz bei der Kommunikation, also wie viel Arbeitskraft oder Materialien wie z.B. Papier verwendet werden.[14]

Im vorliegenden Beitrag werden wir uns auf die erste Bedeutungsebene, die Kommunikation über Nachhaltigkeit konzentrieren und hierbei analysieren, welche identitätsstiftenden Kommunikationsstrategien Unternehmen anwenden. Dies ist gerade deshalb interessant, da Nachhaltigkeitskommunikation verschiedenen politischen, wirtschaftlichen und rechtlichen Rahmenbedingungen unterliegt. Die Erstellung von Nachhaltigkeitsberichten ist demnach an gewisse – zwar freiwillig geltende – Berichtstandards gebunden, die sich in den vergangenen Jahren international durchgesetzt haben. Vor diesem Hintergrund wird zu untersuchen sein, wie Unternehmen aufgrund dieser gesetzlichen Vorgaben und Standards ihre eigene Sprache und Identität transportieren können.

3.1 Rahmenbedingungen der Nachhaltigkeitskommunikation

Die Nachhaltigkeitskommunikation unterliegt rechtlichen, politischen, wirtschaftlichen und gesellschaftlichen Rahmenbedingungen, die von Land zu Land variieren (können). Auch innerhalb der Europäischen Union existieren unterschiedliche Rahmenbedingungen, die divergierende Anwendungen des Nachhaltigkeitskonzeptes und demnach auch unterschiedliche Ausgestaltungen der Nachhaltigkeitskommunikation hervorrufen (Michelsen 2005: 26; Prexl 2010:

---

12 Beispiele für unternehmerische Handlungen im sozialen Bereich könnten die Nothilfe für Afrika oder der Bau einer Kindertagesstätte in der Nachbarschaft des Unternehmens sein. Im Bereich Ökologie könnte über die Reduktion von CO2-Emissionen in der Produktion berichtet werden. Im Bereich Ökonomie gibt das Unternehmen einen transparenten Einblick in die wirtschaftlichen Ergebnisse in verschiedenen Geschäftsbereichen.

13 In diesem Punkt treten Parallelen zwischen einer ideal ausgestalteten Nachhaltigkeitskommunikation und Unternehmensidentität auf, wie in Kapitel 4 weiter auszuführen sein wird.

14 Ein Beispiel für einen ressourcenschonenden (und kostensparenden) Umgang mit Materialien ist, wenn Unternehmen ihre Geschäfts- und Nachhaltigkeitsberichte nur online zur Verfügung stellen. Falls Berichte in Papierform vorliegen, kann darauf geachtet werden, dass umweltfreundliches Papier verwendet wird.

42). In der CSR-Definition der Europäischen Kommission von 2001 wurde Freiwilligkeit als eine wesentliche Eigenschaft von CSR-Aktivitäten hervorgehoben: „CSR ist ein Konzept, das den Unternehmen als Grundlage dient, auf freiwilliger Basis soziale Belange und Umweltbelange in ihre Tätigkeit und die Wechselbeziehung mit den Stakeholdern zu integrieren" (Vgl. Europäische Kommission, 2001: 5). Seitdem sind aber politische Regulierungen und Corporate Governance-Kodizes hinzugekommen, die die unternehmerische Nachhaltigkeitskommunikation beeinflussen. Während es in Deutschland von Seiten des Staates keine Verpflichtung für Unternehmen gibt, über ihre Umwelt-, soziale und wirtschaftliche Verantwortung zu berichten, so sind in Dänemark zumindest die Unternehmen mit starken Umweltauswirkungen (insgesamt 1.200) dazu verpflichtet, jährlich Umweltberichte vorzulegen (Bertelsmann Stiftung 2006: 7). Weiter ist für die 1100 größten dänischen Unternehmen gesetzlich vorgeschrieben, ab 2009 ihre Maßnahmen zur Gesellschaftsverantwortung in ihrem Geschäftsbericht zu erläutern[15]. Im Vergleich dazu gibt es in Großbritannien seit 2004 das sogenannte Corporate Responsibility-Gesetz, das Unternehmen verpflichtet, Nachhaltigkeitsberichte zu veröffentlichen. In Frankreich besteht seit 2002 eine Pflicht für Aktiengesellschaften, über soziale und ökologische Themen zu berichten (Bertelsmann Stiftung 2006: 36).

Über landesspezifische Regulierungen hinaus haben auch internationale Organisationen und Standards einen Einfluss auf die Ausgestaltung der Nachhaltigkeitskommunikation. International durchgesetzt haben sich die Global Reporting Initiative (GRI) und der UN Global Compact. Vorteil derartiger international einheitlicher Bericht-Standards ist die mögliche Vergleichbarkeit und damit verbunden eine Erhöhung der Glaubwürdigkeit der Berichterstattung. Ein Nachteil könnte sein, dass es für Unternehmen schwieriger ist, sich in der Berichterstattung zu differenzieren. Inwieweit diese Differenzierung über z.B. identitätsstiftende Kommunikationsstrategien erfolgen kann, soll in diesem Artikel untersucht werden. Das nächste Kapitel widmet sich deshalb dem Begriff der Unternehmensidentität und den kommunikativen Möglichkeiten zur Darstellung einer nachhaltigen Unternehmensidentität.

4 Strategien zur Stiftung von Unternehmensidentität

In einem immer stärker werdenden Wettbewerbsumfeld und vor dem Hintergrund der Globalisierung hängt der unternehmerische Erfolg immer mehr auch

---

15 Im Dezember 2008 beschlossene Änderung des §99a des dänischen Gesetzes über den Jahresabschluss *Årsregnskabsloven* (Vgl. z.B. www.csrgov.dk/sw51190.asp)

von den kommunikativen Qualitäten des Unternehmens ab und inwieweit das Unternehmen über sein (kommunikatives) Auftreten nach innen und außen eine eigene Identität und damit ein Alleinstellungsmerkmal produzieren kann. Seidler (1997: 91) spricht in diesem Zusammenhang von einem „Geist des Hauses", den das Unternehmen entwickeln sollte. Vor dem Hintergrund derartiger Debatten fallen oft die Begriffe Unternehmenskultur[16] und Corporate Identity (CI) synonym. Birkigt und Stadler (2002: 17) verstehen unter Corporate Identity den Zusammenhang zwischen Unternehmenserscheinung, Unternehmensverhalten und Unternehmenskommunikation mit dem Selbstverständnis des Unternehmens und dem daraus resultierenden Unternehmensimage in der Öffentlichkeit. Seidler (1997: 97) bezeichnet CI als „schlüssige[n] Zusammenhang von Erscheinung, Worten und Taten" eines Unternehmens nach innen und nach außen. Die Konsistenz zwischen Worten und Taten ist im Bereich der Nachhaltigkeitskommunikation besonders wichtig.

Corporate Identity-Kommunikation richtet sich direkt an die Stakeholder des Unternehmens:

> „Defined as a company's self-presentation, corporate identity is ascribed a boundary-spanning role between the company and its surroundings – creating and maintaining relationships with numerous stakeholder groups, e.g. consumers, customers, investors, employees, suppliers, NGOs, the media and the general public" (vgl. Cornelissen 2011).

Der Dialog mit den Stakeholdern kann daher ein wesentliches Element zur Vermittlung der Corporate Identity eines Unternehmens sein (vgl. Nielsen/ Johansen 2010: 57; Pedersen 2011). Die Partizipation der Stakeholder an der Kommunikation oder die Integration ihrer Bedürfnisse in die Kommunikation kann als zentrale Strategie für eine identitätsstiftende Nachhaltigkeitskommunikation angesehen werden. Morsing/ Schultz (2006) sprechen hierbei von einer Stakeholder Involvement Strategy. Den Einbezug der Mitarbeiter in die Nachhaltigkeitsaktivitäten im Speziellen untersuchten Polmering/ Dolnicar (2009).

Das Konzept der Corporate Identity – von Bruhn eher als Koordinations- und Orientierungskonzept verstanden – mündete Anfang der 90er Jahre in die Wieterentwicklung von Integrationskonzepten der Kommunikation (vgl. u.a. Bruhn 2008: 525)[17]. Bruhn (ebd: 519ff.) unterscheidet die inhaltliche, formale und

---

16 Die Definition von Unternehmenskultur soll an Schein (1995) angelehnt werden, der darunter „ein Muster gemeinsamer Grundprämissen [versteht], das die Gruppe bei der Bewältigung ihrer Probleme externer Anpassung und interner Integration erlernt hat, das sich bewährt hat und somit als bindend gilt; und das daher an neue Mitglieder als rational und emotional korrekter Ansatz [...] weitergegeben wird" (Schein 1995: 25). Unternehmenskultur wird unter diesem Gesichtspunkt als immaterielles unternehmensspezifisches Phänomen verstanden.

17 Bruhn (2008: 525) bezeichnet die Konzepte der Corporate Identity oder Corporate Communications lediglich als „Koordinationskonzepte" mit der Aufgabe, eine Abstimmung zwischen

zeitliche Integration von Kommunikation und Kommunikationsinstrumenten. Bei der inhaltlichen Integration von Kommunikation müssen die Kommunikationsmittel thematisch durch Verbindungslinien aufeinander abgestimmt werden im Hinblick auf die zentralen Ziele der Kommunikation. Bei der formalen Integration der Kommunikation werden sämtliche Kommunikationsinstrumente durch ein Gestaltungsprinzip so miteinander verbunden, dass ein leicht wiedererkennbares Erscheinungsbild sichergestellt wird (= Corporate Design). Bei der zeitlichen Integration gilt es die einzelnen Kommunikationsinstrumente kurz- bis mittelfristig aufeinander abzustimmen, so dass eine gewisse Dynamik bleibt, um auf kurzfristige Themen zu reagieren. Auch die Nachhaltigkeitskommunikation von Unternehmen sollte den Prinzipien der integrierten Kommunikation folgen. Wenn sie dies tut – so eine mögliche These – dann lässt sich über die Nachhaltigkeitskommunikation eines Unternehmens auch die Unternehmensidentität und -reputation steigern.

Studien, die einen Zusammenhang zwischen Forschungen zur Nachhaltigkeitskommunikation und Corporate Identity herstellen, sind zwar noch rar, nehmen aber kontinuierlich zu (vgl. Nielsen/ Johansen 2010: 51).[18] Nach Nielsen/ Johansen (2010: 52) können sich beide Konzepte gegenseitig befruchten:

> „Potential overlaps in the stakeholder orientation of CSR and corporate identity research can aid in handling societal challenges by strengthening communication as a dialogical tool in relationship building. Dialogue is [...] a key aspect in CSR, corporate identity and stakeholder research [...].“

Unternehmensidentität und Reputation können als Erklärungsansatz dafür genutzt werden, warum sich Unternehmen mit Nachhaltigkeit und ihrer Kommunikation befassen (vgl. Prexl 2010: 226; Eisenegger/ Schranz 2001). Unternehmen kommunizieren über Nachhaltigkeitsthemen, weil die Informationsbedürfnisse der Stakeholder gestiegen sind. Nachhaltigkeitskommunikation soll sich positiv auf die Reputation des Unternehmens auswirken und damit indirekt auch zu mehr Glaubwürdigkeit und besseren Vertrauenswerten beitragen.

---

verschiedenen Kommunikationsinstrumenten zu erzielen. Während Corporate Communications die Koordination von Unternehmensidentität, Unternehmenskultur, Erscheinungsbild und Kommunikationsinstrumenten anstrebt (vgl. Demuth 1989: 434), wird CI als Orientierungskonzept – bestehend aus den Elementen Corporate Communications, Corporate Behaviour und Corporate Design – verstanden, das auf die Herstellung eines schlüssigen Zusammenhangs von Erscheinung, Worten und Taten eines Unternehmens mit seinem spezifischen Wesen ausgerichtet ist (vgl. Birkigt/ Stadler 2010: 18ff).

18 Balmer/Fukukaw/Grey (2007) und Roland/Bazzoni (2009) etwa ziehen einen Zusammenhang zwischen Legitimität, Corporate Citizenship und Corporate Identity; Morsing/Schultz/Nielsen (2008) zwischen Corporate Reputation und Corporate Identity.

Auch Schultz (2011: 38) sieht die Corporate Identity als eine mögliche Antwort auf die moralisierte Kommunikation. Nachhaltigkeitskommunikation ist demnach unweigerlich verbunden mit Public Relations, der internen Organisationskommunikation, ihrer Artikulation von Identitätsbildern und der kommunikativen Durchsetzung organisationalen Wandels. Mit welchen Mitteln und Kommunikationsstrategien dabei gearbeitet werden kann, soll der nächste Abschnitt darstellen, der drei zentrale in der Wissenschaft diskutierte Kommunikationsstrategien in den Mittelpunkt rückt. Neben diesen Strategien, die auf der Textebene eingesetzt werden, können identitätsstiftende Elemente auch auf non-verbaler Ebene (vgl. Bolten 2007) analysiert werden. Im Printbereich gilt dabei der Einsatz von Bildern als ein zentrales Element.

4.1 Glaubwürdigkeitsstrategien

Glaubwürdigkeit sollte als zentrales Prinzip jeglicher Kommunikation gelten. Mit der Frage, aufgrund welcher Indikatoren Leser von Geschäftsberichten die Vertrauens- und Glaubwürdigkeit des Verfassers bzw. ihrer schriftsprachlichen Äußerungen einschätzen könne, bietet Bextermöller (2001) einen dezidiert linguistischen Versuch der Erfassung von Glaubwürdigkeit. Bextermöller unterscheidet hierbei inhaltsorientierte Indikatoren (Detaillierungsgrad einer Aussage, Aussagenkonstanz) und quellen- und kontextorientierte Indikatoren (z.B. Merkmale der Mitteilung).[19] Der *Detaillierungsgrad einer Aussage* kann dabei sowohl quantitativ als auch qualitativ gefasst werden:

> "Je mehr wir als Adressaten über einen Sachverhalt erfahren (quantitativer Detaillierungsgrad) und je hochwertiger eine Information aus unserer Sicht ist (qualitativer Detaillierungsgrad), desto eher glauben wir der Aussage bzw. ihrer Quelle" (Bextermöller 2001: 210).[20]

Demgegenüber kann mit der *Aussagenkonstanz* untersucht werden, ob Informationen integriert, d.h. über Zeit und Medium hinweg, konsistent verbreitet werden. Während Detaillierungsgrad und Aussagenkonstanz den Inhalt und das „was" einer Aussage analysieren, untersuchen quellen- und kontextorientierte

---

19 Bextermöller unterscheidet weiterhin die verhaltensorientierten Glaubwürdigkeitsindikatoren. Da die Beschreibung dieser Indikatoren jedoch aus Sicht der Rezipienten erfolgt und somit nicht die Ausdrucksprozesse, sondern vielmehr Eindrucks- und Urteilsprozesse im Mittelpunkt der Betrachtung stehen, entfallen diese Indikatoren für die Analyse von Nachhaltigkeitskommunikation und Unternehmensidentität.

20 Ob eine Aussage qualitativ hochwertig ist, können letztlich nur die Rezipienten bescheinigen. An dieser Stelle sei noch einmal darauf hingewiesen, dass sich die vorliegende Analyse lediglich auf die Text- und Bildebene bezieht. Die Wirkung der Kommunikation bei den Rezipienten kann an dieser Stelle nicht untersucht werden.

Indikatoren, "welche verhaltensunabhängigen Merkmale eines Kommunikators (einer Informationsquelle, kurz: Quelle) dazu führen, dass ein Rezipient die Information bzw. Quelle für glaubwürdig hält oder nicht" (Bextermöller 2001: 214). Bezogen auf die Mitteilung können z.b. Verweise, Belege und Beispiele glaubwürdigkeitssteigernd wirken (Bextermöller 2001: 220).

4.2 Emotionalisierungsstrategien

Durch den Einsatz bestimmter sprachlicher Mittel und Strategien (z.B. Intensivierungen, positive Bewertungen etc.) kann der Prozess einer möglichen Emotionalisierung des Lesers beim Textverstehen beeinflusst werden. Sätze können emotive Ausdrücke enthalten, welche die emotionale Einstellung des Produzenten und damit zugleich eine positive oder negative Bewertung wiedergeben. Über Emotionen können Bindungen aufgebaut und zur Identitätsstiftung beigetragen werden. Auch die bildliche Kommunikation über Metaphern[21] kann Emotionalität und damit Identität transportieren (Skirl/ Schwarz-Friesel 2007). Die Emotionalisierungsstrategien können sich auf verbale Ausdrucksmöglichkeiten der emotionalen Einstellung beziehen. Eine weitere Unterteilung ist die in lexikalische und syntaktische Emotionsdarstellung. Zur lexikalischen Emotionsdarstellung gehören emotionsbezeichnende Wörter oder ‚Gefühlswörter' wie z.B. *Freude* oder *Furcht*, emotionsausdrückende Wörter wie z.B. *Leider* oder *Endlich*, Interjektionen wie z.B. *Oh* und *Ah*, die allerdings kaum in der Unternehmenskommunikation vorkommen, und Konnotationen, die eine auf- oder abwertende Zusatzbedeutung beinhalten (Schwarz-Friesel 2007). Auf der syntaktischen Ebene sind Propositionen und insbesondere Doppelpropositionen, d.h. Sätze, bei denen die Proposition von einem emotiven Ausdruck, der die emotionale Einstellung des Produzenten und damit zugleich eine Bewertung ausdrückt, determiniert wird, Beispiele für Emotionalisierungsstrategien.

Emotionen können auch visuell vermittelt bzw. hervorgerufen werden. Für Kappas und Müller (2006) folgen Emotionen und Bilder einer „assoziativen Logik" die sich von einer „argumentativen Logik" auf textlicher Ebene unterscheidet (Kappas/ Müller 2006: 4). Der Ausdruck von Gefühlen sei demnach visuell leichter möglich als in sprachlicher Form. Das Wechselverhältnis zwischen visueller Kommunikation, dargestellten Emotionen und emotionalen Reaktionen bei den Rezipienten ist nach Kappas und Müller jedoch noch kaum untersucht.

---

21 Metaphern haben die Funktion der Vermittlung von Werturteilen und Emotionalisierung (Skirl/ Schwarz-Friesel 2007: 63).

4.3 Personalisierungsstrategien

Personalisierungsstrategien können zur Bildung eines Wir-Gefühls (vgl. Eisenegger/ Wehmeyer 2008) beitragen. Personalisierung kann dabei zum einen über die Referenz auf Testimonials oder Experten hergestellt werden (vgl. Weder 2008; Eisenegger/ Schultz 2011). Zum anderen spielt der Einsatz von Pronomen wie *ich* oder *wir* eine große Rolle. Personalpronomen besitzen eine soziale Dimension (Blühdorn 1995: 137): Sozial-Beziehungen, etwa Nähe (hohe Vertrautheit und Sympathie) oder Ferne (geringe Vertrautheit und Sympathie) werden erfasst.

Im sich anschließenden Kapitel wird das Untersuchungsdesign und das Untersuchungskorpus kurz vorgestellt, bevor die gerade vorgestellten Analysekriterien für eine identitätsstiftende Nachhaltigkeitskommunikation angewandt werden.

5 Methodisches Vorgehen und Auswahl des Analysematerials

Die Analyse ist empirisch angelegt, indem Text- und Bildkommunikation von deutschen und dänischen Pharmaunternehmen[22] qualitativ untersucht werden. Die Analyse soll einen Einblick in die gewählten sprachlichen und visuellen Strategien zur Stiftung einer nachhaltigen Unternehmensidentität gewähren und die folgende Forschungsfrage beantworten:

Wie werden Glaubwürdigkeits-, Emotionalisierungs- und Personalisierungsstrategien zur Identitätsstiftung im Rahmen unternehmerischer Nachhaltigkeitskommunikation verwendet?
Obwohl die genannten drei identitätsstiftenden Kommunikationsstrategien zum Teil eng miteinander verbunden sind, werden sie im Folgenden getrennt behandelt, weil dadurch methodische Einsichten deutlicher zustande kommen können. Die potenziell wechselseitige Verbundenheit der Kommunikationsstrategien tritt dann auf, wenn die beobachteten verbalen und visuellen Elemente nicht nur einer der drei Kategorien eindeutig zuzuordnen sind, beispielsweise wenn Personalisierungselemente auch der Glaubwürdigkeit dienen. Für eine getrennte Betrachtungsweise spricht jedoch, dass die Kommunikationsstrategien drei unterschiedliche Dimensionen in der Beziehung zur Zielgruppe vertreten: Der Sender versucht, der Zielgruppe ein glaubwürdiges Bild von sich als

---

22 Die Geschäftsbereiche der gewählten Unternehmen sind jedoch nicht ausschließlich auf pharmazeutische Produkte ausgerichtet.

nachhaltiges Unternehmen zu vermitteln, bestimmte positive Gefühle und eine emotionale Bindung durch die Signalisierung von Nachhaltigkeit bei der Zielgruppe hervorzurufen oder dem Leser ein Bild von den Personen hinter der Organisation zu geben.

Als empirische Grundlage der Studie wurden Nachhaltigkeitsberichte der Pharmabranche gewählt, weil u.a. diese Branche in sowohl Deutschland als auch Dänemark im Mittelpunkt der aktuellen Debatte über die Kosten und die Zukunft des Gesundheitssektors steht, dessen Entwicklung von großer gesellschaftlicher Bedeutung ist. Die Unternehmen erstellen oft kostenintensive Produkte, die zur ökonomischen Belastung des Gesundheitssystems und der Patienten beitragen. Darüber hinaus bewirkt die Herstellung von medizinischen Erzeugnissen eine chemische Belastung der Umwelt. Unternehmen im Gesundheitssektor stehen somit unter gesellschaftlichem Druck, Verantwortung für ein sozial verträgliches Gesundheitssystem zu übernehmen. Aus kommunikativ-linguistischer Sicht machen diese Rahmenbedingungen die Nachhaltigkeitskommunikation der Pharmaunternehmen besonders interessant.Das Textkorpus (vgl. Tabelle 1) umfasst die aktuellen Nachhaltigkeitsberichte bzw. Geschäftsberichte, in die die Nachhaltigkeitsberichterstattung integriert ist, von zwei dänischen (englischsprachige Versionen) und zwei deutschen Unternehmen (deutschsprachige Versionen).

Unternehmen	Text
Novozymes A/S (DK) www.novozymes.com	‚The Novozymes Report 2010' (90 Seiten)
Lundbeck A/S (DK) www.lundbeck.com	‚Communication on Progress Report 2010' (16 Seiten)
Bayer AG (D) www.bayer.de	‚Nachhaltigkeit bei Bayer 2009/2010' (11 Seiten)
Merck KGaA (D) http://www.merckgroup.com → Deutsch	‚Verantwortung – Corporate Responsibility Bericht 2011' (78 Seiten)

Tabelle 1: Übersicht über das Textkorpus

Die aufgelisteten Berichte sind exemplarisch ausgewählt worden und machen somit nicht die vollständige Nachhaltigkeitsberichterstattung dieser Unternehmen aus.[23] Trotzdem können die Berichte als wichtige, aktuelle Instrumente zur

---

23 Neben Geschäfts- und Nachhaltigkeitsberichten ist auch das Internet eine wichtige Informationsquelle zu Nachhaltigkeitsthemen. Interessant ist die Frage, inwieweit sich der Einsatz von identitätsstiftenden Kommunikationsstrategien sowie Inhalte der Nachhaltigkeitskommunikation cross-medial decken bzw. ergänzen. Wird in allen Medien die gleiche Identität transportiert? Diese Frage könnte eine Nachfolge-Studie untersuchen.

Kommunikation von Unternehmensidentität angesehen werden, die eine Reihe von bewussten verbalen und visuellen Kommunikationsformen repräsentieren.

6 Analyse von identitätsstiftenden Kommunikationsstrategien in der Nachhaltigkeitskommunikation

Im Folgenden werden die Analyseergebnisse so dargestellt, dass die Kommunikationsstrategien in jedem Bericht separat untersucht werden, jeweils gefolgt von einer kurzen Zusammenfassung. Zunächst werden die beiden dänischen Unternehmen, danach die beiden deutschen Unternehmen analysiert.

6.1 Kommunikationsstrategien in ,The Novozymes Report 2010'

Der Bericht von Novozymes ist ein integrierter Geschäfts- und Nachhaltigkeitsbericht, der nur online zur Verfügung gestellt wird.

Glaubwürdigkeit

Die Integration von Nachhaltigkeit wird bei Novozymes durchgängig als ,business advantage' dargestellt. Dies kann die Darstellung einer nachhaltigen Unternehmensidentität glaubwürdiger machen, so z.B.: „We have been able to turn it [sustainability] into a competitive advantage in our relations with customers in recent years as more customers look to use sustainability as a differentiator" (Novozymes 2010: 10). Hierdurch wird die Nachhaltigkeitsfokussierung durch Nachfrage ökonomisch legitimiert. Dies wird weiter durch eine ökologische Legitimierung ergänzt: "Our technology can help save raw materials, reduce the use of chemicals, and bring about energy and quality improvements" (Novozymes 2010: 10). Ein quantitativer und qualitativer Detaillierungsgrad fehlt jedoch in diesen Aussagen (more customers, energy and quality improvements), aber dieser wird später im Bericht erhöht, z.B.: "In 2010 alone, the worldwide application of our products enabled reductions in CO_2 emissions of approximately 40 million tons" (Novozymes 2010: 5). Außerdem dienen verschiedene Kennzahlen im sozialen, ökologischen und ökonomischen Bereich, der Vermerk des Wirtschaftsprüfers sowie die Tatsache, dass die Berichterstattung in Übereinstimmung mit den GRI-Richtlinien erfolgt (Novozymes 2010: 16) als Glaubwürdigkeitsindikatoren. Novozymes thematisiert explizit die eigene Glaubwürdigkeit und ,belegt' diese durch externe Autoritäten:

> „Our efforts have made us a top performer in Dow Jones Sustainability Indexes for the past nine years, and we have been awarded both Gold Class and Sector Leader for our performance. More importantly to us, however, our internal sustainability setup enhances our credibility with business partners ...." (Novozymes 2010: 11).

Als Glaubwürdigkeitsfaktor kann auch die Thematisierung von negativen Aspekten der Geschäftstätigkeit dienen, weil dies ein realistischeres, ausbalancierteres, rechtweisenderes Bild zeigen kann. Solche Thematisierungen treten im Report von Novozymes sporadisch auf, z.b. auf Seite 19, wo über Klagen von Nachbarn wegen Geruch und Geräusch berichtet wird, jedoch ohne Ausdruck einer emotionalen Einstellung (Bedauern):

> „Novozymes received 21 complaints from neighbours in 2010, with the majority being related to odor and noise from nearby factories. By way of comparison, we received 33 complaints in 2009." (Novozymes 2010: 19).

Wenn man mit dem ausgedrückten Engagement im Bereich ‚stakeholder concerns' (Novozymes 2010: 11) vergleicht, fehlt hier die Aussagenkonstanz.

Bemerkenswert ist die Überschrift ‚Financial and Sustainability Discussion' (Novozymes 2010: 16), wobei der Diskussionsansatz Dialogorientierung und Offenheit gegenüber den Stakeholdern signalisieren kann. Diese werden in der Nachhaltigkeitskommunikation allgemein als zentral angesehen und können somit die Glaubwürdigkeit unterstützen (vgl. Abs. 4).

Emotionalisierung

Ein Schlüsselwort im Bericht von Novozymes ist ‚commitment' bzw. ‚committed'. Durch die wiederholte Nennung des Engagements von Novozymes (insgesamt 18 Mal) wird eine emotionale Bindung ausgedrückt, die sich teils auf die Relation der Mitarbeiter zu ihrem Arbeitsplatz und teils auf die Relation des Unternehmens zu seiner Umwelt beziehen. Auch die Wörter ‚dedication' bzw. ‚dedicated(ly)', excited/-ing ‚proud' bzw. ‚pride' und ‚believe' zeugen von einer emotionalen Einstellung des Senders (Stolz, Freue, Engagement, Vertrauen), z.B. "Novozymes can look back with pride on a decade of strong and sustainable growth, and we feel confident that ..." (Novozymes 2010: 2) und „It will be exciting to see how our technology and insight can help customers develop new and improved ways of making more from less and so help change the world" (Novozymes 2010: 8). Die beiden letztgenannten Sätze sind Doppelpropositionen, die sowohl die emotionale Einstellung des Senders als auch eine positive Bewertung enthalten. Darüber hinaus signalisieren die Überschrift „Celebrating 10 successful years' und das Bild, auf dem die Aufsichtsratsmitglieder in feierlicher Stimmung auftreten, eine emotionale Einstellung des Senders (vgl. Abb. 1 unten).

Abb. 1: The Novozymes Report 2010 p. 1.

Abb. 2: The Novozymes Report 2010: Titelseite.

Abb. 3: The Novozymes Report 2010: 6.

Die Unternehmensidee von Novozymes ‚rethink tomorrow' (Novozymes 2010: 38) birgt die Doppelbedeutung einer Aussage (we rethink tomorrow) und einer

Aufforderung (you should rethink tomorrow), die zu einer emotional geprägten Vorstellungsaktivierung beim Leser führen kann. Auf visueller Ebene kommt die Emotionalisierung u.a. in zum Teil ganzseitigen Fotos von Personen zum Ausdruck. Auf der Titelseite begegnen dem Leser der Blick und das Lächeln einer Frau. Der helle, verwischte Hintergrund lässt die Frau und die für Novozymes kennzeichnende hellgrüne Farbe des Kastens mit dem Titel ‚The Novozymes Report 2010' besonders kräftig hervorheben (vgl. Abb. 2 oben).

Weitere Personenfotos mit emotionalem Appell sind auf den Seiten 6 (Abb. 3 unten), 24 und 32 zu finden und vor allem das Bild vom lächelnden Mädchen (Abb. 3 oben) kann, wie Bilder von Kindern im Allgemeinen, eine starke emotionale Wirkung erzielen. Gemeinsam für die portraitierten Personen ist, dass sie eine positive, entgegenkommende Einstellung ausstrahlen, was eine emotionale Wirkung auf den Leser haben kann. Darüber hinaus haben die abgebildeten Personen, abgesehen vom Management und Aufsichtsrat, ein asiatisches Aussehen, was eine multikulturelle, internationale Orientierung der Unternehmensidentität signalisieren mag.

Im Report kommen weiterhin hellgrün gezeichnete Glückskleen vor, die ebenfalls eine positive, glückliche Einstellung signalisieren können. Die beschriebenen visuellen Emotionalisierungsstrategien stehen, im Gegensatz zur Abbildung von Management und Aufsichtsrat, in keinem offensichtlichen Zusammenhang zum nebenstehenden textlichen Inhalt, was einen Rückschluss darauf zulässt, dass diese Bilder hauptsächlich der emotionalen Vermittlung der Unternehmensidentität von Novozymes dienen.

Personalisierung

Der Novozymes Report 2010 ist sowohl verbal als auch visuell von Personalisierung geprägt. Diese kommt vor allem durch die Betonung der Mitarbeiter in der Organisation als initiativreiche, ehrgeizige, handlungskräftige und zukunftsorientierte Akteure zum Ausdruck, so z.B. „We aim to drive the world toward sustainability together with our customers" (Novozymes 2010: 10), we ... discover new sustainable solutions, we ... create tomorrow's industrial biosolutions (Novozymes 2010: 5). Novozymes wird insgesamt als nachhaltiger Problemlöser dargestellt.

Der Gebrauch von persönlichen und possessiven Pronomen ist im Bericht stark ausgeprägt, z.B.:

> "At Novozymes, we integrate sustainability into our everyday business activities. It is how we do business and part of who we are, because we truly believe that this is the right way to do business. Sustainability is also key in our relations with stakeholders." (Novozymes 2010: 10).

Durch die Pronomen wird eine hohe Bindung der Mitarbeiter zu ihrem Unternehmen ausgedrückt. Durch die Beziehungen zu den Stakeholdern wird auch eine Nähe zum Leser geschaffen. Zur visuellen Personalisierung gehören die vorher erwähnten Portraitfotos der Management- und Aufsichtsratsmitglieder.

Zusammenfassung

Im Bericht von Novozymes vermitteln die verwendeten Kommunikationsstrategien den Eindruck einer strategisch integrierten nachhaltigen Unternehmensidentität, die von Menschen mit positiven Gefühlen wie Freude und Stolz getragen wird. Auf der verbalen Ebene sind sowohl Glaubwürdigkeits- als auch Emotionalisierungsstrategien eng an Nachhaltigkeitsaspekte geknüpft. Kennzeichnend für die visuell dargestellte Unternehmensidentität ist aus Lesersicht eine fast persönliche Face-to-Face-Kommunikation mit den abgebildeten Personen.

6.2 Kommunikationsstrategien in Lundbecks ‚Communication on Progress Report 2010'

Der ‚Communication on Progress Report' ist eine Berichtsform, die durch die Mitgliedschaft des UN Global Compacts vorgeschrieben ist und Fortschrittsmitteilungen in den Bereichen Menschenrechte, Arbeitsnormen, Umweltschutz und Korruptionsbekämpfung umfasst.

Glaubwürdigkeit

Der Verweis auf die Mitgliedschaft des UN Global Compacts, die Strukturierung der Nachhaltigkeitsberichterstattung nach den verpflichtenden Richtlinien dieses Netzwerks sowie der Verweis auf den von Lundbeck eingeführten Verhaltenskodex können Glaubwürdigkeit hervorrufen. Dieser ‚Code of Conduct' umfasst „a set of binding guidelines describing how we handle ethical dilemmas" (Lundbeck 2010: 3). Damit verbunden ist die Einräumung, dass Lundbeck vor ethischen Dilemmas[24] steht. Die implizite Feststellung, dass das Unternehmen

---

24 Ein in den (dänischen) Medien intensiv behandeltes ethisches Dilemma für Lundbeck ist die Verwendung von dem Schlaf- bzw. Betäubungsmittel 'pentobarbital' bei der Verrichtung der Todesstrafe in amerikanischen Gefängnissen. Lundbeck kommentiert den Missbrauch des Arzneimittels auf ihrer Website u.a. wie folgt :" Since learning of the misuse of pentobarbital, we have engaged in a constructive dialogue with human rights advocates, external experts and government officials to discuss and evaluate ideas to prevent the incorrect use of our product for

Unternehmensidentität und Nachhaltigkeitskommunikation 101

damit umgehen muss, signalisiert eine seriöse Haltung zu Nachhaltigkeitsthemen. Diese kommt auch in einem ‚Executive Statement' zum Ausdruck: „As President and CEO of Lunbeck, I head a management committee that drives and monitors all our Corporate Responsibility Initiatives" (Lundbeck 2010: 4), wobei der Steuerung und Evaluation von Nachhaltigkeitsinitiativen durch eine interne Autorität Bedeutung zugeschrieben wird. Auch durch das häufige Auftreten von Wörtern wie z.b. ‚ensure', ‚evaluate' und ‚audit' wird eine gewisse Sicherstellung betont, was beim Leser als eine Garantie dient und Vertrauen erwecken kann.

Der Detaillierungsgrad im Bericht ist gering, sowohl quantitativ als auch qualitativ. Es gibt wenig genaue Angaben, außer im Bereich ‚CO^2 and energy', aber der Bericht enthält fünf Linkhinweise auf weiterführende Informationen zu den behandelten Themen. Dazu kommt, dass die aufgelisteten Handlungen nicht näher erläutert werden, z.B. „We will improve access to health for people living with central nervous system disorders" (Lundbeck 2010: 8) ohne dass präzisiert wird, wie und für wen der Zugang zu Gesundheit verbessert werden soll.

Emotionalisierung

Auf verbaler Ebene wird Emotionalisierung u.a. durch die Unternehmenswerte ‚Imaginative', ‚Passionate' und ‚Responsible' ausgedrückt. Besonders das emotionsbezeichnende ‚passionate' kann beim Leser einen starken emotionalen Signalwert ausüben und den Eindruck von den Menschen hinter der Firma verstärken.

Eine stärkere Emotionalisierung kommt in den folgenden Zitaten vor: „We will create a vision for how to improve access for vulnerable groups to treatment of brain disorders" (Lundbeck 2010: 3) und „We are also working to (…) and eliminate the stigmatization that often leads to a marginalisation of this group of patients" (Lundbeck 2010: 10). Eine Patientengruppe wird hier mit Empathie beschrieben und besonders die Wörter 'stigmatization' und 'marginalization', die sehr negative Lebenssituationen konnotieren, können eine gefühlsmäßige Einwirkung auf den Leser haben. Die hier verwendete Emotionalisierung kann Sympathie für die Arbeit von Lundbeck erzeugen.

Auf visueller Ebene sind zwei Fotos mit einer potenziell emotionalen Wirkung vorhanden. Das eine Bild (Abb. 4 unten) zeigt eine junge, lächelnde Frau in einem dunkelgrauen Mantel, die an einer Glasfassade des Hauptsitzes von Lundbeck in Kopenhagen vorbeigeht und ihr Spiegelbild darin betrachtet.

---

lethal injections. We have carried out a thorough assessment of ways to prevent distribution for use in capital punishment" (http://www.lundbeck.com/global/media/lundbecks-position-regarding-the-misuse-of-pentobarbital).

Die Identität der Frau wird nicht bekanntgegeben, aber liest man das Bild im Zusammenhang mit der darüberstehenden Überschrift ‚Activities covering the Anti-Corruption principle' und dem erläuternden Text, kann die metaphorische Bedeutung des Bildes so ausgelegt werden, dass die Frau eine Mitarbeiterin ist, die sich mit reinem Gewissen im Spiegel in die Augen blicken kann. Dies kann beim Leser Vertrauen erwecken.

Bemerkenswert ist, dass die übrigen zwei Bilder im Bericht, u.a. das Bild auf der Titelseite (Abb. 5 unten), in keinem deutlich erkennbaren Zusammenhang zum textlichen Inhalt stehen. Das Titelbild ist vermutlich eine Nahaufnahme von einer Holztreppe mit Sand und roter Farbe und das andere ist ein verwischtes Bild von nebeneinander gereihten Reagenzgläsern aus der Froschperspektive.

Abb. 4: Communication on Progress Report 2010 – Lundbeck: 15.

Abb. 5: Communication on Progress Report 2010 – Lundbeck: Titelseite.

Unternehmensidentität und Nachhaltigkeitskommunikation

Personalisierung

Kennzeichnend für den Bericht von Lundbeck ist die Betonung von Interaktion mit den Lesern bzw. Stakeholdern, was u.a. einleitend ausgedrückt wird:

> „We believe that an open and honest dialogue will benefit our stakeholders as well as our Corporate Responsibility efforts, and we invite you to participate. Feel free to contact us with any questions or comments on ..." (Lundbeck 2010: 1).

Der Leser wird hier direkt angesprochen und zur Kontaktaufnahme aufgefordert. Auch die Verwendung der Pronomen ‚we' und ‚our' trägt zum persönlichen Ausdruck bei. Außerdem wird im oben erwähnten ‚Executive statement' das persönliche Pronomen ‚I' zusammen mit einem schwarz-weißen Portraitfoto des Vorstandsvorsitzenden von Lundbeck sowie seiner Unterschrift benutzt, was den Eindruck geben kann, dass er persönlich für das Nachhaltigkeitsmanagement einsteht. Über das Portraitfoto hinaus haben auch die Frau in Abb. 4 sowie ein weiteres Foto von einer Frau und einem Mann in weißen Kitteln, die ein Reagenzglas betrachten, eine personalisierende Funktion.

Zusammenfassung

Der COP-Bericht von Lundbeck vermittelt eine Unternehmensidentität, die auf einen im Topmanagement verankerten Ansatz zu Nachhaltigkeit deutet, der vor allem auf Steuerung, Kontrolle und Übereinstimmung mit den externen Prinzipien des UN Global Compacts Wert legt. Darüber hinaus wird das soziale Engagement für Menschen mit Gehirnstörungen hervorgehoben. Die Signalisierung von Dialogorientierung ist ein weiteres Kennzeichen der dargestellten Unternehmensidentität.

6.3 Kommunikationsstrategien in ‚Auf einen Blick – Nachhaltigkeit bei Bayer 2009/2010'

Der Nachhaltigkeitsbericht der Bayer AG ist nach Angaben der Unternehmenswebsite eine Darstellung von Schwerpunktthemen im Bereich Nachhaltigkeit.

Glaubwürdigkeit

Zum Erreichen von Glaubwürdigkeit werden folgende Textstrategien im Bericht von Bayer eingesetzt: Aussagen über die Leitlinien der Nachhaltigkeitsberichterstattung, GRI und UN Global Compact (Bayer 2010: 11), die Erwähnung von Anerkennung durch externe Autoritäten wie u.a. der Dow Jones Sustainability Index und FTSE4Good (Bayer 2010: 10), die Nennung von Beispielen in den Bereichen Personalpolitik und Umweltpolitik wie z.B. Arbeitssicherheit und Gesundheitsschutz (Bayer 2010: 6f.) sowie Kennzahlen in den Bereichen Ökonomie, Mitarbeiter, Gesellschaft und Ökologie (Bayer 2010: 12f.). Dazu kommt die explizite Hervorhebung, dass Nachhaltigkeit Chefsache ist: „Die Verantwortung für die Ausrichtung und Steuerung unserer konzernweiten Nachhaltigkeitsstrategie ist an der Spitze des Konzerns angesiedelt" (Bayer 2010: 4). Verantwortung und Steuerung sind zentrale Aspekte der Selbstdarstellung des Unternehmens im Bericht, was u.a. durch Formulierungen wie ‚verantwortungsbewusste Personalpolitik' (Bayer 2010: 3), ‚Ressourcen verantwortungsbewusst nutzen' (Bayer 2010: 7) und „die Verpflichtung jedes Bayer-Mitarbeiters zu gesetzmäßigem und verantwortungsbewusstem Handeln ist in unserer Corporate Compliance Policy festgelegt" (Bayer 2020: 5) hervorgehoben wird. Weiter dient die wiederholte Betonung, dass Managementsysteme die Leistungen im Bereich Nachhaltigkeit steuern, überwachen und überprüfen sollen, als eine Garantie für die Einhaltung von Versprechungen. Darüber hinaus kann es zum Ethos des Unternehmens beitragen, wenn erwähnt wird, dass Bayer „dem Schutz der Umwelt und dem verantwortungsbewussten Umgang mit Ressourcen traditionell eine große Bedeutung [zumisst]" (Bayer 2010: 7) und sich seit 1994 an der freiwilligen „Responsible Care®-Initiative" der chemischen Industrie orientiert (Bayer 2010: 8). Wie in Abschnitt 6.1 erwähnt, kann die selbstkritische Darstellung von negativen Aspekten zur Glaubwürdigkeit beitragen, was auch im Bericht von Bayer thematisiert wird: „Wir sehen es als unsere Pflicht, sowohl im Lagebericht des Geschäftsberichts und in unserem jährlichen Nachhaltigkeitsbericht selbstkritisch Rechenschaft über unsere Nachhaltigkeitsleistungen und über unsere Herausforderungen abzulegen" (Bayer 2010: 11). Im analysierten Bericht kommt diese Selbstkritik jedoch nicht deutlich zum Ausdruck.

Emotionalisierung

Auf verbaler Ebene kommt Emotionalisierung u.a. in den dargestellten Werten von Bayer vor: „Wille zum Erfolg, Engagierter Einsatz für unsere Aktionäre, Geschäftspartner, Mitarbeiter und die Gesellschaft, Integrität, Offenheit und Ehrlichkeit, Respekt gegenüber Mensch und Natur" (Bayer 2010: 2), wobei vor allem Engagement, Ehrlichkeit und Respekt Ausdruck einer positiven emotionalen Einstellung des Senders sind und somit eine positive Einwirkung auf den Leser haben können. Die Emotionalisierung wird in diesem Satz auch dadurch erzeugt, dass man sich nicht nur für die Stakeholder mit einem ökomischen Anteil am Unternehmen (Aktionäre) einsetze, sondern auch für Geschäftspartner, Mitarbeiter und Gesellschaft. An vielen anderen Stellen im Bericht wird auch das Engagement hervorgehoben, z.b. „Wir engagieren uns durch unsere Stiftungen und freiwilligen sozialen Initiativen ..." (Bayer 2010: 3), „... eine Bestätigung unseres Engagements für eine nachhaltige Entwicklung ..." (Bayer 2010: 10) und 'Bayer Cares Foundation', 'die Bayer-Stiftung für das soziale Engagement' (Bayer 2010: 9). Dazu kommt die Nennung einer ethischen Verpflichtung: „Bayer ist der nachhaltigen Entwicklung verpflichtet" (Bayer 2010: 3), was auch in dem Verbot von Korruption und Kinderarbeit (Bayer 2010: 5) ausgedrückt wird. Die emotionale Einstellung des Senders wird auch im folgenden Satz transportiert: „Umweltereignisse und Transportunfälle lassen sich trotz unserer umfangreichen Sicherheitsvorkehrungen und -trainings leider nicht völlig verhindern" (Bayer 2010: 7). Durch ‚leider' zeigt der Sender eine emotionale Einstellung des Bedauerns.

Das Leitbild von Bayer, „Science For A Better Life", das aus der Titelseite (Abb. 6) ersichtlich ist und auf der folgenden Seite aufgegriffen wird, kann emotional wirken: „Mit unseren Produkten und Dienstleistungen wollen wir den Menschen nützen und zur Verbesserung der Lebensqualität beitragen" (Bayer 2010: 2). Die Vorstellung von einem besseren Leben weckt bei den Lesern vielleicht positive Gefühle, die allerdings durch die Koppelung zum Bild auf der Titelseite in eine bestimmte Richtung gelenkt werden. Auf dem Titelbild (Abb. 6 unten) sehen wir junge afrikanische Mütter mit ihren kleinen Kindern auf dem Schoß, die über Verhütungsmöglichkeiten aufgeklärt werden, um „ein selbst-bestimmtes Leben [...] führen [zu können]" (Bayer 2010: 124).

Im Bericht sind vier weitere Fotos mit potenziell emotionalisierendem Charakter, die als Beispiele für beschriebene Nachhaltigkeitsinitiativen dienen und somit auch zur Glaubwürdigkeit beitragen können. Die vier Bilder in Farbe stellen Personen in der Dritten Welt dar, die vermutlich in einer Beziehung zu Bayer stehen, aber keine eigentlichen Bayer-Mitarbeiter sind. Die anderen Fotos (z.B. Abb. 7 unten) zeigen vor allem Emotionen wie (Spiel)Freude, Stolz und Zufriedenheit.

Personalisierung

Im Gegensatz zu den oben beschriebenen Fotos, die keine Auskünfte über die Identität der abgebildeten Personen geben, kann das Foto des Vorstandsvorsit-zenden der Bayer AG (Bayer 2010: 2) als Ausdruck einer Personalisierungs-strategie betrachtet werden. Das Foto in Passbildgröße, das neben einem Zitat mit der Überschrift ‚Globale Verantwortung leben' angebracht ist, ist viel kleiner als die anderen Fotos im Bericht. Die nonverbale Personalisierung wird auf ein Minimum beschränkt. Demgegenüber tritt die verbale Dimension in den Vordergrund. Auf verbaler Ebene kommt die Personalisierung hauptsächlich in der häufigen Verwendung von dem persönlichen Pronomen ‚wir' und dem possessiven Pronomen ‚unser' vor, was beispielsweise aus den obigen Zitaten erkennbar ist.

Abb. 6: Auf einen Blick – Nachhaltigkeit bei Bayer 2009/2010: Titelseite.

Abb. 7: Auf einen Blick – Nachhaltigkeit bei Bayer 2009/2010: 9b.

Zusammenfassung

Die im Bericht von Bayer dargestellte Unternehmensidentität zeugt von einem top-down gesteuerten Managementansatz im Nachhaltigkeitsbereich, der auf einer systematischen Steuerung und Kontrolle basiert. In dem Zusammenhang wird auch die Verpflichtung jedes Mitarbeiters zum gesetzmäßigen und verantwortungsbewussten Handeln garantiert. Es entsteht ein Bild von einem verantwortungsbewussten, engagierten und fürsorgenden Unternehmen.

6.4 Kommunikationsstrategien in Mercks ‚Verantwortung – Corporate Responsibility Bericht 2011'

Der Nachhaltigkeitsbericht von der Merck KGaA ist der fünfte CR-Bericht von Merck (Merck 2011). Der Bericht enthält u.a. einen ‚Fortschrittsbericht Global Compact (COP)', aber im Unterschied zum Bericht von Lundbeck umfasst der COP hier nur eine Seite. Hierdurch wird ersichtlich, wie viel Gestaltungsspielraum die Fortschrittsberichterstattung zulässt.

Glaubwürdigkeit

Im Nachhaltigkeitsbericht von Merck können bestimmte durchgängig erwähnte Schlüsselwörter ausfindig gemacht werden, die bei den Lesern Glaubwürdigkeit hervorrufen können, weil diese durch ‚Daten und Fakten' (Merck 2011: 50ff.) untermauert werden. An erster Stelle sind dies ‚Verantwortung' und ‚Compliance', aber auch ‚Leistung' und ‚Transparenz',kommen mehrmals vor, die zusammen mit ‚Integrität' und ‚Verantwortung' die sechs Unternehmenswerte von Merck bilden (Merck 2011: 3). ‚Verantwortung' tritt in vier Kapitelüberschriften auf: ‚Verantwortung für unsere Produkte', ‚Verantwortung für unsere Mitarbeiter', ‚Verantwortung für die Umwelt' und ‚Verantwortung in der Gesellschaft'. Außerdem ist die Betonung von einer systematischen Datenerfassung und der Datenqualität sowie von der Steuerung und Kontrolle der Nachhaltigkeitsleistungen für den Bericht kennzeichnend.

Über die mit der UN Global Compact Mitgliedschaft verbundene externe Zuschreibung von Autorität hinaus dienen auch im Bericht von Merck die GRI-Richtlinien als Leitfaden und, weil international anerkannt, als Glaubwürdigkeitsfaktor. Dazu kommen weitere externe Anerkennungen wie z.B. die Aufnahme in den FSTE4Good-Index (Merck 2011: 5). Auch die Nennung der 350-jährigen Geschichte und Erfahrung des Unternehmens (Merck 2011: 7) kann die Glaubwürdigkeit erhöhen. Die interne Fokussierung und Verankerung von

Nachhaltigkeitsthemen im Top-Management signalisiert u.a. die folgende Aussage: „Die Geschäftsleitung als oberstes Führungsgremium befasst sich mindestens zweimal jährlich mit relevanten Themen der unternehmerischen Verantwortung sowie deren Risiken und Chancen für das Unternehmen" (Merck 2011: 7).

Was den Gebrauch von Beispielen im Bericht betrifft, äußert sich der Vorsitzende der Geschäftsleitung in seinem Vorwort dazu: „Denn soziale und ökologische Verantwortung ist für uns kein Luxus, den wir uns nur in Boomjahren leisten, sondern integraler Bestandteil unserer Unternehmenskultur. Davon zeugen die in diesem Bericht beschriebenen Beispiele" (Merck 2011: 3). Als ‚beschriebenes Beispiel' wird in demselben Vorwort der in die Zukunft gerichtete Beschluss angeführt, den Anteil an Frauen in Führungspositionen bis 2016 auf 25 bis 30 Prozent zu erhöhen. Glaubwürdiger wäre es allerdings gewesen, von einem bereits realisierten Ergebnis zu berichten. Im Gegensatz dazu werden bei der Darstellung der ‚Compliance'-Aktivitäten des Unternehmens – etwa der aktualisierte Verhaltenskodex, einer in Kraft gesetzten Sozialcharta und durchgeführten Newcomer-Trainings – konkrete Ergebnisse präsentiert: „die Einrichtung einer „Speak-up-line", die den Mitarbeitern ermöglicht, Compliance-Verstöße (anonym) zu melden, was in den Jahren 2009 und 2010 14 bzw. 21 Mal passierte" (Merck 2011: 8f.). Hierdurch wird indirekt Selbstkritik geäußert, was zur Glaubwürdigkeit beitragen kann. Der Detaillierungsgrad im 78 Seiten langen Bericht ist hoch und darüber hinaus wird auch auf „weiterführende und vertiefende Informationen" auf der Unternehmenswebsite verwiesen.

Emotionalisierung

Auf verbaler Ebene funktioniert an mehreren Stellen die Kontrastierung von Eigenschaften bzw. Handlungen als Emotionalisierung, so z.B. „Merck denkt in Generationen, nicht nur in Quartalen" (Merck 2011: 3). In diesem Satz betont Merck die eigenen Qualitäten. Leser könnten implizieren, dass andere Unternehmen lediglich „in Quartalen denken", Merck jedoch langfristig denkt. Diese indirekt negativen Aussagen über andere Unternehmen kann bei den Lesern aber auch eine negative Emotionalisierung hervorrufen. Ein weiteres zentrales Element der verbalen Emotionalisierung im Bericht von Merck ist das Hervorheben von gesellschaftlichem Engagement, das u.a. Energie und Leidenschaft ausdrückt.

Auf der Titelseite (Abb. 8 unten) sieht man den Berichtstitel ‚Verantwortung' zusammen mit einer Hand mit einer roten Gießkanne, eine grüne Pflanze gießend. Die dargestellte Situation kann als Ausdruck einer symbolischen Verantwortung für das Überleben der Pflanze bzw. der Natur interpretiert werden und somit positive Gefühle wecken, aber sie sagt wenig Konkretes über die Unternehmensidentität des Senders aus.

Neben der Überschrift ‚Verantwortung für unsere Produkte' befindet sich ein weiteres Element mit Emotionalisierungspotenzial und zwar ein Farbbild zur Illustration einer hohen 3D-Bildqualität, die neben Pharmaprodukten auch zum Produktsortiment von Merck gehört. Das Bild (Abb. 9 unten) stellt einen Jungen im Fernsehen dar, der einen Frisbee zu einem Hund außerhalb des Fernsehers wirft, der versucht den Frisbee mit dem Mund zu fangen. Inwieweit hierdurch ‚Kind' und ‚Tier' als Benefizienten der angeschlagenen Produktverantwortung zu verstehen sind, bleibt offen.

Darüber hinaus kann die Spielfreude, die das Kind und das Tier ausdrücken eine emotionsweckende Wirkung haben. Auch wenn diese in keinem direkten Zusammenhang zur Unternehmensidentität des Senders stehen, können solche Elemente die Einstellung des Lesers beeinflussen.

Personalisierung

Ein ganzseitiges Foto vom Vorsitzenden der Geschäftsleitung (Merck 2011: 2) neben dem Vorwort mit dem abschließenden Pronomen ‚Ihr' und einer persönlichen Unterschrift tritt als deutliche Personalisierung auf. Die Pronomen ‚wir' und ‚unser' werden auch häufig im Text verwendet, um den Text persönlicher zu machen und die Distanz zum Leser zu reduzieren.

Andere Fotos im Bericht haben ebenso eine personalisierende Wirkung, so z.B. ein Bild von einer Frau und einem Mann, auf einem weißen Kasten sitzend, die auf ein Dokument in seinen Händen blicken und sich darüber lächelnd unterhalten (Abb. 10 unten). Weiterhin ein Bild von einem Mann in weißem Kittel, der konzentriert mit Laborausrüstung arbeitet (Merck 2011: 46). In den beiden letztgenannten Fällen ist anzunehmen, dass die dargestellten Personen Mitarbeiter von Merck sind bzw. symbolisieren sollen.

Die Darstellung des Dialogs mit Stakeholdern spielt eine bedeutende personalisierende Rolle im Bericht. Beispielsweise sei die Themenauswahl im Bericht u.a. aufgrund einer Stakeholderbefragung zusammengestellt worden (Merck 2011: u4). Es werden dabei mehrere konkrete Beispiele für geführte Dialoge mit Stakeholdern im Bericht gegeben (Merck 2011: 10f.). Die Interaktion zwischen Menschen innerhalb und außerhalb des Unternehmens gibt dem Leser einen deutlicheren Eindruck von den Personen hinter der Organisation.

Abb. 8: Verantwortung – Corporate Responsibility Bericht 2011: Titelseite.

Abb. 9: Verantwortung – Corporate Responsibility Bericht 2011: 12.

Abb. 10: Verantwortung – Corporate Responsibility Bericht 2011: 30.

Zusammenfassung

Wie bei Lundbeck und Bayer werden Verantwortung, Compliance, Steuerung und Kontrolle im Bereich Nachhaltigkeit als zentrale Merkmale der Unternehmensidentität von Merck dargestellt. Weiter werden gesellschaftliches Engagement und Dialog mit Stakeholdern als wichtige Elemente der Unternehmensidentität beschrieben.

7 Zusammenfassende Bewertung und Diskussion der Analyseergebnisse

Die Analyse hat gezeigt, dass innerhalb der Nachhaltigkeitskommunikation ausgewählter deutscher und dänischer Pharmaunternehmen identitätsaufbauende Kommunikationsstrategien verwendet werden. Fasst man die Ergebnisse der Analyse zusammen, so lassen sich sowohl bestimmte wiederkehrende Muster in der Verwendung identitätsstiftender Kommunikationsstrategien feststellen, als auch Unterschiede von Unternehmen zu Unternehmen, jedoch keine Indikatoren, die auf konkrete nationalkulturelle Unterschiede in den deutschen und den dänischen Berichten deuten. Die Analyseergebnisse der drei gesondert untersuchten Strategien werden im Folgenden bewertet und diskutiert.

Der Einsatz von **Glaubwürdigkeitsstrategien** im Textkorpus bezieht sich vor allem auf die Zuschreibung von Status und Anerkennung durch interne und externe Autoritäten. D.h. dass Nachhaltigkeit im Unternehmen einerseits als ‚Chefsache' des Vorstandsvorsitzenden dargestellt wird, andererseits legitimiert wird durch die Anlehnung an international anerkannte Standards für Nachhaltigkeitsberichterstattung. Dies erfolgt insbesondere durch die Global Reporting Initiative (GRI) sowie die ‚Anerkennung' durch internationale ‚Organisationen' wie beispielsweise UN Global Compact, Dow Jones Sustainability Index und FTSE4 Good oder der weltweiten Responsible Care®-Initiative der chemischen Industrie. Der Wert solcher ‚Qualitätsstempel' liegt vor allem in ihrer Vergleichbarkeit, der Wiedererkennung und dem geteilten Wissen bei den Lesern und darin, dass die Verpflichtung des Managements und nicht zuletzt der Mitarbeiter durch das öffentliche Bekenntnis verstärkt werden kann. Der Wert bleibt jedoch nur solange erhalten, bis die ‚Labels' nicht verwässert werden, etwa wegen Missbrauchs, der Unüberschaubarkeit der Anzahl (zu viele) oder einfach ‚Jedermanns Besitz'. Falls die Empfänger der Nachhaltigkeitsberichterstattung ihr Vertrauen in die ‚Indikatoren' verlieren, dienen sie nicht mehr der Glaubwürdigkeit. Deshalb kann das präzise Berichten von tatsächlich realisierten Nachhaltigkeitsleistungen längerfristig glaubwürdiger wirken. Derartige Glaubwürdigkeitsindikatoren sind auch im Textkorpus vorgefunden worden, so z.B. die Darstellung von konkreten Nachhaltigkeitsinitiativen. Was aber dabei auffällt ist der an vielen Stellen niedrige Detaillierungsgrad, sowohl quantitativ als auch qualitativ. Es gibt zwar Verweise auf tiefergehende Informationen auf z.B. den Unternehmenswebseiten, aber die Berichte, die als selbständige Dokumente zu betrachten sind, geben nicht viele Details. Dies kann daran liegen, dass sich der Sender Leser vorstellt, die einen hohen Detaillierungsgrad nicht erwarten bzw. schätzen, und die Inhalte entsprechend gestaltet hat. Es kann auch mit Geheimhaltungsrücksichten zusammenhängen, was allerdings nicht mit dem erklärten Anspruch von Transparenz übereinstimmt.

Auch die selbstkritische Berichterstattung eines Unternehmens kann der Zuschreibung von Glaubwürdigkeit durch den Leser dienen. Hier scheint aber identitätsstiftendes Potenzial verspielt zu werden. In den analysierten Berichten fanden sich lediglich im Nachhaltigkeitsbericht von Merck konkrete Beispiele für eine selbstkritische Überprüfung der eigenen Nachhaltigkeitsleistungen. Aussagen, die belegen, dass das Unternehmen an der Weiterentwicklung der Nachhaltigkeitsleistungen arbeiten muss, dass man noch nicht da ist, wo man hin möchte, ist glaubwürdiger als ein perfektes Bild der Nachhaltigkeitsaktivitäten zu zeichnen – spätestens wenn Belege gefordert werden, würde sich das wahre Bild zeigen. Indem man die Stakeholder einlädt, gemeinsam mit dem Unternehmen an der Weiterentwicklung der Nachhaltigkeitsstrategie zu arbeiten, kann eine Bindung zum Unternehmen hergestellt und Glaubwürdigkeit aufgebaut werden.

Begriffen wie Steuerung, Kontrolle, Compliance und Verantwortung wird ein hoher Stellenwert zugeschrieben. Weil sie aber durchgängig auftreten, verlieren sie als identitätsstiftende Strategie? für das einzelne Unternehmen an Wert. Bei den Emotionalisierungs- und Personalisierungsstrategien ist größere Varianz zu erkennen.

Die Analyse von **Emotionalisierungsstrategien** zeigt, dass in allen Berichten sowohl verbale als auch visuelle Elemente mit Emotionalisierungspotenzial vorkommen, jedoch in unterschiedlicher Art und Weise. Es scheint sinnvoll, von einer Skala der Emotionalisierung zu sprechen, denn nicht alle bewertenden bzw. emotionsausdrückenden Elemente können in gleichem Umgang eine emotionale Wirkung erzielen. Im Bericht von Novozymes wird beispielsweise Begeisterung und Stolz in Sprache und Bild explizit ausgedrückt. In den übrigen Berichten werden zwar Gefühlswörter wie z.B. Engagement, Leidenschaft, Respekt gegenüber Mensch und Natur verwendet, aber mit deutlich geringerer Intensität.

Was das gewählte Bildmaterial betrifft, werden in vielen Fällen Personen und Gegenstände abgebildet, ohne dass der Zusammenhang zum Text bzw. die Verbindung zum Unternehmen erklärt wird. Dies erweckt den Eindruck, dass die Bilder eher der reinen ‚Unterhaltung' dienen als der Identitätsstiftung. Hier scheint somit ein weiteres ungenutztes Potenzial zu liegen, denn Bilder von Mitarbeitern oder konkreten Tätigkeiten des Unternehmens können bei verschiedenen Stakeholdern identitätsstiftender wirken, da sie ggf. Situationen wiedererkennen, die sie mit dem Unternehmen bereits erlebt haben.

Emotionalisierungsstrategien können erreichen, dass Leser positiv gestimmt werden und dass der Rezeptionsprozess somit für den Sender vorteilhaft beeinflusst wird. Zieht man aber die zweite Bedeutungsebene von Nachhaltigkeitskommunikation (vgl. Abs. 3) heran, wobei überflüssige, gleichgültige Informationen zu vermeiden sind, um die Empfänger nicht zu überlasten und um die Nachhaltigkeitskommunikation durch Sachlichkeit und Objektivität möglichst langfristig zu gestalten, ist festzustellen, dass sich die analysierte Nachhaltigkeitskommunikation nur zum Teil danach richtet. Es stellt sich dabei auch die Frage, inwieweit eine Emotionalisierung der Nachhaltigkeitskommunikation empfehlenswert oder nicht empfehlenswert ist. Aus der Perspektive der Identitätsstiftung scheint aber der Einsatz emotionaler Bilder oder einer emotionalen Sprache eher empfehlenswert zu sein, weil die Persönlichkeit des Unternehmens dadurch deutlicher hervortreten kann. Zudem können sich Unternehmen innerhalb der standardisierten Nachhaltigkeitsberichterstattung durch den Einsatz von emotionalen Bildern und Emotionswörtern von anderen Unternehmen differenzieren, was auch dem Leseanreiz dienen kann. Dies darf aber nicht auf Kosten der angestrebten Sachlichkeit, Objektivität, Transparenz und Vergleichbarkeit der Nachhaltigkeitskommunikation erfolgen.

Die **Personalisierungsstrategien** werden, wie auf Basis der Analyse festgestellt wurde, sehr unterschiedlich von den gewählten Unternehmen eingesetzt. In allen Berichten ist der Vorstandsvorsitzende bzw. Geschäftsleiter abgebildet und für eine persönliche Aussage verantwortlich. Darüber hinaus werden Bilder von Personen gezeigt, aber keine Auskünfte über ihre Identität bzw. ihre Verbindung zum Unternehmen gegeben. Eine Ausnahme sind die Aufsichtsratsmitglieder im Bericht von Novozymes (Abb. 1). Aus der Sicht des Identitätsaufbaus wäre es besser, Mitarbeiter vorzustellen, damit man als Leser einen ‚echten' Eindruck von denjenigen Personen bekommt, die das Unternehmen ausmachen und prägen. Hierdurch lässt sich auch ein besserer Zusammenhang zwischen Text und Bild erreichen.

Noch ausbaubar sind auch Personalisierungsstrategien, die auf die Herstellung von Dialog und Interaktion referieren. Dazu gehören die direkten Ansprachen der Leser und die Berichterstattung über verschiedene Dialogmaßnahmen. Allein bei Lundbeck und Merck konnten solche Strategien deutlich nachgewiesen werden. Der Aspekt, dass die Stakeholder einen eigenen Beitrag leisten können, das Unternehmen in punkto Nachhaltigkeit nach vorn zu bringen, kann jedoch besonders identitätsstiftend sein. Ein Wir-Gefühl wird aufgebaut, und das Unternehmen wird für die Stakeholder verständlicher und greifbarer. Nach diesem Abriss zu den drei zentralen identitätsstiftenden Kommunikationsstrategien kann festgehalten werden, dass es wichtig ist, ein optimales Gleichgewicht zwischen diesen Strategien zu wählen. Dabei sollten Glaubwürdigkeitsstrategien aber nie hinter dem Einsatz von Emotionalisierungs- und Personalisierungsstrategien zurückstehen, da Glaubwürdigkeit als das zentrale Gebot jeglicher Kommunikation gilt (vgl. Kapitel 4.1). Nichtsdestotrotz werden aber Emotionalisierungs- und Personalisierungsstrategien benötigt, um eine Bindung zwischen Unternehmen und Stakeholdern, zwischen Sender und Leser herzustellen und das Potenzial der Nachhaltigkeitskommunikation für den Identitätsaufbau zu nutzen.

Welche Wirkungen jedoch beim Lesen der Berichte bei den Lesern tatsächlich hervorgerufen werden und ob die besprochenen Strategien ihr Potenzial zum Identitätsaufbau nutzen können, kann letzten Endes nur mit einer Rezeptionsanalyse und mit Wirkungsforschung überprüft werden. Dies konnte der vorliegende Artikel an dieser Stelle nicht leisten, bleibt aber zukünftigen Forschungen im Bereich der Nachhaltigkeitskommunikation vorbehalten.

Literatur

Balmer, J.M.T./ Fukukaw, K./ Gray, E.R. (2007): The Nature of Management of Ethical Corporate Identity. A Commentary on Corporate Identity, Corporate Social Responsibility and Ethics. In: Journal of Business Ethics, 76 (7): 7-15.

Bayer AG (2010): Auf einen Blick – Nachhaltigkeit bei Bayer 2009/2010, http://www.bayer.de/de/Schwerpunktthemen.aspx., aufgerufen am 19.11.2011.

Beckmann, S. C./ Morsing, M./ Reisch, L. A. (2006): Strategic CSR Communication. An Emerging Field. In: Beckmann S. C./ Morsing, M./ Reisch, L. A. (2006): 11-36.

Beile, J./Jahnz, S. /Wilke, P. (2006): Nachhaltigkeitsberichte im Vergleich – Auswertung und Analyse von Zielsetzungen, Aufbau, Inhalten und Indikatoren in 25 Nachhaltigkeitsberichten. Hamburg: Hans Böckler-Stiftung.

Bertelsmann Stiftung (2006): Partner Staat? CSR-Politik in Europa. Gütersloh.

Bextermöller, M. (2001): Empirisch-linguistische Analyse des Geschäftsberichts. Dissertation. Universität Dortmund.

Birkigt, K./ Stadler, M. (2002): Corporate Identity. 11. Auflage. Landsberg/Lech: Verlag moderne Industrie.

Blühdorn, H. (1995): Was ist Deixis? In: Linguistische Berichte 156.109-142.

Bolten, Jürgen (2007): Einführung in die interkulturelle Wirtschaftskommunikation. Göttingen: Vandenhoeck & Ruprecht.

Bowen, H.R. (1953): Social Responsibilities of the Businessman. New York: Harper.

Brugger, F. (2010): Nachhaltigkeit in der Unternehmenskommunikation. Bedeutung, Charakteristika und Herausforderungen. Wiesbaden: Gabler.

Bruhn, M. (2008): Integrierte Kommunikation. In: Meckel, M./ Schmid, B. (Hrsg.) (2008): 513-556.

Unternehmensidentität und Nachhaltigkeitskommunikation 115

Bruhn, M. (1989): Handbuch des Marketing. Anforderungen an Marketingkonzeptionen aus Wissenschaft und Praxis. München: Beck.

Bungarten, Theo (Hrsg.) (1997): Gesellschaftliche und ökologische Kommunikation. Beiträge zur Wirtschaftskommunikation. Tostedt: Attikon Verlag.

Caroll, A. (2006): Business & Society. Ethics and Stakeholder Management. 6. Auflage. Mason/ Ohio: South-Western.

Cornelissen, J. (2011): Corporate Communication. A Guide to Theory and Practice. Los Angeles: SAGE.

Demuth, A. (1989): Corporate Communications. In: Bruhn, M. (1989): 433-451.

Eisenegger, M./ Schranz, M. (2011): CSR – Moralisierung des Reputationsmanagements. In: Raupp J./ Jarolimek, S./ Schultze, F. (Hrsg.) (2011): 71-96.

Eisenegger, M./ Wehmeyer, S. (Hrsg.) (2008): Personalisierung in der Organisationskommunikation. Theoretische Zugänge, Empirie und Praxis. Wiesbaden: VS Verlag.

Elkington, J. (1999): Cannibals with Forks: The Triple Bottom Line of 21st Century Business. Oxford: Capstone.

Europäische Kommission (2001): Grünbuch. Europäische Rahmenbedingungen für die soziale Verantwortung der EU. Brüssel.

Friedmann, M. (1970), The Social Responsibility of Business ist o Increase its Profits. The New York Times Magazine, 32-33.

Godemann, J./ Herzig, C./ Blanke, M.(2008): Dialogorientierte Nachhaltigkeitsberichterstattung im Internet. Eine Untersuchung anhand von DAX30-Unternehmen. In: Isenmann R./ Marx-Gómez, J. (Hrsg.) (2008): 371-387.

Habisch, A./ Schmidpeter, R./ Neureiter, M. (Hrsg.) (2007): Handbuch Corporate Citizenship. Corporate Social Responsibility für Manager. Berlin: Springer Verlag.

Hauff, V. (1987): Unsere gemeinsame Entwicklung. Brundtland Bericht der Weltkommission für Umwelt und Entwicklung. Deutsche Ausgabe. Greven: Eggenkamp.

Herger, N. (2006): Vertrauen und Organisationskommunikation. Identität, Marke, Image, Reputation. Wiesbaden: VS Verlag.

Herzig, C./ Schaltegger, S. (2004): Nachhaltigkeit in der Unternehmensberichterstattung. Gründe, Probleme, Lösungsansätze. Diskussionspapier zum Fachdialog des Bundesumweltministeriums (BMU) am 13. November 2003, Berlin. Lüneburg: Center for Sustainable Management.

Isenmann, R./ Marx-Gómez, J. (Hrsg.) (2008): Internetbasierte Nachhaltigkeitsberichterstattung. Maßgeschneiderte Stakeholder-Kommunikation mit IT. Berlin: Schmidt.

Jeuthe, K. (2002): Nachhaltigkeit als Unternehmensstrategie? Von der Nachhaltigkeit der Produktion zur Kommunikation der Nachhaltigkeit. Unveröffentlichte Diplomarbeit. Universität Passau.

Kappas, A./ Müller, M. (2006): Bild und Emotion – Ein neues Forschungsfeld. In: Publizistik. 51. Jahrgang. Heft 1. 3-23.

Karmasin, M. (2002): Kommunikation über Nachhaltigkeit: Reden wir über's Überleben? Gastkommentar zu Thema des Monats 05/2002. Nachhaltigkeit kommunizieren. In. http://www.nachhaltigkeit.at/reportagen.php3?id=45#f21, aufgerufen am 31.01.2011.

Leitschuh-Fecht, H. (2005): Stakeholder-Dialog. In: Michelsen et al.(2005): 599-607.

Lundbeck A/S (2010): Communication on Progress Report 2010, http://www.lundbeck.com/global/ corporate-responsib/united-nations-global-compact, aufgerufen am 18.11.2011.

Meckel, M./ Schmid, B. (Hrsg.) (2008): Unternehmenskommunikation. Kommunikations-management aus Sicht der Unternehmensführung. 2. Auflage. Wiesbaden: VS Verlag.

Meffert, H./Münstermann, M. (2005): Corporate Social Responsibility in Wissenschaft und Praxis: eine Bestandsaufnahme.

Arbeitspapier Nr. 186, Wissenschaftliche Gesellschaft für Marketing und Unternehmensführung e.V., Münster 2005.

Merck KGaA (2011): Verantwortung – Corporate Responsibility Bericht 2011, http://www.merckgroup.com/de/verantwortung/verantwortung.html, aufgerufen am 19.11.2011.

Metzinger, P. (2005): Kampagnenmanagement und Campaigning. In: Michelsen et al. (2005): 297-307.

Michelsen, G./ Godemann, J. (Hrsg.) (2005): Handbuch Nachhaltigkeitskommunikation. Grundlagen und Praxis. München: oekom Verlag.

Michelsen, G. (2005): Nachhaltigkeitskommunikation: Verständnis – Entwicklung – Perspektiven. In: Michelsen et al. (2005): 25-41.

Morsing, M./ Schultz, M. (2006): Coporate Social Responsibility Communication: Stakeholder Information, Response and Involvement Strategies. In: Business Ethics: A European Review. 15 (4). 323-338.

Morsing, M./ Schultz, M./ Nielsen, K. (2008): The ‚Catch 22‘ of communicating CSR: Findings from a Danish Study. In: Journal of Marketing Communication. 14 (2). 97-111.

Müller, M./ Schaltegger, S. (Hrsg.) (2008): Corporate Social Responsibility. Trend oder Modeerscheinung. München: oekom.

Nielsen, A. E./ Johansen, T.S. (2010): Corporate Social Responsibility and Corporate Identity. Potentials for disciplinary cross-fertilization within Research and Teaching. In: Podnar et a. (2010): 51-59.

Novozymes A/S (2010): The Novozymes Report 2010, http://www.novozymes.com/en/ investor/ financial-reports/Pages/Annual-reports.aspx, aufgerufen am 18.11.2011.

Pedersen, A. G. J. (2011): Der Stakeholderdialog zwischen Regulierung und Rhetorik. Eine empirische Studie der dargestellten Dialogorientierung in deutschen und dänischen Geschäftsberichten. In: Zeitschrift für Wirtschafts- und Unternehmensethik, 12 (1). 87-103. http://vbn.aau.dk/da/publications/der-stakeholderdialog-zwischen-regulierung-und-rhetorik(4f309a9e-5ed8-423b-936e-6a06d333cc9c).html

Podnar, K./ Balmer, J. (2010): Contemplating corporate marketing, identity and communication. Abington et al: Routledge.

Pomering, A./ Dolnicar, S. (2009): Assessing the Prerequisite of Successful CSR Implementation. Are Consumers Aware of CSR Initiatives? In: Journal of Business Ethics. 85. 285-301.

Prexl, A. (2010): Nachhaltigkeit kommunizieren – nachhaltig kommunizieren. Analyse des Potenzials der Public Relations für eine nachhaltige Unternehmens- und Gesellschaftsentwicklung. Wiesbaden: VS Verlag.

Raupp, J./ Jarolimek, S./ Schultze, F. (Hrsg.) (2011): Handbuch CSR-Kommunikation. Wiesbaden: VS Verlag.

Rennings, K./ Brockmann, K.L./ Koschel, H./ Bergmann, H./ Kühn, I. (1997): Nachhaltigkeit, Ordnungspolitik und freiwillige Selbstverpflichtung. Heidelberg: Physica-Verlag.

Roland, D./ Bazzoni, J.O. (2009): Greening Corporate Identity: CSR online Corporate Identity Reporting. In: Corporate Communications: An International Journal. 14 (3). 249-263.

Roth, D. S. (2007): Personalisierung internetbasierter Nachhaltigkeitskommunikation. Theoretische Analyse und empirische Einsichten am Beispiel der Automobilindustrie. Frankfurt/Main u.a.: Peter Lang Verlag.

Schein, E. (1995): Unternehmenskultur – Ein Handbuch für Führungskräfte Frankfurt/Main u.a.: Peter Lang Verlag.

Schmitt, J./ Röttger, U. (2011): Corporate Responsibility-Kampagnen als integriertes Kommunikationsmanagement. In: Raupp et al. (2011): 173-187.

Schnietz, K.E./ Epstein, M. J. (2005): Exploring the Financial Value of a Reputation for Corporate Social Responsibility during a crisis. In: Corporate Reputation Review. 7. 327-345.

Schranz, M. (2007): Wirtschaft zwischen Profit und Moral: Die gesellschaftliche Verantwortung von Unternehmen im Rahmen der öffentlichen Kommunikation. Wiesbaden: VS Verlag..

Schultz, F. (2011): Moralische und moralisierte Kommunikation im Wandel: zur Entstehung von Corporate Social Responsibility. In: Raupp J./ Jarolimek, S./ Schultze, F. (Hrsg.) (2011): 9-18.

Unternehmensidentität und Nachhaltigkeitskommunikation 117

Schwarz-Friesel, M. (2007): Sprache und Emotion. Basel: UTB Verlag

Seidler, D. (1997): Unternehmenskultur und Corporate Identity. Ihre Ansätze in der Wirtschaftslinguistik. In: Bungarten (1997): 91-107.

Skirl, H./ Schwarz-Friesel, M. (2007): Metapher. Heidelberg: Winter.

Weber, M. (2008): Corporate Social Responsibility: Konzeptionelle Gemeinsamkeiten und Unterschiede zur Nachhaltigkeits- und Corporate Citizenship-Diskussion. In: Müller M./ Schaltegger, S. (Hrsg.) (2008): 39-51.

Weder, F. (2008): Integrationsmanagement über Testimonials. In: Eisenegger ./ Wehmeyer, S. (Hrsg.) (2008): 271-294.

Welzel, E. (2008): Corporate Social Responsibility oder Corporate Citizenship? Interdisziplinäre theoretische Konzepte als Grundlage der Begriffsabgrenzung der CSR. In: Müller M./ Schaltegger, S. (Hrsg.) (2008): 53-75.

Wilson, M. (2003): Corporate Sustainability: What Is It and Where Does It Come from? In: Ivey Business Journal. March/April 2003. 1-5.

Zerfaß, A. (1996): Unternehmensführung und Öffentlichkeitsarbeit. Grundlegung einer Theorie der Unternehmenskommunikation und Public Relations. 2. ergänzte Auflage. Wiesbaden: VS Verlag.

Central Aspects in Cross-Cultural Tourism Marketing Communication - a study based on Finland's travel brochure for the Chinese market

Hongjia Qi

Contents:
1   Introduction
2   Brief methodological account
3   Tourism marketing communication
3.1 Travel brochures
3.2 The marketing communication environment
3.3 Cross-cultural communication
3.4 Standardisation and adaptation
4   Research Results
4.1 Image of Finland before reading the brochures
4.2 Image of Finland after reading the brochure
4.3 Reception of the brochure
4.3.1 Pictures are more preferred than texts
4.3.2 The order of the pictures is illogical
4.3.3 The brochure does not show distinctions of Finland
4.3.4 The brochure lacks basic information on Finland
4.3.5 Long shot pictures and non-impressionistic pictures are preferred
4.3.6 Opinions about quotations in the brochure
4.3.7 Texts and pictures do not match each other
4.3.8 Brief and explicit texts are preferred
4.3.9 The styles of the pictures are not united
5   Analysis and Discussion
5.1 Impressionistic versus factual information
5.2 Standardization vs. adaptation
6   Conclusion
Bibliography

1 Introduction

Lately, China's tourism has been grown into one of the world's largest and most important tourism markets. The World Tourism Organisation (2000: 12, 77) predicted that by the year 2020, China would become the world's number one tourist destination and the fourth largest tourist generating country with 100 million outbound tourists. However, according to China Tourism Academy, more than 70 million Chinese visitors travelled abroad in 2011, rising 22%

compared with 2010.[25] China is already expected to be the top outbound tourism source market in the years to come. For this reason, more and more countries are paying special attention to the Chinese tourism market in order to gain a share of it. This has been even more important to Finland since Finland has not been especially preferred by Chinese visitors in comparison with other European countries, e.g. France, Germany, Russia and UK. Hence, how to establish a favourable image among the visitors in China to attract more Chinese to visit Finland has been experienced as an important challenge for MEK[26] – the Finnish Tourist Board.

Assigned with the primary responsibility for building the tourism country brand for Finland, MEK, together with experts from different cities and regions in Finland, created the brand name 'Visit Finland' for branding Finland worldwide (Holmén 2009). In order to make Finland a popular destination within its target group, MEK uses three kinds of marketing tools in its marketing communication (MEK 2011). The first tool is the Visit Finland Media Bank in which there is a selection of images and videos. The second tool is brochures and maps which are provided in several languages. The third tool is the internet Country Portal which offers a big range of information including Finland facts, country and transportation information and product information for visitors to Finland. According to MEK, the brand promise of Finland's tourism is described with '4Cs' as follows (Holmén 2009):

- **Creative**: technologically, academically and culturally attractive; architecture and design; with a touch of creative madness.
- **Cool**: nice, happening, trendy, refreshingly crisp.
- **Contrasting**: seasons, east/west, cold/warm, midnight sun/winter darkness, sauna/ice swimming.
- **Credible**: efficient infrastructure, services, safety and security, and technology.

This study aims to examine the reception and effectiveness of travel brochures in cross-cultural tourism marketing communication. This is illustrated by a concrete case of MEK's main travel brochure on the Chinese market –The Insider's Guide[27] (hereinafter "the brochure"). The brochure (64 pages) is a colourful brochure in Chinese but it is also available in other languages such as English, German and Spanish. This means that it is a standardized brochure except for the language adaptation. The brochure is composed of eight chapters including

---

25　《中国出境旅游发展年度报告2012》研究成果 (Research Results of Annual Report of China Outbound Tourism Development 2012): http://www.ctaweb.org/html/2012-4/2012-4-13-8-32-54848.html, 01.08.2012

26　MEK is the abbreviation of the Finnish word "Matkailun Edistämiskeskus" which means the Finnish Tourist Board.

27　The original study also included *Finland Travel Agent Manual 2010-2011.*

Central Aspects in Cross-Cultural Tourism Marketing

basics, nature, contrasts, Helsinki, creativity, design, Lapland and wellbeing. In each chapter there are several pictures selected for presenting the theme. The title of each chapter is printed in big handwritten formats. The brochure includes tens of quotations cited from people who have been living in Finland. As is clearly stated on the back cover of the brochure:

> "...We asked people of all ages, from all around the country to send us stories, memories and tips, because we think that what's important to them, is definitely worth telling to the whole world too..."

Several questions are to be answered in this article. First and foremost, how will the brand promise be perceived by MEK's target group on the Chinese market and will this be in congruence with the brand promise in the brochure designed by the Finnish marketers of MEK? That is to say, will the Chinese target group receive the image of Finland correctly and effectively? Secondly, does cultural adaptation play a negative role in the process of marketing communication? If so, how does this hinder the reception and effectiveness? Thirdly, the study will also try to answer to what extent and how the brochure can benefit from standardization and adaptation and whether the brochure should be adapted to the special culture of MEK's targeting market.

2 Brief methodological account

In this case study, interviews were conducted in Beijing, one of MEK's targeting cities in China. Thirteen people were selected in accordance with the description of target group of MEK. MEK's target group on the Chinese market is categorized into two groups, namely visionaires and balance seekers. These are defined respectively by MEK (2010) as:

- Visionaires: "those who channel their energy to the world outside. They aim to stand out from other people with their choices."
- Balance seekers: "those who channel their energy to their own well-being. They seek constantly balance between their own personal interests and social expectations."

Visionaires are considered by MEK as the main target group for Finland because they are 'more curious and multicultural' and they 'aim for personal choices and are more interested in new experiences' (MEK 2010). On the Chinese market, people that match MEK's target group description are described as followed:

- young adults 20-29 years old, but also 35-39 years
- both men and women

- singles and divorced slightly more often (it probably means slightly more single and divorced people)
- high education and income
- likes to go on holidays to places of cultural interest
- regular exercise is important
- reads more of regional newspapers, but national magazines
- tend to buy latest technology before others do
- cycling, walking and rambling the most popular sport activities (MEK 2010)

The interviews were semi-structured (see Bryman 2008: 438). They followed an interview guide but also left space for the interviewees to use their own words and expressions in answering the questions during the interview. The interviewer should also be flexible to ask questions that are not included in the interview guide as he/she picks up on things said by the interviewees. The interviews included four parts, namely personal information, knowledge of Finland (before reading the brochure), questions on pictures and texts in the brochure and other questions.

The interviewees were informed about the topic of the interviews in advance. The interviews were conducted in quiet, undisturbed places such as the interviewees' homes and offices, so that the interviewees could fully concentrate on answering the questions and reading the brochures. All interviews were recorded with a digital audio recorder and later on transcribed on paper in Chinese. Parts of the interviews that are used in this article have been translated into English by the author. The interviewees were numbered from 1 to 13 according to the chronological order of the interviews.

3 Tourism marketing communication

Tourism marketing communication includes every kind of communication between organisation and customer about the tourism product (Ottesen 2001: 35). The basic objectives of tourism marketing communication are: 1) to inform potential visitors about the attributes of the tourism product; 2) to persuade them to buy the product and 3) to remind them to continue buying it (Bennett and Strydom 2001: 136). These are done through various communication tools made by the organisation intentionally, e.g. advertising, direct mailing, sales promotion, merchandizing, sales-force activities, brochure production, internet communications and public relations.

A tourism organisation's marketing communication can be divided into three stages: Firstly, a target market segment needs to be identified together with its interest and the communication method; secondly, the content of the message should be determined, i.e. an image of the product should be described; the stage

Central Aspects in Cross-Cultural Tourism Marketing

123

after this is to communicate the message. It is important to make sure that the messages are understood by recipients exactly the same as they were created. (Beech and Chadwick 2006: 136)

Tourism products have some special characteristics that differentiate them from consumer goods; these are intangibility, perishability, inseparability and heterogeneity. These characteristics should be taken into consideration when marketing tourism products. For instance, the intangibility of tourism products results in high levels of risk in visitors' buying process. Thus, they would seek and study some physical evidence of the destination, such as travel brochures (Beech and Chadwick 2006: 118-119)

3.1 Travel brochures

Travel brochures, as one of the most important marketing communication tools, have always been relied upon by the tourism industry. The development and distribution of brochures present a vital part of the tourism marketing communication (McCabe 2009: 216).

Pike (2008: 269) states that travel brochures can be divided mainly into two types in terms of purpose. The first type is designed for attracting visitors to the destination. It should arouse the need and interest of visitors in visiting the destination and should, therefore, put emphasis on communicating the image of the destination and try to avoid any advertisement in case the image would be disturbed. The second type is more like a travel guide that can be used as a manual of attractions and amenities of the destination to help visitors in details before the trip and/or during the trip. Middleton et al. (2009: 321) also categorise brochures into two kinds, namely 'promotional print' and 'facilitation and information print'. Promotional print includes for example, tour operator's brochures, hotel accommodation brochures, attraction leaflets and so on. Facilitation and information print embraces maps, orientation leaflets/guides, timetables produced by transport operators etc.

Researchers have identified various reasons why travel brochures have been playing a vital role in tourism marketing communication. These can be categorized into four types: Firstly, travel brochures transmit images of destinations and remedy intangibility. Jeffries (2001: 72) suggests that travel brochures provide tangible evidence to the local tourism industry of 'fair' exposure. McCabe (2009: 216) argues that brochures contribute in overcoming intangibility and delivering strong messages about the destination. Middleton et al. (2009: 321) view brochures as 'product substitutes'. Secondly, travel brochures affect visitor's buying decision process positively. Molina and Esteban

(2006: 1039) state that travel brochures are a source of information that assists consumer's decision-making. McCabe (2009: 216) and Middleton et al. (2009: 322) both regard brochures as a form of advertising that can create awareness and interest in the product. Burns and Holden (1995: 111) suggest that the imagery of travel brochures is used for restating that the holiday can fulfil visitors' perceived needs. Rodgers (2001: 153-154) argues that brochures are especially important in the information collection stage of visitor buyer decision process since they offer information for visitors to choose. However, Pike (2008: 270) points out that more research in relation to travel brochures is called for since there has been too little published research about the role and effectiveness of travel brochures in visitor buyer decision making process. Thirdly, travel brochures provide practical information on destinations. Olsen (1998: 112) describes travel brochures as 'geographical manuals' detailing potential holiday destinations. Rodgers (2001: 154) writes that brochures provide detailed information about the trip such as transportation, accommodation, facilities and so on. Last, travel brochures facilitate the communication between organisation and consumer. Middleton et al. (2009: 322) assert that travel brochures save the customer contact time and lead to facilitation.

There have been many and varied opinions about what should be contained in travel brochures. Holloway (2004:288) suggests that brochures should transmit the brand image, determine the product positioning and provide information. He also writes that front cover, paper quality, use of colour, quantity and quality of pictures, thickness, clarity of the text, and product description are the crucial criteria for judging a brochure. Middleton et al (2009: 326) also hold a similar idea to Holloway. Olsen (1998: 112) articulates that the photographs of the brochures should put an emphasis on meeting visitors' emotional expectation such as affording quality family time and the opportunity for exotic social encounters.

Of particular relevance for this study is the distinction between on the one hand, the emotional appeal and interaction and, on the other, the concision and clearness of the information (see Kolb 2006: 245-246). Kolb's argument can be considered as two forms of information that are commonly used in travel brochures. These are impressionistic and factual information. The word 'impressionistic' is defined by Longman Webster English College Dictionary (1984: 738) as: "based on or involving subjective impression as distinct from knowledge, fact, or systematic thought". That is to say, impressionistic information is subject to individual interpretations. Factual information, however, is objective and not subject to individual interpretations. There have been few studies on the comparison of impressionistic and factual information. Darley and Smith's (1993: 110) study on 'objectivity of product advertising

Central Aspects in Cross-Cultural Tourism Marketing 125

claim' demonstrates that objective, factual product claims lead to more favourable brand attitudes than subjective, impressionistic claims.

One thing for sure is that the brochures need to delineate the distinctive identity of the destination as well as the image of people (Pritchard and Morgan 1995) and should try to avoid transmitting the same image as another destination. However, many brochures lack strong appeal for the niche market inasmuch as they are too generic and undifferentiated (McCabe 2009: 216). Alford (1998) cites a study commissioned by English Tourist Board that RTBs[28] generally still produce their main regional brochures with the attitude of being all things to all people. In addition, the authenticity of the pictures and texts represented in the brochures has also been a problematic issue (Holloway 2004: 292-293)

3.2 The marketing communication environment

Marketing communication is implemented in a certain environment where there are different kinds of factors affecting marketing management's ability to build and maintain successful relationships with target customers (Kotler and Armstrong 2010: 90). These factors are comprised of a complex set of interacting people, process, situations and technologies (Varey 2002: 96), which can be divided in to two categories, namely microenvironment and macroenvironment. Microenvironment represents the factors close to the organisation that affect its ability to serve its customers (Kotler and Armstrong 2010: 90) and is considered to be controllable (Varey 2002: 96), whilst macroenvironment refers to the wider societal factors that affect the microenvironment (Kotler and Armstrong 2010: 90) and is normally beyond the control of the organisation.

One the one hand, organisations need to adjust their marketing communication according to the changing microenvironment which is particularly reflected in two aspects. First, the objective of marketing is to meet and exceed consumers' needs and expectations. In the last decades, however, consumers are becoming more experienced and have higher expectations for the quality of tourism products. They are aware of organisations' communication strategies and are able to choose the brands that meet their needs. On the other hand, organisations need to constantly adapt in response to the never-ending environmental changes, including the political, legal and regulatory context, sociocultural and economic trends, and the media and industry trends. The analysis of the environment is essential and significant to marketing communication because every part of it is affected. This is especially important

---

28 RTB is the abbreviation of regional tourist board.

to tourism marketing organisations since the tourism industry is highly susceptible (McCabe 2009: 49-50).

However, in the cross-cultural context, organisations are facing different cultures. This means that both the microenvironment and the macroenvironment could be totally different from that of the organisations. However, whether marketing communication can convey the message correctly and efficiently becomes a major challenge.

3.3 Cross-cultural communication

To define the word 'culture' is not an easy task because culture is a broad, complex and multidimensional phenomenon (Reisinger 2009: 86). Different definitions explain 'culture' from different perspectives and they propose varied understandings of the composition of culture. In this article, which focuses on cross-cultural marketing communication, the definition of culture from Thomas (1996: 112) is adopted. He describes culture as:

> "…an orientation system that is universal but highly typical of a society, organisation or group. This orientation system is built upon specific symbols that are handed down from generation to generation within the society, organisation or group. It influences the perception, thoughts and actions of all the members and therefore defines their affiliation. Culture as an orientation system provides a structure for the field of action of an individual belonging to the society, organisation or group and therefore creates the requirements for the development of separate ways in which to deal with one's surroundings."

The concept of 'orientation system' represents the core of Thomas's definition of culture. According to Thomas et al. (2003: 239), an orientation system is comprised of specific symbols such as languages, meaningful signs and typical behaviour patterns. It provides reliable knowledge of the physical and social environment and thus fulfils the essential needs of orienting oneself in the society. Culture embraces mutual values, norms, knowledge, attitudes, morals, behaviour patterns and regulations which influence the way an individual feels, thinks, acts considers and the way one understands oneself and others (Mitchell 2000: 5). On the one hand an orientation system provides possibilities and stimulations for action; on the other hand it also sets conditions and boundaries (Thomas 2003). Such an orientation system enables all members of a group a quick, smooth and understandable communication (Mitchell 2000: 5). Thomas (1996: 112) suggests that every culture has a unique 'cultural standard' that distinguishes it from all other cultures. 'Culture standard' determines who belongs to a culture and who does not. In other words, culture is "…whatever it is one has to know or believe in order to operate in a manner acceptable to... [society's] members" (Goodenough 1957: 167).

Cross-cultural communication, sometimes also referred to as intercultural communication (Hartley and Bruckmann 2002: 47), examines how communication works between different cultures. Gudykunst (2003: 1) suggests that cross-cultural communication and intercultural communication are two different concepts. Intercultural communication deals with communication between people from different cultures whilst cross-cultural communication involves comparisons of communication across cultures. However, he also acknowledges that this issue has always been controversial. In this article these two terms are used interchangeably, because the two aspects mentioned above are interdependent.

3.4 Standardisation and adaptation

The debate on standardization and adaptation of cross-cultural marketing communication has been controversial and heterogeneous during the past five decades (De Mooij 2010: 14). For example, Copley (2004: 426) states that advertising is the least culture-bound among all the communication tools while Usunier and Lee (2009: 376) affirm that advertising is the most culture-bound element. In addition, the service industry has been largely ignored since most of the studies investigate products of the manufacturing industry (Cavusgil et al. 1993: 492; Chung 2003: 50).

The standardization of cross-cultural marketing communication is based on the assumption that a convergence of cultures has been brought about by faster means of communication (Srinivasan 2008: 74). As pointed out by Copley (2004: 406), standardization is possible where audiences are similar. Harvey (1993) supports standardized advertising with the following arguments: 1) it provides consistent image across markets; 2) it avoids confusing mobile consumers; 3) it may decrease the cost of preparing campaign themes, copy and materials; 4) it enables firmer control over the planning and execution of campaigns across markets.

However, supporters of adaptation think that differences between cultures should be recognized and different marketing communication approaches should be designed for markets with different cultural backgrounds (Srinivasan 2008: 74). Usunier and Lee (2009: 376) claim that culture influences advertising to a large extent since advertising is based on images and language. Jeannet and Hennessey (2001: 483) state that one of the main reasons for 'global advertising mistakes' is the ignorance of cultural attitudes of consumers in foreign countries.

A comparative study between the American and Chinese responses to advertising conducted by Zhang and Neelankavil (1997) shows that Americans prefer individualistic appeal whereas Chinese prefer collective appeal. Burton (2009: 102) argues that only paying attention to cultural differences on a national level is far from enough as there are various sub-cultures existing in many countries and he raises the example of 'Hispanic ads' in the US. He also refers to a study conducted by Sar (2007) and writes that even in countries which are considered culturally similar to each other, such as Vietnam and Thailand, the emphases of advertisements have great differences. It is also claimed that fundamentals such as core values of the brand does not necessarily need to be changed by the adaptation (Copley 2004: 407).

4 Research Results

Before we advance into deeper analysis, the presentation of the research results will concentrate on three aspects, namely the general image of Finland before and after reading the brochures and a detailed analysis of the reception of the brochure.

4.1 Image of Finland before reading the brochures

During the interviews, all interviewees claimed that they knew or at least had heard about Finland. School books and television are two sources which were most frequently mentioned by the interviewees. Finnish people, friends and relatives, the internet and maps are also the sources from which the interviewees had learned about Finland.

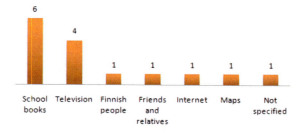

Table 1. Sources from which the interviewees learned about Finland

No interviewee was planning to visit Finland in the near future. In terms of interest in visiting Finland, most of the interviewees had never thought about travelling in Finland, because "Finland is not very famous and there are many other countries to visit" (Interviewee 2); "I do not know anything about Finland" (Interviewee 6); "I do not have much impression about Finland" (Interviewee 13). Some interviewees stated that they would stop in Finland when travelling in Europe or Northern Europe, but there was no special desire to visit Finland in particular. However, some interviewees said that they would like to visit Finland (very much). These interviewees referred to, for instance, 'beautiful nature scenes especially in northern area' (Interviewee 4) and 'nice place for having summer holidays' (Interviewee 5) etc.

The most common image of Finland among the interviewees was that Finland is a cold Nordic country. They associated Finland with ice, snow, coldness, northern Europe, the North Pole, the Arctic Circle and the Arctic Ocean. Interviewee 8 especially mentioned long nights, short days and short summer. It was not hard to tell that most of the images of Finland among the interviewees were based on their knowledge of the geographical location of Finland. For them, being located in northern part of Europe would mean winter, coldness, snow, ice, darkness etc. Except for interviewee 5 who mentioned that 'summer in Finland is comfortable', no other interviewees mentioned summertime in Finland, warm weather, long days and short nights, the midnight sun or so on.

Nature was also mentioned quite often by the interviewees by using words like beautiful natural scenes, good-looking aurora, beautiful lakes, beautiful northern area, seal and salmon etc. As for the sociocultural aspect, good welfare, small population, well-educated people, tall and strong people were associated with Finland. Interviewee 8 especially mentioned 'a hippopotamus-like cartoon figure', 'a kind of tasty candy' and 'canned salty fish'. The reason why she had these images in her mind was because she once transferred flights at Helsinki Vantaa airport. Nevertheless, she did not further specify the name of the cartoon figure (by which she probably meant the Moomins), the tasty candy or the canned fish.

The interviewees used a range of adjectives to describe their images of Finland in a general way such as clean, beautiful, quiet, relaxed, simple, unsophisticated, romantic, fairy-tale and mysterious. All these words were positive descriptions about Finland. The interviewees also associated Finland with two colours which were white and blue. This was quite interesting as the national flag of Finland is composed of these two colours. Compared with blue, white was more often mentioned, usually together with winter, snow and ice.

Nevertheless, it was extremely hard for some interviewees to find words to describe their images about Finland. Interviewee 6 only knew that Finland was a cold European country. Interviewee 7 only mentioned words cold, snow and Canada-like. Interviewee 10 described Finland as 'a very clean European country'. Interviewee 11 and 13 did not find any word to describe Finland and they even showed difficulties in distinguishing Finland from Holland. A probable explanation for this could be that both countries are located in Europe and their names sound and are written similarly in Chinese. For example, when being asked about his image of Finland, interviewee 11 answered "wooden shoes" and "windmill", but then he realized that these things were from Holland. Interviewee 13 also claimed that she would mix Finland up with Holland.

The difficulties in describing Finland were also evident in another way. Some interviewees tried to use other nations to describe their images of Finland, for example, Canada-like climate, Russian-like people and Japanese-like language. This showed that Finland had not conveyed a direct image in their minds. They needed to use things that they were familiar with to describe Finland. Another example is 'Eskimo' mentioned by Interviewee 9. Actually, Eskimos do not live in Finland but mainly in North America and Greenland. However, a plausible way to understand this false association is the fact that they both Eskimo and Finland are connected with coldness, snow and ice.

4.2 Image of Finland after reading the brochure

After reading the brochure, the interviewees showed some differences in their images of Finland. The most obvious difference was that nature became the main topic of the answers. Eleven interviewees perceived Finland with the word 'nature' or 'natural'. They associated Finland with beautiful natural scenes, lakes, islands, environment, crystal-clear water, primitive nature, no pollution, (safe) forest, etc. They also used beautiful, organic, quiet, vast, fresh, clean and pure to describe the nature of Finland. The colours associated with Finland turned from white and blue into green. The interviewees used green, green trees, green food (organic food) to describe Finland after reading the brochure.

In addition, the interviewees paid much attention to the lifestyle of the Finnish people. They used words and phrases such as leisurely, simple, unsophisticated, free, relaxed, easy, comfortable, true life, and "enjoy the fun of nature". Interviewee 8 felt that Finns aspired to a comfortable and easy (life) condition instead of a commercial way of living. If she were travelling in Finland, she would not spend time shopping but enjoy the primitive nature and relax. Interviewee 9 stated that travelling in Finland would be a process of sublimating one's spirit. Interviewee 13 considered Finland as a country with 'good taste'. This perception might have derived from chapter 6 of the brochure that introduces Finnish design since Interviewee 13's occupation was related to fashion and design.

As for creativity and the Finnish design, most of the interviewees did not mention anything. Interviewee 8 commented some words on this but her comments were rather negative. She thought that the pictures selected could not reflect the feeling of design or the title of the chapter "the home of design classics". She also stated that the fashion shown on page 42 and 43 (see Figure 1 below) were not necessary since "the Finnish fashion is not competent worldwide and thus it should not be chosen as the symbol of Finland" (Interviewee 8).

An interesting change was that after reading the brochure only interviewee 10 and interviewee 13 mentioned cold, snow or ice. However, neither of them mentioned anything related to these before reading the brochure. On the contrary, interviewees who mentioned cold, snow or ice before did not say anything about these this time. Instead, they concentrated on Finland's nature and the lifestyle of Finnish people. A likely explanation for this could be that when reading the brochure, they skipped or paid less attention to the image of Finland that they already had but focused on the new information.

According to the analysis above, one can conclude that the brochure could play an important role in conveying Finland's image to the Chinese target group, especially in supplementing the specific images of Finland that are not well-known among the Chinese potential visitors. Interviewee 8 commented:

> "…The picture on page 62 (see Figure 2 below) looks very nice and comfortable. Probably the Finns are quite tender. Although they are very strong and valiant in my impression, they might be very friendly and gentle…"

In addition, the brochure structuralizes the fragmented images of Finland in the interviewees' minds and helps to build up a relatively coherent image of Finland to some extent. Before reading the brochure, the interviewees used more separated words and phrases to describe their images of Finland while after reading the brochure more complete sentences were expressed. However, only three interviewees affirmed that they were attracted by both pictures and texts of the brochure. The rest of the interviewees were either not attracted by the brochure or only partly attracted by some pictures.

The positive aspect of the reception of the brochure presented above is only part of the whole result. The major problems of the reception of the brochure will be presented in detail in the following text.

Figure 1. Fashion

Figure 2. Dancing

Figure 3. Sauna and blowing dandelion

4.3 Reception of the brochure

As a brochure filled with pictures, the brochure conveyed a rough and simple image of Finland (Interviewee 1) and Finland's basic condition (Interviewee 5). It gave special focus on Finland's natural scenes such as lakes, snow and aurora (Interviewee 1). Yet it did not present an overall image of Finland (Interviewee 5). In the following parts, the interviewees' comments on the brochure are categorised into 9 groups, which will be analysed respectively.

4.3.1 Pictures are more preferred than texts

Most of the interviewees showed preference for pictures than texts. Interviewee 3, 11 and 13 claimed that when they were reading the brochure, they only paid attention to the pictures but ignored the texts. Many interviewees considered the pictures 'beautiful', 'classic', 'well-selected', 'eye-catching', 'attractive', 'post-card-like' and 'fascinating'.

Interviewee 6 put forth that pictures could bring bigger visual impacts and imaginary space than texts and they thus could lead to a deeper impression. Interviewee 7 also commented that pictures were more direct-viewing and acceptable than texts.

4.3.2 The order of the pictures is illogical

However, many interviewees expressed that the order of the pictures in the brochure was not logical. For example, Interviewee 2 considered the pictures as 'disorderly and unsystematic'. Interviewee 3 commented that the beauty of each picture was reduced by the disorder. Interviewee 8 stated that she did not obtain an overall concept from the brochure since the pictures were too fragmented, e.g. the picture on page 37 shows of a sauna centre, but the page next to it shows a girl blowing a dandelion (see Figure 3 above). Interviewee 11 enounced that many pictures that belonged to a certain chapter could also be categorized into another chapter. For example, all pictures of nature could be categorized into the first chapter 'nature'. Interviewee 12 said that pictures of different themes scattered in different chapters of the brochure, which resulted in a feeling of repetition. She suggested that pictures of a same theme should be put together and given a certain keyword.

However, interviewee 7 expressed understanding for the pictures despite the lack of logic or order, because "the memory of a human being is probably random; no matter how logical it could be, one would only remember the pictures that can cause empathy". Interviewee 6 also held a similar opinion.

4.3.3 The brochure does not show distinctions of Finland

The interviewees perceived Finland as a Nordic country (Interviewee 1, 2, 3, 9, 10, 11, 12) with 'Nordic-styled' lakes and cottages (Interviewee 4). They would like to visit Europe or Nordic countries (Interviewee 8, 11, 12) but not especially Finland. Many interviewees claimed that the pictures did not show special features that distinguish Finland from other Nordic countries, especially from Sweden. Interviewee 12 posited that he did not find any differences between Finland and Sweden by looking at the pictures in the brochure. Interviewee 6 claimed that the pictures in the brochure were not featured and could not express Finland's distinction. She thought the scenes in the picture could also be found in some other countries. She would be more attracted to the pictures that show the uniqueness or the distinct culture of Finland. Interviewee 8 also claimed that she was keen to see pictures that show local culture and customs, for example, a scene of a crowded market place.

Some interviewees also averred that Finland lacked something that could be associated with. According to the interviewees, one could easily associate Italy with the Coliseum and gondolas (Interviewee 12), Paris with the Eiffel Tower (Interviewee 2 and 8), Japan with the Fuji Mountain (Interviewee 11), and Nordic countries with snow, skiing and coldness etc. (Interviewee 12). However, one can scarcely associate Finland with anything (Interviewee 12). Interviewee 2 expressed that the pictures in the brochure were 'quite nice and beautiful' but 'not touching'. "I would not regret if I never visited Finland", as she expressed.

4.3.4 The brochure lacks basic information on Finland

The brochure is called 'The Insider's Guide'. This probably indicates that MEK's marketing communication within the brochure is based on the assumption that its target group has already obtained some basic information (or even advanced information) on Finland.

However, this study showed that the interviewees, which belong to MEK's target group in China, lacked basic information on Finland and therefore their images of Finland were rather scattered and disjointed. Interviewee 10 explained,

Central Aspects in Cross-Cultural Tourism Marketing 135

"It (the brochure) lacks basic information about the country. For people like me who am not familiar with Finland, it is really hard to integrate every small part into a whole Finland because I do not even have a general image of Finland." (Interviewee 10) For example, 'sauna' is not anything new in China, but hardly could any interviewee associate it with Finland. Interviewee 8 became very confused when she saw the picture of a public sauna on page 37 (see Figure 3 above, right side). She did not know that sauna originated from Finland and the word 'sauna' came from the Finnish language. Interviewee 9 and interviewee 13 found the picture on page 20 and 21, which showed a traditional birch broom and a wooden bucket for Finnish sauna with a lake/the sea in the background, very confusing (see Figure 4 below). They did not understand why the brochure showed them an unfeatured 'bonsai' or 'plant' because they have probably never used or even seen a sauna broom like this before. This particular picture might also present some deeper cultural meanings. Located in chapter 3 that is titled with 'contrast', the picture probably wanted to show several contrasts to the readers, for instance, enjoying the hot sauna and swimming in the cold water; relaxation in the cottage and stressful urban life etc. These contrasts might seem very obvious to Finns since sauna has been an important part of their lives. However, the average Chinese visitor would not understand these indications or even the most basic information that the picture presented.

4.3.5 Long shot pictures and non-impressionistic pictures are preferred

The above mentioned example (Figure 4 below) is also connected to another problematic feature of the brochure, i.e. the impressionistic pictures. The use of impressionistic pictures is in correspondence with MEK's aim to provide subjective and individual voices. But according to this study, this emphasis of MEK has resulted in a barrier in the communication.

Interviewee 8 enounced that close-up pictures could not express the feature of the country. This is exemplified by Figure 5, a close-up picture showing a reindeer in Lapland, which is very confusing according to interviewee 8. She claimed that she would like to see where the reindeer was standing and how its surroundings looked like. Interviewee 9 also expressed that he would be attracted to pictures with broad views.

Similarly, impressionistic pictures were also considered confusing by some interviewees. Interviewee 9 and interviewee 13 expressed that if the pictures were too impressionistic, one could hardly understand what Finland really looked like, because they would concentrate on appreciating the art of the pictures and ignore other information. Interviewee 13 explained this problem with two pictures shown in Figure 6 and 7. He found Figure 6 attractive because of its broad view. Yet Figure 7, showing a basin of potatoes being washed, confused interviewee 13 and he could not figure out what the picture meant or what kind of feeling it indicated. Besides, there was no instructive text to explain the picture. Probably the marketer would like to convey a feeling of enjoying the nature, the happiness of having new potatoes (which is considered as an important part of the Finnish culture), the warm weather of early summer and the nice old-style basin. From a Finn's perspective, this picture might be associated with a red wooden summer cottage and a beautiful lake in the surrounding area. Nevertheless, such associations were apparently beyond the imagination of interviewee 13 who had been living in one of the biggest cities in China and had possibly never seen such things in his life before. Impressionistic pictures of this kind cover a large part of the brochure and they are intended to carry significant associations and values.

Figure 4. Contrast

Figure 5. Lapland   Figure 6. Nature 1   Figure 7. Nature 2

4.3.6 Opinions about quotations in the brochure

A special feature of the brochure is that most of its texts were quotations of stories, memories and tips of some local Finnish people. The interviewees held different opinions about this feature. The supporters expressed that "it is more authentic and closer to the reader in comparison with official words" (Interviewee 9 and 12), "it is very interesting to hear what Finnish people think about their own country" (Interviewee 6), "the texts are very eye-catching and precisely explain the living condition of the local people" (Interviewee 10). Interviewee 5 noticed that most of these quotations described local people's living conditions. She expressed that she felt very relaxed when she read them, such as:

> "Mikael, 29: We used to go fishing with my father when I was a boy. We could sit on a boat with our fishing rods in complete silence for hours. Only a few words now and then just to remind us we were still sitting on the same boat together..."

Nonetheless, interviewee 5 also expressed that it was difficult to arouse the reader's empathy because a visitor could hardly feel what local people felt. Interviewee 9 stated that quotations describing good social system and good welfare might be important for immigrants but not for visitors. Interviewee 13 commented that the brochure only showed opinions of Finns but neglected the fact that it was facing the Chinese market. He further on stated that it was very important for him to see how Chinese visitors think about Finland, what they explored when travelling in Finland because "the perspectives of Chinese visitors could be very different from that of Finns" (Interviewee 13).

4.3.7 Texts and pictures do not match each other

Some interviewees stated that the pictures and texts in the brochure did not fit each other well and sometimes they even expressed totally different things. For example, the picture on page 33 illustrated some people walking along the riverside (or seaside) in the sunshine, which was considered beautiful by interviewee 8. However, the quotation below was about the Tölöö indoor swimming pool and the public sauna. The quotation was not an explanation of the picture at all. Interviewee 9 also found some mismatching between pictures and texts.

Interviewee 8 stated that the texts in the brochure should be beautiful and brief in order to build an image in the reader's mind. If it matches the picture, the image would be built more efficiently.

4.3.8 Brief and explicit texts are preferred

Most of the interviewees enounced that they preferred brief, clear and explicit texts with big fonts. Some interviewees thought that there were too much texts in the brochure and it felt little pleonastic. Ideally there would be only one sentence to describe each picture (Interviewee 2 and 3) or even only a word or a phrase (Interviewee 3 and 12). Besides, explicit texts were more preferred than implicit texts. Interviewee 12 claimed that implicit texts should not be used in the brochure because she did not have relevant knowledge of Finland to cope with them and therefore the texts would become incomprehensible to her. For example, the sentence 'from 100 to 0 in a few seconds' on page 21 confused her and several other interviewees. The marketer wanted to show that Finland was a country with contrasts using a sentence alluding to car advertisements. Yet it might not be seen as contrast by the Chinese people. On the contrary, explicit texts would be easier to understand and would help to build up images of Finland. Besides, texts that are written in small fonts would be easily neglected and big fonts would attract more attention (Interviewee 1).

4.3.9 The styles of the pictures are not united

As interviewee 8 expressed, some pictures did not match the overall style of the brochure. The whole brochure conveyed an impression of delicacy and fineness to her. However, the pictures in chapter 6 (Figure 8) that introduced the Finnish design appeared to be a totally different style because this part looked like 'a product catalogue of IKEA[29]' (Interviewee 8). She pointed out that the mismatching of picture styles did not only exist in chapter 6 but also in other chapters, for instance, the world map in chapter 1 was printed totally in light pink, which was inconsistent with the colours and styles of other pages.

5 Analysis and Discussion

Having the results of the interviews presented above, it is now time to see what they actually mean to the objective and questions of this study. The purpose of this study is to investigate if the brand image of Finland is correctly and effectively perceived by the Chinese target group through Finland's travel brochures designed by MEK. To answer this question, it is needed to go back to

---

29   IKEA is a Swedish design company.

Finland's brand promise and to compare it with the images perceived by the interviewees in order to see whether they are in accordance with each other.

Figure 8. Finnish design

Brand promise	MEK's definition	Images received from the brochure
Creative	Technologically, academically and culturally attractive; architecture and design; with a touch of creative madness.	(Good taste)
Cool	Nice, happening, trendy, refreshingly crisp.	Beautiful, fresh, relaxed, clean, pure, free, easy, comfortable, leisurely etc.
Contrasting	Seasons, east/west, cold/warm, midnight sun/winter darkness, sauna/ice swimming.	Summer/winter, cool/cold.
Credible	Efficient infrastructure, services, safety and security, and technology.	Safe (forest), green (organic) food, no pollution.

Table 2. Comparison of Finland's brand promise and the image received by the interviewees

MEK uses the '4Cs', i.e. 'creative', 'cool', 'contrasting' and 'credible' to describe Finland's brand promise. The definitions of the '4Cs' were already presented in chapter 3. The '4Cs' are intentionally imbedded in the brochure and they can be easily identified from the different themes in the brochure. For instance, chapter 5 'creativity' and chapter 6 'design' mainly represent the word 'creative'; Chapter 3 'contrasts' is obviously the representation of the word 'contrasting' and chapter 8 'wellbeing' represents 'credible'. Certainly each chapter does not only communicate one aspect of Finland's brand promise since some pictures and texts contains two or more "Cs", for example, the word 'cool' can be found in all three chapters mentioned above.

Whether the interviewees have received these messages from the marketers is to be discussed now. Table 2 demonstrates the comparison of MEK's brand promise and the images received by the interviewees. Obviously, 'cool' was most effectively communicated because almost all of the interviewees expressed some words that were similar to MEK's explanation of 'cool'. In contrast to 'cool', however, the other three "Cs" were less effectively perceived by the interviewees.

Regarding the word 'creative', only interviewee 13 mentioned 'good taste'. Yet the meaning of 'good taste' was not clear because he did not specify from which perspective the 'taste' should be understood. It could mean, for example, that Finns have a 'good taste' in lifestyle. But probably interview 13 meant a 'good taste' in design since he later on mentioned that the introduction of the Finnish design aroused his interest because his occupation was related to it. Other perspectives of 'creative' such as technologically, academically and culturally attractive and architecture were not articulated by the interviewees. As for 'contrasting', except for interviewee 5 who mentioned cool summer and cold winter, no other interviewees remarked any obvious contrast in their comments after reading the brochure regardless of the fact that the whole chapter 3 was about contrast. One thing that could possibly explain this is that the logic of the pictures was not understood by the interviewees. The frequent change of different themes and styles of pictures might have reduced the impression of contrasting. The interviewees' answers such as "safe forest", "green food" and "no pollution" can be seen as interpretations of the word 'credible' regarding safety and security. 'Efficient infrastructure' was not mentioned in the comments of the brochure.

After reading the brochure, more than half of the interviewees claimed that they would like to visit Finland or at least their interests in visiting Finland had been more or less increased. Interviewee 5 gave an interesting answer:

> "...For me I think Finland must have a very cool summer, so it would be very nice to spend a summer holiday there. However, it is next to the North Pole, which means the world of ice

> and snow must be better, yet might be too cold for me. It is such a conflict and I do not know if I should go there in summer or in winter..."

Some of the interviewees suggested that the brochures could have been designed in a finer, simpler and more artistic way so that even if they were not going to visit Finland in the near future, they would be very glad to keep the brochures and even to show them to their friends and relatives.

However, this result is minor in comparison with the main result of the interviews. The problems presented in 5.3 show that Finland's brand promise was generally not effectively communicated through the brochure. Generally, these problems can be summarized into two main points: strong emphasis of impressionistic information and lack of factual information. These will be now discussed in the following section.

5.1 Impressionistic versus factual information

A recurrent aspect in the results is that the pictures and the texts in the brochure were too "impressionistic" and "implicit" so that the interviewees could hardly comprehend the meanings of these.

The impressionistic pictures in the brochure illustrate varied details of Finland in an artistic way, for example, the picture that shows a sauna bucket together with a sauna broom (Figure 4) and the picture that shows a pair of hands washing potatoes (Figure 7). The information that these pictures try to convey does not (only) focus on the facts shown in the pictures but rather on the feelings and the associations connected to them and contexts they belong to. The implicit texts in the brochure, such as "from 100 to 0 in a few seconds" (MEK 2009: 21) and "size does not matter" (MEK 2009: 29), also have the same intention as the impressionistic pictures. These pictures and texts were created or selected based on the marketer's culture. Nevertheless, the feelings and associations connected to them vary because they depend largely on one's cultural background. For Finns, the sauna broom in Figure 4 could really mean a sauna broom and they could also easily understand the culture connected to it. Yet for the interviewees it was perceived as "bonsai" or "plant" because the concept of "sauna broom" did not exist in their culture. The impressionistic and implicit features are not accessible to the interviewees. In contrast to impressionistic information, the factual information that concentrates on the facts instead of on the feelings and associations would be more easily and correctly to understand.

So far there have been few studies on the comparison of impressionistic and factual information. Darley and Smith's (1993: 110) study on 'objectivity of product advertising claim' demonstrates that objective, factual product claims lead to more favourable brand attitudes than subjective, impressionistic claims. In addition, the study also shows that factual information is perceived as much more credible than impressionistic information. Berens' (2004) study on corporate social responsibilities yields similar results as Darley and Smith's. This study also showed similar results. The interviewees showed difficulties in understanding the impressionistic information and more favour to the factual information. They also claimed that the brochure lacked explanations for the pictures. As for the credibility of the information, the interviewees were not suspicious about the authenticity of the pictures and texts. However, the impressionistic information is not able to present the target group enough "physical evidences" which, according to Mill and Morrison (2002) is essential in tourism marketing. The information presented in the impressionistic pictures, for example, the sauna broom (Figure 4) and the potatoes being washed (Figure 7) are probably not central as such to what the target group would experience when travelling in Finland. In addition, the brochure does not show any context for these impressionistic pictures either. What the visitors need is something real that they can experience in person, or at least that they can understand, such as the island and the lake illustrated in picture 6 or a scene of a market place described by interviewee 8.

However, this does not mean that the impressionistic information lacks relevance. My results were in accordance with Kolb's (2006) emphasis of also emotional appeal and interaction. Further, Berens (2004: 154) also argues that when people have less involvement with the issues discussed in an advertisement, impressionistic information may be more useful for inferring something about the company than factual information. This was also reflected in the interviews. Interviewee 13 stated that impressionistic information could present cultural elements very well and therefore it was attractive.

Hence, in this study the impressionistic features are showed to be culturally dependent and the balance between impressionistic and factual information is very crucial in the marketing communication through brochures. The ineffectiveness of the brochure was due to lack of factual knowledge. As Dinnie (2008: 225) affirmed, mistaken assumption about consumer knowledge is one of the common mistakes in advertising that one needs to be aware of within the frame of nation branding. When marketing a destination to a target group of a different culture, one should pay special attention to the knowledge of the target group so that impressionistic and factual information are well balanced. It would have been very necessary for MEK to communicate in an easier and more understandable way so that its target group in China could perceive Finland more effectively and correctly. MEK should have tried to use much basic information to introduce Finland to the Chinese target group, on the one hand to show things

Central Aspects in Cross-Cultural Tourism Marketing 143

of Finland that they might not know and on the other hand to bridge the already obtained knowledge with Finland. Just as interviewee 10 expressed:

> "Only the combination of pictures and texts (explanations of the pictures) can bring me to the impressionistic world illustrated by the brochure, otherwise it would feel very illusory because the living condition in Finland is different from that in China."

5.2 Standardization vs. adaptation

After the previous discussions, the question about whether or not the brochures should be adapted to the Chinese market becomes clear. According to the result of this study, the statement of the standardization school presented in 3.4, that markets are heterogeneous because of a converging commonality brought by the modern communication, is not well presented on the Chinese market. In fact, seldom do marketers use completely standardized advertising when marketing globally. A study on international advertising strategies of multinational corporations conducted by Hite and Fraser (1988) shows that among the companies that advertise internationally, more than half (55.6 per cent) of the companies adapt their advertising partly; only 8.1 per cent use completely standardized advertising and the rest use localized advertising.

MEK's selection of target groups in different countries was based on the description of its general target groups – visionaires and balance seekers (see 2). However, the visionaires and balance seekers have different cultural backgrounds in different countries. Their perceptions of the brochures could be very different from each other and the marketing communication of MEK could result in conveying different images of Finland in different cultures. In this sense, standardization would not keep a same image of the product on different markets. On the contrary, if marketing communication is adapted to different situations of markets so that the same image of product could be communicated in the most effective ways, the cultural differences would be accommodated and the objectives of the marketing communication would be easily achieved.

Actually, the only adaptation of the brochure to the Chinese market was the translation of the Chinese language. However, this study has indicated that this only adaptation made for the Chinese market was far from enough. Even the language translation was perceived by some interviewees as "typical translation from a foreign language which is not as natural as the language used in China" (Interviewee 8).

Thus, more adaptation of the brochure for the Chinese market is definitely needed. It would be advisable for MEK to design its marketing communication tools according to its target group's knowledge and needs on the Chinese market.

6 Conclusion

The conclusions of this study could be summarized in the following three points. Firstly, Finland's brand promise was not effectively communicated through the brochures. Only part of the brand promise was perceived by the interviewees. Secondly, the main reason for the ineffectiveness of the brochure was that its culture-bound contents affected the communication process negatively. This was reflected in the mistaken assumption about the target group's knowledge of Finland. Finally, more adaption for the brochure would be needed, especially a better balance between impressionistic and factual information.

In addition, this study only focused on the Chinese market and thus demonstrated the interpretation of the brochures from one cultural perspective only. Since the brochure is also present in different languages in several other countries, for example, Italy, Spain, Holland, Japan and India. Comparative studies on these markets would be valuable. It would be relevant to see how target groups on these markets interpret the brochure, whether their understanding of the texts and pictures would be influenced by different cultures. It would also be worthwhile to investigate the brochure's reception in Finland because in this article it was assumed that impressionistic images could be correctly and effectively communicated to Finnish audiences.

Bibliography

Alford, P. (1998). Positioning the Destination Product: Can Regional Tourist Boards Learn from Private Sector Practice? In *Journal of Tourism & Travel Marketing*, 7 (2), 53-68.

Beech, John and Chadwick, Simon (2006). Introduction – The Unique Evolution of Tourism as "Business". In Beech, John and Chadwick, Simon (2006): *The Business of Tourism Management*. Pearson Education, Essex.

Bennett, J.A. and Strydom J.W. (2001). *Introduction to Travel and Tourism Marketing*. Juta Education, Lansdowne.

Berens, G. A. J. M. (2004). Corporate Branding: The Development of Corporate associations and their Influence on Stakeholder Reactions. Erasmus Research Institute of Management, Rotterdam.

Bryman, A. (2008). Social Research Methods. 3rd edn.. Oxford University Press, Oxford.

Burns, P.M. and Holden, A. (1995). Tourism: A New Perspective. Prentice Hall, London.

Burton, D. (2009). *Cross-Cultural Marketing: Theory, Practice and Relevance*. Routledge, Abingdon and New York.

Cavusgil, S., Yaprak, A. and Yeoh, P.-L. (1993): A Decision-Making Framework for Global Sourcing, in: *International Business Review*, 2(2), 143–156.

Central Aspects in Cross-Cultural Tourism Marketing

Chung, H. F. L. (2003): International Standardization Strategies: The Experiences of Australian and New Zealand Firms Operating in the Greater China Markets, in: *Journal of International Marketing*, 11(3), 48–82.

Copley, P. (2004). *Marketing communications management: concepts and theories, cases and practices.* Elsevier Butterworth-Heinemann, Oxford and Burlington.

Darley, W. K. and Smith, R. E. (1993). Advertising Claim Objectivity: Antecedents and Effects. *Journal of Marketing*, 57 (October), 100–113.

DeMooij, M. (2010). *Global Marketing and Advertising: Understanding Cultural Paradoxes.* 3rd edn.. SAGE Publications, California.

Dinnie, K. (2008). Nation Branding: Concepts, Issues, Practice. Butterworth-Heinemann. Oxford and Burlington.

Goodenough, W. H. (1957). Cultural anthropology and linguistics. In: R. M. Keesing (1981), *Cultural Anthropology: A contemporary perspective.* Holt, Rinehart and Winston, New York.

Gudykunst, W.B. (2003). Cross-Cultural Communication: Introduction. In Gudykunst, W.B. ´(Ed.) (2003). *Cross-Cultural and Intercultural Communication.* Sage Publications, California.

Hartley, P and Bruckmann, C.G. (2002). *Business Communication.* Routledge, London and New York.

Hite, R. and Fraser, C. (1988), "International advertising strategies of multinational corporations", Journal of Advertising Research, Vol. 28 No. 4, 9-16.

Harvey, M.G. (1993). Point of View: A model to determine standardization of the advertising process in international markets. In *Journal of Advertising Research*, 33 (4), 57-65.

Holloway, J.Ch. (2004). *Marketing for Tourism.* 4th edn. Pearson Education, Essex.

Holmén, M. (2009). Visit Finland as the Challenger Brand of Travel Marketing. [URL] http://www.mek.fi/W5/mekfi/index.nsf/730493a8cd104eacc22570ac00411b4b/0a864599076449 28c22575a0002c9d38/$FILE/Holmen_VisitFinlandSeminaari_210409.pdf. [visited on Jun 12th, 2011].

Jeannet, J.P. and Hennessey, H.D. (2001). *Global Marketing Strategies.* 5th edn.. Houghton Mifflin, New York

Jeffries, D.J. (2001). Governments and Tourism. Butterworth-Heinemann, Oxford.

Kolb, B.M. (2006). *Tourism Marketing for Cities and Towns: Using Branding and Events to Attract Tourists.* Butterworth-Heinemann, Burlington and Oxford.

Kotler, P. and Armstrong, G. (2010). *Principles of Marketing.* 13th global edn. Pearson, Upper Saddle River, NJ.

Middleton, Victor T. C.; Fyall, Alan; Morgan, Michael; Ranchhod, Ashok (2009). *Marketing in Travel and Tourism.* 4th edn. Butterworth-Heinemann, Oxford.

Mill, R.C. and Morrison, M. (2002). The Tourism System. 4th edn. Kendall/Hunt, Dubuque, IA.

McCabe, Scott (2009). *Marketing Communications in Tourism and Hospitality: Concepts, Strategies and Cases.* 1st edn. Butterworth-Heinemann, Oxford.

MEK (2009). 游访芬兰专业指南 (Visit Finland – The Insider's Guide). Beijing.

MEK (2011). [URL] www.mek.fi. [visited on Nov 7th, 2011].

MEK (2010). Target group analysis: Italy, Spain, Holland, China, Japan and India. [URL]-http://www.mek.fi/w5/mekfi/index.nsf/6dbe7db571ccef1cc225678b004e73ed/fa3dc4f410c7fcec c22577120033d8b4/$FILE/Target%20Group%20analyses%20Italy,Spain,%20Holland,%20Chin a,%20Japan,%20India.pdf. [visited on Nov. 7th, 2010].

Mitchell, Ch. (2000): *Interkulturelle Kompetenz im Auslandsgeschäft entwickeln und einsetzen* [Develop and implement intercultural competence in business abroad]. Deutscher Wirtschaftsdienst, Köln.

Molina, A., and Esteban, Á. (2006). Tourism brochures: Usefulness and image. *Annals of Tourism Research*, 33(4), 1036-1056.

Olsen, J. (1998). Through White Eyes: The Packaging of People and Places in the World of the Travel Brochures. Cultural Studies from Birmingham. 1998, 2 (1). In Holliday, A; Kullman, J. and Hyde, M. (2004). *Intercultural Communication: An Advanced Resource Book*. Routledge, Abingdon and New York, 112-115.

Ottesen, O. (2001). *Marketing Communication Management: A Holistic Approach for Increased Profitability*. Copenhagen Business School Press, Copenhagen.

Pike, S. (2008). *Destination Marketing: An Integrated Marketing Communication Approach*. 1st edn. Butterworth-Heinemann, Oxford.

Pritchard, A. and Morgan, N. (1995) Evaluating vacation destination images: The case of local authorities in Wales. *Journal of Vacation Marketing*, 2 (1), 23-38.

Reisinger, Y. (2009). *International Tourism: Cultures and Behavior*. Butterworth and Heinemann, Oxford and Burlington.

Rodgers, J. (2001). *Travel and Tourism: Advanced*. Heinemann Educational Publishers, Oxford.

Srinivasan, R. (2008). *International Marketing*. 3rd edn.. PHI Learning Private, New Delhi.

Thomas, A. (1996). Analyse der Handlungswirksamkeit von Kulturstandards [Analysis of the effectiveness of cultural standards]. In Thomas, A. (Ed.), *Psychologie interkulturellen Handelns*. Hogrefe, Göttingen, 107–135.

Thomas, A. (2003): Psychologie interkulturellen Lernens und Handelns [Psychology of intercultural learning and business]. In: Thomas, A (Ed.). Kulturevergleichende Psychologie. 2 edn.. Hogrefe, Göttingen, 433-485.

Thomas, A.; Hagemann, K. und Stumpf, S (2003): Training interkultureller Kompetenz [Training intercultural competence]. In: N. Bergemann and A.L.J. Sourisseaux (2003). *Interkulturelles Management*. 3. Edn.. Springer, Heidelberg, 237 - 272.

Usunier, J.C. and Lee, J.A. (2009). *Marketing Across Cultures*. 5th edn.. Pearson Education, Essex.

Varey, R.J. (2002). *Marketing Communication: Principles and Practice*. Routledge, London and NY.

World Tourism Organization (2000). Tourism 2020 Vision. Volumn 3. East Asia and the Pacific. WTO, Madrid.

Zhang, Y. and Neelankavil, J.P. (1997). The influence of culture on advertising effectiveness in China and the United States: A cross-cultural study. *European Journal of Marketing,* 31(2), 134– 149.

Goldesel oder Sündenbock: Werbung in *Location-Based Services* aus Sicht der Anwender

Maximilian Weigl

Inhalte:
1 Always on
2 Was sind Location-based Services?
2.1 Grundsätzliches zu LBS
2.2 Unterscheidungen bei LBS
2.3 LBS im mobilen Web
2.4 Relevanz von LBS
3 Befragung von LBS-Nutzern
3.1 Untersuchungsanlage
3.2 Ergebnisse
3.2.1 Benutzte LBS
3.2.2 Nutzungsmotive
3.2.3 Wo werden LBS nicht genutzt?
3.2.4 Aufmerksamkeitserregend aber dezent: Werbung in LBS
3.2.5 Datensicherheit in LBS
4 Fazit und Ausblick
Literatur

1 Always on

Wer morgens mit dem öffentlichen Nahverkehr zur Arbeit pendelt, der sieht sich umringt von Menschen, die mit gesenkten Häuptern gebannt auf die Bildschirme ihrer Smartphones blicken. Beim Mittagessen liegen die Geräte neben Messer, Gabel und Geldbeutel stets griffbereit auf dem Tisch. Es wird telefoniert, es werden E-Mails gecheckt, es werden Zeitungen und Bücher gelesen, es wird Musik gehört und Filme geguckt – Smartphones sind als ständiger Begleiter mittlerweile kaum mehr aus unserem Alltag wegzudenken.

Mit den mobilen Endgeräten verbreitet sich auch die Nutzung des mobilen Internets und entsprechender Apps, über die Nutzer weltweit mehr oder weniger unbedarft verschiedene Inhalte teilen: Gedanken, Fotos, Musik – und mittlerweile auch ihren Standort. Dazu kommt: Wer seine Zeitung am Frühstückstisch aufschlägt hat wahrscheinlich ein anderes Informationsbedürfnis als jemand, der eine Zeitung in der Bahn oder im Flugzeug aufschlägt. Unser Standort beeinflusst die Relevanz der Informationen, die wir aufnehmen.

Der vorliegende Artikel beschäftigt sich mit Services und Apps, mit deren Hilfe Nutzer ihren aktuellen Standort mit ihrem Freundeskreis teilen können.

Zwar ist der Nutzerkreis dieser so genannten Location-based Services (LBS) derzeit noch relativ klein – etwa vier Prozent der US-Amerikaner nutzen LBS (Zickuhr/Smith 2010); in Deutschland dürfte diese Zahl nochmals darunter liegen – trotzdem lassen sich stetig steigende Nutzerzahlen registrieren.

Dieser Artikel stellt die Frage, warum Unternehmen diese LBS in ihren Kommunikationsmix integrieren sollten, und ob Nutzer auch bereit sind, dieses Zusatzangebot zu nutzen. Dazu werden im Folgenden verschiedene Arten von LBS abgegrenzt und unter Berücksichtigung vorherrschender Datenschutz-Bedenken aufgezeigt warum solche Services sinnvoll für mobile Marketingkommunikation genutzt werden können. Aufbauend auf den Grundlagen des Marketings und des Mobile Marketings folgt die Argumentation dabei dem Gedanken, dass relevantere Werbeinformationen dem Kunden einen größeren Mehrwert bieten, auf größere Akzeptanz stoßen und letztendlich erfolgreicher sind. Diese Annahmen werden anschließend durch eine qualitative Befragung der Anwender von LBS überprüft.

2 Was sind Location-based Services?

LBS sind kein neues Phänomen. Durch die Verabschiedung der so genannten E911-Richtlinie durch die US-Regierung 1996 wurden Mobilfunkbetreiber verpflichtet, ein Mobiltelefon im Notfall möglichst genau orten zu können (Bellavista/Kupper/Helal 2008: 85). Auch in der europäischen Union führten solche erweiterte Notruf-Richtlinien dazu, dass aufwändig Infrastruktur zur Ortung von Mobilfunkgeräten geschaffen werden musste (Rao/Minakakis 2003: 61; Bellavista/Kupper/Helal 2008: 85). Um diese Zwangsinvestitionen teilweise ausgleichen zu können, führten einige Mobilfunkbetreiber kommerzielle SMS-Dienste ein, über die Nutzer beispielsweise Listen von naheliegenden Points-of-Interest (Restaurants, Tankstellen, usw.) abrufen konnten. Diese Services stießen jedoch auf geringen Zuspruch und wurden bald wieder reduziert (ibid).

Seit 2005 sorgen u.a. GPS-fähige Mobiltelefone, die Einführung des 3G-Breitbandnetzes sowie das Aufkommen des Web 2.0 für eine Renaissance der LBS. Der Standort eines Nutzers wurde nun neben interessanten Links, den eigenen Urlaubsfotos oder der persönlichen Meinung zu einem weiteren Element, welches man mit Freunden in sozialen Netzwerken teilen konnte (Bellavista/Kupper/Helal 2008: 85).

2.1 Grundsätzliches zu LBS

Location-based Services sind im weitesten Sinne Services, die die geographische Position eines bestimmten Objekts berücksichtigen (Junglas/Watson 2008: 66). Bei diesem Objekt muss es sich (1) nicht zwangsläufig um Menschen handeln. Auch eine Kiste Bücher kann mithilfe von RFID -Chips während des gesamten Transportweges geortet werden. In einen LBS sind (2) immer mindestens zwei Objekte involviert, da ein Standort immer nur relativ zum Standort eines anderen Objekts von Bedeutung ist. Die Objekte können dabei statisch (z.b. ein Gebäude), momentan statisch (z.b. ein wartender Fußgänger) oder dynamisch (z.b. ein sich bewegender Fahrradfahrer) sein. Da immer zwei Objekte beteiligt sind, ist (3) immer ein Beteiligter das Objekt des LBS, über welches Informationen abgefragt werden, und (4) der andere Beteiligte das Subjekt, der die Information abfragt (Junglas/Watson 2008: 67).

Die bloße Verwendung einer Standortinformation genügt noch nicht, um einen Service zu einem Location-based Service zu machen. Erst die Verknüpfung der Standortinformation mit einem zusätzlichen Nutzen („value-added service") macht eine Anwendung oder einen Service zu einem LBS (zusammenfassend: Xu/Teo/Tan/Agarwal 2009: 137).

2.2 Unterscheidungen bei LBS

Man unterscheidet LBS je nach angewandter Technologie. Entweder erfolgt die Ortung des aktuellen Standortes über externe Dritte, wie beispielsweise Mobilfunkanbieter. In diesem Fall spricht man von „location-tracking" (Snekkenes 2001) oder „infrastructur-centric localization" (Bellavista/ Küpper/ Helal 2008: 87). Oder die Ortung erfolgt durch das Gerät selbst, da es über entsprechende technologische Bauteile verfügt. Dann spricht man von „position-aware" (Snekkenes, 2001) oder von „terminal-based localization" (Bellavista/Küpper/ Helal 2008: 87).

Des Weiteren lassen sich LBS nach Art der Benachrichtigung unterscheiden. Erfolgt die Verteilung der Benachrichtigung auf Push-Basis, so verschickt der Anbieter diese nach einmaliger Zustimmung des Nutzers, z.B. wenn sie von einem Computersystem als nützlich eingestuft werden. Dies bietet dem Anbieter den Vorteil, dass der Nutzer keine Anfrage stellen muss (Vijayalaksmi/Kannan 2009: 235), so dass diese Anfrage nicht vergessen werden kann und der Dienst nicht ungenutzt bleibt.

Demgegenüber versendet ein Pull-Dienst eine Benachrichtigung nur dann, wenn der Nutzer diese ausdrücklich nachfragt. Die Initiative geht klar vom Nutzer aus (Xu/Teo/Tan/Agarwal 2009: 138).

LBS wie Foursquare oder Facebook Places sind eher Pull-Dienste, wenngleich der Nutzer zwar freiwillig seinen Standort preisgibt, nicht jedoch zwangsläufig eine Werbebotschaft anfordert. Beim derzeitigen Konzept von Foursquare jedoch weist lediglich ein Banner über dem aktuellen Aufenthaltsort auf eine Werbebotschaft hin („Special nearby" oder „This place offers a special"). Der User entscheidet somit durch Anklicken, ob er die Werbebotschaft empfangen möchte oder nicht. Andererseits orten LBS wie Foursquare oder Facebook Places die Nutzer in dem Moment, in welchem die App geöffnet wird. So mag der Nutzer seinen Standort zwar nicht durch Check-in mit seinen Freunden teilen, der Anbieter weiß dennoch, wo sich der User befindet und kann entsprechend dargestellte Informationen an das Umfeld anpassen.

2.3 LBS im mobilen Web

Obwohl LBS in ihren Anfängen über SMS den Weg auf die Mobiltelefone der Nutzer fanden (Bellavista/Kupper/Helal 2008: 85) liegt der Fokus der Arbeit auf LBS im mobilen Internet, da immer mehr Web-Anwendungen und Apps klassische Mobilfunk-Funktionen wie SMS (iMessage, WhatsApp, Facebook Messanger) oder Telefonie (Skype, Viper, Vonage) ersetzen (vgl. u.a. Siegler 2011) und Services im mobilen Web zukunftsträchtiger erscheinen.

So wie die Nutzung des mobilen Internets zunimmt (Fittkau & Maaß 2010; Facebook 2011b), so nimmt auch die Nutzung von LBS im mobilen Web zu (Foursquare 2011a). Inspiriert vom Erfolg von Vorreitern wie Foursquare und Gowalla entwickeln Unternehmen aktuell unzählige Apps, die Standortinformationen abfragen um den Usern in irgendeiner Form einen mehr oder weniger offensichtlichen Mehrwert zu bieten. Im Folgenden soll ein kurzer Überblick über die derzeit größten und wahrscheinlich wichtigsten LBS im mobilen Web gegeben werden, die als so genannte „Check-in-Dienste" bezeichnet werden.

Bei solchen Services geben die Nutzer ihren aktuellen Standort freiwillig mittels manuellem „Tastendruck" preis. Die Ortung erfolgt zwar automatisiert, d.h. in dem Moment, in dem die App auf dem mobilen GPS-fähigen Gerät geöffnet wird, wird der Nutzer lokalisiert. Der Standort wird jedoch erst dann an das jeweilige soziale Netzwerk preisgegeben, wenn der Nutzer dies auch ausdrücklich wünscht und den jeweiligen Button betätigt.

Foursquare

Der vielleicht bekannteste LBS im mobilen Internet und nach eigenen Angaben Marktführer in diesem Bereich ist Foursquare. Seit März 2009 ist das US-Unternehmen auf dem Markt und verzeichnete im Februar 2011 weltweit über 20 Millionen Mitglieder (Foursquare 2012b). Die „location-based mobile platform" wuchs alleine im Jahr 2010 um rund 3.400 Prozent (Foursquare 2011a). Zur optimalen Nutzung von Foursquare benötigt man einen Account und die Foursquare-App auf einem GPS-fähigen Mobiltelefon. Danach kann man über diese App (alternativ auch per SMS) an verschiedenen Orten „einchecken". Durch das Einchecken wird der aktuelle Standort allen „Followern", also Freunden, die diesen Service ebenfalls nutzen oder die Netzwerke nutzen, an die Foursquare den Standort optional ebenfalls teilt (z.B. Facebook, Twitter), mitgeteilt. Das freiwillige Teilen des Aufenthaltsortes wird spielerisch mit Bonuspunkten belohnt, die zum Erwerb so genannter „Badges" führen, die in einem Art virtuellen Schaukasten auf der Profilseite des Nutzers im Internet oder der App eingesehen werden können. An jedem Standort können die Nutzer Bilder hochladen und Kommentare hinterlassen. Über die hinterlassen Kommentare und Tipps generiert Foursquare in seinen neu eingeführten Funktionen Empfehlungen für die User, basierend auf den von anderen Usern besuchten Orten.

Im Jahr 2010 checkten die Mitglieder dieses LBS über 381 Millionen mal an ver-schiedenen Orten weltweit ein. Am 22. Oktober 2010 wurde sogar ein Check-in in der International Space Station (ISS) im Weltall registriert. Die meiste Aktivität verzeichnet Foursquare nach eigenen Angaben um die Mittagszeit (12-14 Uhr) und am Abend (19-20 Uhr). Dabei rangieren Orte, die in die Kategorie „Food" fallen an oberster Stelle, gefolgt von „Work / Office" und „Shops" (Foursquare, 2011a). In den von Foursquare bereitgestellten Daten werden diese Kategorien leider nicht weiter aufgeschlüsselt, so dass nicht klar wird, welche Orte genau in welche Kategorie fallen. Da die Orte und entsprechenden Kategorien jedoch von den Nutzern erstellt (und im Bedarfsfall zur Korrektur gemeldet) werden, kann diese Verteilung durchaus als grobe Nutzungsverteilung verstanden werden. Dies ist vor allem dann interessant, wenn man die Möglichkeiten zur Marketingkommunikation in Betracht zieht.

Laut Foursquare nutzen zehntausende „Venues" (Orte, an denen man einchecken kann) die Möglichkeit, eincheckenden Nutzern Vergünstigungen anzubieten. Hierbei kann es sich um langfristige Vergünstigungen für den jeweiligen Mayor[30] oder auch um kurzfristige Rabatt-Aktionen handeln. Befindet man sich in der Nähe eines so genannten „Specials", wird dies in der mobilen Foursquare-App durch einen farbigen Banner angezeigt.

Gowalla

Der nächstbekannte LBS im mobilen Web war bis zur Akquirierung durch Facebook Gowalla. Gowalla funktionierte ähnlich wie der Konkurrent Foursquare. Innerhalb eines nutzerdefinierten (sozialen) Netzwerkes konnte der aktuelle Standort geteilt werden (Gowalla 2011). Auch dieser Service funktionierte nur nach Anmeldung und optimal in Kombination mit der Applikation auf einem mobilen GPS- und internetfähigen Endgerät. Über Gowalla boten kommerzielle Anbieter, ähnlich wie oben bereits für Foursquare beschrieben, Vergünstigungen und Rabatte für eincheckende Nutzer an. Gowalla stand jedoch immer im Schatten von Foursquare, das wesentlich schneller wuchs.

Facebook Places

Der Einstieg von Facebook mit seinen weltweit über 901 Millionen aktiven Usern (Facebook 2012b) in das Geschäft mit den LBS dürfte die Nutzung von solchen Services beflügeln. Seit August 2010 haben registrierte Facebook-Nutzer die Möglichkeit über die Facebook App für Smartphones und andere mobile internetfähige Geräte ihren aktuellen Standort mit ihrem Netzwerk zu teilen. Über 488 Millionen Menschen nutzen Facebook bereits von unterwegs (Facebook 2012b), über die Nutzung von Places gibt es bislang keine zuverlässigen Statistiken. Im Oktober 2010 kursierte eine von Facebook nicht offiziell dementierte Schätzung, dass bis zum damaligen Zeitpunkt etwa 30 Millionen Nutzer den Service ausprobiert hätten. Ein nicht repräsentativer Vergleich der Nutzungshäufigkeit der LBS Foursquare und Facebook Places an drei willkürlich gewählten Restaurants in New York City zeigte damals noch den in Sachen Mitgliederzahl kleineren Konkurrenten Foursquare oben auf (Carlson 2010).

Seit Anfang 2011 wird Places um den Dienst Deals ergänzt. Via Deals können Unternehmen denjenigen Nutzern, die in ihren Geschäften einchecken, Rabatte und andere Vergünstigungen anbieten. Zum Start des Dienstes spendierte beispielsweise die Parfümerie Douglas ihren Kunden ein 15ml Eau de Toilette von Hilfiger oder 15 Prozent Rabatt auf den jeweiligen Einkauf. In

---

30 Als „Mayor" wird derjenige User bezeichnet, der am häufigsten innerhalb einer bestimmten Zeitspanne an einem Ort eingecheckt hat.

Goldesel oder Sündenbock: Werbung in *Location-Based Services* 155

CinemaxX-Kinos bekamen die ersten 10.000 Deals-Nutzer eine Tüte Popcorn geschenkt. Und auch für soziale Zwecke wurde das Tool bereits genutzt: Die Mode-Marke Benetton spendete für jeden Check-in 2 Euro an ein soziales Projekt (Kolbrück 2011).

Andere LBS

Neben den zwei großen Check-in-Diensten existiert noch eine Vielzahl anderer, teils kleinerer LBS, die entweder über APIs dieselbe Technologie für komplementäre Dienste nutzen, oder einen anderen bzw. konkurrierenden Fokus setzen. Der Internet-Gigant Google bietet neben dem Kartenprogramm Maps auch den Dienst Latitude an und vereint all diese Services zunehmend unter dem Dach seines sozialen Netzwerks Google Plus. Gerade die Möglichkeit Googles, Informationen und Daten aus der Vielzahl seiner bereits existierenden Anwendungen zusammenzuführen, macht diese Services interessant und gleichzeitig datenschutzrechtlich bedenklich.

Ein anderes Beispiel für einen LBS ist das niederländische Start-up Whatser. Dieser Dienst empfiehlt seinen Nutzern auf Basis der Bewertungen von Freunden neue Orte, die interessant sein könnten. Foursquare hat seinen eigenen Dienst mittlerweile um diese und weitere Funktionen erweitert.

2.4 Relevanz von LBS

Wer bereits einmal LBS genutzt hat, kann sich relativ leicht vorstellen, wie nützlich solche Anwendungen sein können. Auf Anhieb drängen sich, durchaus auch kommerzielle, Anwendungsmöglichkeiten, beispielsweise im touristischen Bereich auf. Im Folgenden soll gezeigt werden, dass die Nutzung solcher Dienste nicht als bloße Spielerei abgetan werden sollte, sondern warum es sinnvoll sein kann, dieses LBS zur Kommunikation mit den Kunden zu nutzen. Nicht zuletzt auch deshalb, weil durch die rasante Verbreitung von Smartphones und mobilen Endgeräten und der zunehmend mobilen Nutzung des Internets (u.a. Bundesnetzagentur 2011: 88; Mobile Future 2010) es mittlerweile kaum mehr bestritten wird, dass die Zukunft des Marketings zu einem großen Teil mobil sein wird.

Das fast schon intime Verhältnis der Menschen zu ihren Smartphones (Bauer et al. 2005: 182) macht diese Geräte für Werbetreibende so interessant und problematisch zu gleich. Einerseits lässt sich Verhalten auf den individuellen Nutzer zurückführen, andererseits kann sich der Rezipient nicht mehr in der Anonymität der traditionellen Massenmedien verstecken (Banerjee/Dholakia 2008: 70).

Dennoch sehen viele in der personalisierten Kundenansprache einen vielversprechenden Weg, das Misstrauen vieler Menschen gegenüber Unternehmen und Werbung abzubauen (Sher/Lee 2009: 137) und somit erfolgreicher zu kommunizieren (u.a. Wirtz 2005: 3). Menschen wollen von Unternehmen als Individuen wahrgenommen werden (vgl. Hulme 2010) und erwarten gerade in den Social Media von Unternehmen die Unmittelbarkeit und Interaktivität die sie von ihren Freunden gewöhnt sind (vgl. Fry 2008: 23; Lobo 2011).

LBS bieten die Möglichkeit, Kommunikation zu personalisieren, indem sie Bot-schaften an die unmittelbare Umgebung anpassen. Werbung in LBS im mobilen Internet kann als Location-Based Advertising (LBA) verstanden werden, also als Werbebotschaften, die auf den Ort abgestimmt sind, an dem der Rezipient das Werbemedium nutzt (Bruner II/Kumar 2007). Die vorliegende Arbeit betrachtet dabei ausschließlich Werbung, die wie im Verständnis von Unni und Harmon (2007) auf mobile Endgeräte gesandt wird. Damit ist diese Art der Werbung Teil von Mobile Advertising. Mobile Advertising „[is] the sending of electronic advertisements (mobile ads) to consumers carrying mobile devices" (Cleff 2007: 226).

Unter Experten gilt diese standortbezogene Werbeform als erfolgversprechender als traditionelles Online- oder Mobile Advertising, da Klickraten bei LBA Analysten zufolge fünf bis zehn Mal höher seien, als bei herkömmlichen Internet-Werbebotschaften (zitiert in Xu/Oh/Teo 2009: 156). Das verwundert wenig, stellt der Kontext, in dem die Werbebotschaft empfangen wird, einen wesentlichen Einflussfaktor auf das Involvement der Empfänger dar (Park et al. 2008: 363-364).

Auch bei LBA unterscheidet man zwischen push- und pull-basierten Ansätzen (Bruner II/Kumar 2007). Je nach Ansatz variiert dabei der wahrgenommene Einschnitt in die Privatsphäre der Nutzer (Xu/Teo/Tan/Agarwall 2009: 158). Es ist anzunehmen, dass die Akzeptanz der Werbeform durch den wahrgenommenen Einschnitt in die Privatsphäre beeinflusst wird.

Sowohl zur Akzeptanz (Brunner II/Kumar, 2007) als auch zur Effektivität von LBA (Xu/Oh/Theo, 2009) gibt es vereinzelt Studien, die sich jedoch größtenteils mit Werbung per SMS oder MMS beschäftigen. Wie es um standortbezogene Werbebotschaften im mobilen Web und seinen Anwendungen bestellt ist, ist dagegen weitgehend unerforscht. Im Folgenden werden einige Ergebnisse der Forschung zu LBA oder Mobile Advertising via SMS oder MMS dargestellt.

Bauer et al. (2005: 188) stellen nach einer Online-Befragung mit 1.103 Teilnehmern fest, dass „perceived utility", also die durch den Kunden wahrgenommene Nützlichkeit, der zentrale Faktor bei der Akzeptanz von mobilem Marketing ist. Xu, Oh und Theo (2009: 170) fanden in ihrer Untersuchung heraus, dass der Nutzen von LBA auf Mobiltelefonen zunimmt, wenn die Werbebotschaft als unterhaltend und/oder informativ wahrgenommen wird. Zum gleichen Ergebnis kommen auch Bauer et al. (2005: 188). Dabei ist der Einfluss von unterhaltenden Elementen größer als der des Informationsgehalts. Werden beide dieser Elemente dann noch multimedial vermittelt (im Fall der Studie als MMS, also als Kombination von Text, Bild, Ton oder Video), nimmt der wahrgenommene Nutzen im Vergleich zu rein textbasierten Botschaften (SMS) nochmals zu (Xu/Oh/Theo 2009: 170).

Die wahrgenommene Nützlichkeit von mobilen Werbebotschaften hängt außerdem stark vom Kontext und Ort ab, an dem sie empfangen wird. Banerjee und Dholakia (2008) untersuchten an 351 Studenten, ob der aktuelle Aufenthaltsort („Location") und der Beschäftigungskontext („Congruity") den wahrgenommenen Nutzen von Werbebotschaften beeinflussen. In ihrer Untersuchung variieren die Autoren die Standorte zwischen eher als privat und eher als öffentlich wahrgenommenen Orten (beispielsweise Zuhause als privaten und Einkaufszentrum als öffentlichen Raum). Unter „Congruity" verstehen die Autoren inwieweit eine Situation geeignet ist, um konsumverwandte Tätigkeiten auszuüben. Als inkongruente Situation wird beispielsweise eine Besprechung, als kongruente Situation das Warten auf den Bus definiert (Banerjee/Dholakia 2008: 71). Dabei fanden die Autoren heraus, dass in inkongruenten Kontexten die gefühlte „Privatheit" des aktuellen Aufenthaltsortes keinen Einfluss auf die Nützlichkeit der Werbebotschaft hat. In kongruenten Kontexten jedoch werden Werbebotschaften an eher öffentlichen Orten als signifikant nützlicher wahrgenommen. Die positivere Wahrnehmung kann damit zusammenhängen, dass kongruente Kontexte – also Kontexte, in denen man eher geneigt ist, zu konsumieren – vornehmlich in eher als öffentlich wahrgenommenen Räumen vorherrschen. Es ist einleuchtend, dass es einfacher ist in einem Einkaufszentrum zu konsumieren als im heimischen Wohnzimmer. Durch e- und mobile Commerce wird diese Grenze jedoch zunehmend verwischt.

Ein Hindernis bei der Akzeptanz von mobilem Marketing finden Bauer et al. (2005: 189) im individuell wahrgenommenen Risiko („perceived risk"). Das Risiko sehen Konsumenten vor allem im Missbrauch der persönlichen Daten. Auch das ungewollte Zustellen von Werbebotschaften wird als Risiko betrachtet. Daraus kann zum einen gefolgert werden, dass der Privatsphäre eine zentrale Bedeutung bei LBA zukommen muss. Zum anderen wird deutlich, dass die Nutzer selbst entscheiden wollen, in welcher Menge sie Werbebotschaften erhalten, damit es nicht „zu viel" wird. Ohne vorherige Genehmigung der Werbebotschaften durch den Kunden fällt die Akzeptanz dazu wesentlich geringer aus und dementsprechend eine Grundvoraussetzung für den Erfolg von Mobile Advertising weg:

158 Maximilian Weigl

„[T]he meaning of prior permission for successful mobile advertising, and more importantly, for effective customer relationship management can never be underestimated" (Leppäniemi 2008: 112-113).

3 Befragung von LBS-Nutzern

Um herauszufinden, inwiefern die oben aufgeführten Potentiale und Risiken von *Location-Based Advertising* nicht nur theoretische Konstrukte und Überlegungen sind, sondern ganz real existieren, wurde eine Befragung unter Nutzern von Location-based Services durchgeführt. Ziel der Befragung war herauszufinden, warum LBS genutzt werden, welche Vorteile und Risiken dabei wahrgenommen werden, sowie inwieweit Werbung in diesem Umfeld als nützlich oder störend empfunden wird.

3.1 Untersuchungsanlage

Da es sich bei LBS-Nutzern um eine relativ online-affine Zielgruppe handelt, wurde für die Befragung ein Online-Fragebogen entwickelt. Der Link zum Fragebogen wurde der mit der Bitte um Weiterleitung an Freunde und Bekannte geschickt wurde, von denen bekannt war, dass sie schon einmal LBS genutzt hatten.

3.2 Ergebnisse

Letztendlich nahmen 73 Personen an der Befragung teil, wovon jedoch lediglich 16 Personen tatsächlich Location-based Services nutzen. 57 Personen gaben an, dass sie keine LBS nutzen oder es nicht wüssten und wurden damit von der Untersuchung ausgeschossen.

Die 16 Teilnehmer, die LBS nutzten, waren im Durchschnitt 35,7 Jahre alt, der älteste Teilnehmer war dabei 54 Jahre, der Jüngste 23 Jahre alt. Vierzehn Personen waren männlich und lediglich zwei Teilnehmer weiblich.[31]

---

31 Die anonymisierten Interviews sind auf Anfrage beim Autor erhältlich.

Goldesel oder Sündenbock: Werbung in *Location-Based Services* 159

3.2.1 Benutzte LBS

Vierzehn Personen im Sample nutzten Foursquare, nur zwei der 16 Teilnehmer gaben an, dass sie diesen LBS nicht nutzten. Damit war Foursquare der meistgenutzte LBS unter den Befragten. Facebook Places wurde von elf Personen zumindest „selten" genutzt. Gowalla hingegen wurde lediglich von einer Person im Sample überhaupt genutzt, dafür aber vergleichsweise regelmäßig („2-4 Mal pro Woche", Teilnehmer 6, Frage 2).

Acht Teilnehmer nutzten verschiedene LBS nach eigenen Angaben „mehrmals täglich". Sechs Personen gaben an, dass sie neben den genannten LBS (Foursquare, Gowalla und Facebook Places) noch weitere LBS nutzten. Neben dem dreimal genannten Bewertungsportal Qype wurden außerdem diverse Navigationsdienste (Nokia Maps, Google Maps), sowie Fahrplan-Apps für den öffentlichen Personennahverkehr oder die Deutsche Bahn genannt.

3.2.2 Nutzungsmotive

Fast alle Befragten gaben an, dass sie LBS nutzen, weil man auf diese Weise einfach den Aufenthaltsort von Freunden und Bekannten erfahren und gleichzeitig seinen eigenen Standort mit einer ausgewählten Personengruppe teilen könne. Neben diesem Aspekt des Informiert-Seins wurde auch die Möglichkeit der Vernetzung angesprochen. Location-based Services werden demnach auch genutzt, weil sie die „Möglichkeit [bieten], sich via Plattformen wie Facebook mit Freunden und Bekannten, die eventuell am selben Ort oder in der Nähe sind, schnell zu vernetzen und sich treffen zu können" (Teilnehmer 13, Frage 4). Deshalb ist es nicht verwunderlich, dass LBS teilweise auch ausdrücklich deswegen genutzt werden, weil sie bereits von Freunden genutzt werden (Teilnehmer 7, Frage 6; Teilnehmer 11, Frage 6).

Neben dem sozialen Aspekt geht es bei der Nutzung von LBS auch darum, Informationen über die unmittelbare Umgebung zu erhalten („per Klick zu Infos zu meiner Umgebung kommen", Teilnehmer 5, Frage 4; „Orientierung in fremder Umgebung", Teilnehmer 10, Frage 4). Ein Teilnehmer wies darauf hin, dass diese Informationen besonders interessant seien, „da sie von Anwendern stammen" (Teilnehmer 4, Frage 4). Selbst wenn man die Person, die eine Information hinterlegt, nicht zwangsläufig kennt, so werden sie scheinbar doch als objektiv und vertrauenswürdig wahrgenommen – zumindest jedoch werden sie wahrgenommen und berücksichtigt. Hieraus ergeben sich für Unternehmen spannende Möglichkeiten, die Besucher ihrer Filialen – seien es Cafés oder andere Läden – sozusagen als „Markenbotschafter" zu nutzen. Vorausgesetzt natürlich, die Bewertung oder der Kommentar ist positiver Natur.

Ein weiterer interessanter Aspekt ist die Möglichkeit der „Teilhabe am Leben von Freunden in der Ferne" (Teilnehmer 10, Frage 4). Hier entfällt zwar die Möglichkeit eines spontanen Treffens, jedoch überbrückt der LBS hier scheinbar die räumliche Distanz für Freunde und Bekannte. So erfährt man unkompliziert, wo sich die Person gerade aufhält – natürlich nur, wenn diese Person dies auch wünscht.

Drei der Befragten gaben an, dass sie LBS nutzten, weil sie dadurch bestimmte Werbeangebote bekommen könnten. Seien es „Specials für Einchecker" (Teilnehmer 12, Frage 4), „Promotionsangebote" (Teilnehmer 14, Frage 4) oder „mögliche Rabatte" (Teilnehmer 16, Frage 4) – auch eventuelle finanzielle Vorteile für die Anwender spielen bei der Nutzung von LBS scheinbar eine Rolle.

Ebenfalls interessant ist die Antwort eines Teilnehmers, dass LBS für ihn als „Reminder für coole Locations" (Teilnehmer 4, Frage 1) fungiere – also als eine Art mobiles Notizbuch, in dem interessante Orte markiert und später wieder aufgerufen und gefunden werden können. All diese Dinge sind in gewisser Art und Weise auch in den Antworten zweier Teilnehmer enthalten, die angaben, LBS zu nutzen, weil diese das Leben vereinfachten (Teilnehmer 5, Frage 6; Teilnehmer 10, Frage 17).

Weitere genannte Aspekte sind Interaktivität und Spaß an der Nutzung und Mitteilung. Der Spielcharakter, vor allem bei Foursquare gegeben, ist ebenfalls ein Grund für die Nutzung von LBS. Der Spaßaspekt spielt demnach eine große Rolle bei der Nutzung von LBS und wurde als Antwort auf die offene Frage 6 gleich fünf Mal genannt. Interessant ist diesbezüglich jedoch auch, dass einer der Befragten diesem Spaß- bzw. vielmehr dem Spielaspekt von LBS eine klare Abfuhr erteilt:

> „Ich würde diese [LBS] nicht nutzen wenn es zu einem Spiel ausartet oder mit einem Spiel verknüpft wird." (Teilnehmer 7, Frage 17)

Allerdings lag das Alter dieses Teilnehmers mit 43 Jahren über dem Durchschnitt der Teilnehmer, so dass der Spieltrieb in solchen LBS vielleicht mit zunehmendem Alter abnimmt. Der mit 54 Jahren älteste Teilnehmer an der Befragung gab an, dass LBS für ihn letztendlich nichts anderes seien, als „eine überflüssige Spielerei, die nicht ungefährlich ist" (Teilnehmer 15, Frage 17).

Goldesel oder Sündenbock: Werbung in *Location-Based Services* 161

3.2.3 Wo werden LBS nicht genutzt?

LBS mit Check-in-Funktion sind – zumindest theoretisch – darauf angewiesen, dass die Nutzer freiwillig ihren aktuellen Standort preisgeben. Nur so offenbart sich für die Nutzer der volle Funktionsumfang und er behält gleichzeitig gefühlt die Kontrolle über seine Standortdaten; und nur so können passende Werbeinformationen auf die Geräte der Nutzer gesendet werden ohne allzu aufdringlich und zu intrusiv zu wirken. Dementsprechend wichtig ist es, an welchen Orten LBS genutzt oder eher nicht genutzt werden. Die Antworten darauf gleichen sich größtenteils. Sieben der 16 Befragten gaben an, dass sie LBS nicht in ihrem Zuhause nutzen würden. Des Weiteren wurden „andere private Orte" (Teilnehmer 12, Frage 7) bzw. bei „ganz private[n] Angelegenheiten" (Teilnehmer 2, Frage 7) genannt. Was genau als „privat" wahrgenommen wird, wurde nicht abgefragt und lässt sich auch nicht zweifelsfrei aus den Antworten ableiten. Nur eine Person (Teilnehmer 1) gab an, es gebe keinen Ort an, an dem er LBS nicht nutzte.

Die Gründe, warum LBS an diesen Orten nicht genutzt werden, lassen sich alle zu einem Punkt zusammenfassen: „Bedenken, zu viel von mir preiszugeben" (Teilnehmer 2, Frage 8). Der Mitteilungsdrang der Nutzer findet in der individuellen Privatsphäre seine Grenzen. Die Antwort, dass es „peinlich" (Teilnehmer 15, Frage 8) wäre an manchen Orten einzuchecken, zeigt auch, dass LBS genutzt werden, um sich selbst in der Öffentlichkeit (oder im Nutzerkreis) möglichst positiv darzustellen. Dass LBS an manchen Orten nicht genutzt werden, weil es „uninteressant für [das] Umfeld" sei (Teilnehmer 10, Frage 8), legt nahe, dass die Erwartungen des jeweiligen sozialen Netzwerks bei der Nutzung eine Rolle spielen. Die Erwartungen des Umfeldes an das Verhalten des Einzelnen führt auch dazu, dass LBS an Orten, an denen eine gewisse Privatsphäre und Intimität gewahrt bleiben sollte, nicht genutzt werden („Friedhöfe", Teilnehmer 14, Frage 7).

3.2.4 Aufmerksamkeitserregend aber dezent: Werbung in LBS

Die Frage, die sich Werbetreibenden stellt und die für diese Arbeit zentral ist, betrifft die Möglichkeiten, wie sich LBS für ortsbezogene Werbekommunikation nutzen lassen.

Die Ansprüche der befragten Nutzer an Werbung in LBS sind vielfältig. Sie muss zum einen personalisiert sein. Werbung muss „meinen Wünschen und Bedürfnissen entgegen [...] kommen" (Teilnehmer 2, Frage 9) und soll „maßgeschneidert" (Teilnehmer 5, Frage 9) sein. Werbekommunikation soll dabei möglichst in Echtzeit und unmittelbar ablaufen, damit sie zu den „momentanen Bedürfnissen" passt (Teilnehmer 11, Frage 9) und das „Angebot sofort verfügbar" ist (Teilnehmer 16, Frage 9). Neben dem zeitlichen Aspekt spielt auch der Kontext, in dem die Botschaft empfangen wird, eine Rolle (Teilnehmer 5, Frage 9). Für vier der Befragten war es wichtig, dass sich die Werbeinformation auf den aktuellen Standort – und tatsächlich auch auf die nähere unmittelbare Umgebung – bezieht. Was genau die Befragten unter „Nähe" verstehen, bleibt dabei offen. Ein Teilnehmer sprach lediglich davon, dass das Angebot in einem „Umkreis von maximal 3 km" liegen müsse (Teilnehmer 13, Frage 9). Die akzeptierte Entfernung, so kann man mutmaßen, dürfte jedoch mit steigender Attraktivität des Angebots sowie entsprechend verfügbaren Verkehrsmitteln zunehmen (oder, im negativen Fall, abnehmen).

Ein anderes Kriterium stellt der individuelle Nutzen der Werbebotschaft (Teilnehmer 7, Frage 9), beziehungsweise ein gewisser Mehrwert (Teilnehmer 10, Frage 9) dar. Widersprüchliche Aussagen gab es bezüglich der Darstellung der Werbebotschaft. Einerseits sollte Werbung in LBS „Aufmerksamkeit erregen" (Teilnehmer 12, Frage 9) und „originell" (Teilnehmer 10, Frage 9) sein, andererseits muss sie „unaufdringlich" (Teilnehmer 10, Frage 9) oder „diskret" sein und „darf nicht nerven" (Teilnehmer 3, Frage 9).

Als nervend und unerwünscht gilt den Befragten zufolge vor allem Werbung, die „nicht zielgerichtet" (Teilnehmer 5, Frage 10) oder nicht relevant (Teilnehmer 2, Frage 10) ist: „Wenn's mich nicht interessiert, stört alles" (Teilnehmer 6, Frage 10). Vor allem die Wiederholungsfrequenz scheint stark zu beeinflussen, ob eine Werbebotschaft als störend empfunden wird (Teilnehmer 3, Frage 10; Teilnehmer 11, Frage 10). Auch darf unter der Werbeeinblendung keinesfalls die „Benutzung verlangsamt" werden (Teilnehmer 1, Frage 10). Dies lässt darauf schließen, dass Werbung als „Beiwerk" zu einem LBS keinesfalls die eigentliche Nutzungsintention des Services beeinträchtigen darf. Unterbrechungsmarketing scheint in LBS dann wenig akzeptiert, wenn darunter die Qualität des eigentlichen Services leidet. Ein „Overlay in z.B. Menüs" (Teilnehmer 5, Frage 10) des LBS wäre für einen der Befragten nicht akzeptabel. Die Akzeptanz von Werbung in LBS würde sich demnach wohl erhöhen, wenn sie nicht „permanent" (Teilnehmer 12, Frage 10), sondern im Umkehrschluss ausblendbar wäre.

Der Vorteil von Werbung in LBS wird von vielen Befragten in der unmittelbaren Nutzbarkeit gesehen. Es sei ein Vorteil, dass man „die Angebote direkt wahrnehmen könnte" (Teilnehmer 13, Frage 11). Das Stichwort „sofort" fiel in diesem Zusammenhang häufiger: Werbebotschaften in LBS seien „sofort nutzbar und man kann kurzfristig entscheiden, ob man sie nutzen will" (Teilnehmer 11, Frage 11). Sieben von 16 Befragten gaben diesen Aspekt als Vorteil dieser Werbeform an. Dass dies gleichzeitig einen gewissen Entscheidungsdruck mit sich bringt, wurde von keinem der Befragten erwähnt. Verständlich ist daher auch, dass es für Nutzer äußerst unbefriedigend ist, wenn ein so unmittelbar und direkt beworbenes Angebot dann nicht mehr verfügbar ist. Wenn „das Produkt/ die Dienstleistung zum Zeitpunkt der Werbung nicht verfügbar ist", dann verliere die Werbebotschaft an Nützlichkeit und Relevanz und wird als störend und nervig empfunden (Teilnehmer 16, Frage 10). Durch diesen Wunsch der Kunden wird das werbenden Unternehmen insofern unter Druck gesetzt, als dass sie ihre Kommunikation ständig auf dem neuesten Stand halten müssen, um Nutzern unnötige Enttäuschung zu ersparen.

Immerhin fünf der Teilnehmer (Teilnehmer 2, 5, 7, 14 und 16) gaben explizit an, dass sie keine Risiken bei standortbezogener Werbung erkennen könnten. Auch reagierten nur drei der Teilnehmer überhaupt skeptisch auf das generelle Auftreten von Werbung in LBS (Teilnehmer 1, 9 und 15, Frage 9) und nur ein Teilnehmer gab an, dass Werbung für ihn immer störend sei (Teilnehmer 15, Frage 10).

Werbung im Allgemeinen wird nicht nur dann als nützlich und passend empfunden, wenn sie sich auf den aktuellen Standort bezieht, sondern auch, wenn sie Informationen mit dem aktuellen Standort in Beziehung setzt: „Wenn ich zu Media Markt gehe kann es interessant sein zu wissen was Expert [Konkurrent von Media Markt; M.W.] hat..." (Teilnehmer 6, Frage 13). Hier wurden von einem Teilnehmer auch Eigenschaften von passender Werbung angesprochen, die sich mit der später geäußerten Skepsis bezüglich Datenschutz und -sicherheit teils widersprechen. Passende Werbung müsse (1) die individuellen Interessen berücksichtigen, (2) die „Nicht-Interessen" berücksichtigen und (3) dazulernen (Teilnehmer 10, Frage 13).

3.2.5 Datensicherheit in LBS

Was sich in der Theorie über LBS bei SMS und im Mobile Marketing allgemein schon angedeutet hat, findet sich auch bei den Bedenken der Nutzer bezüglich Werbung in LBS wieder. Die Fragen, die sich den befragten Nutzern stellen sind: „Wer kriegt die Daten?" (Teilnehmer 6, Frage 12) und was passiert mit diesen Daten (Teilnehmer 13, Frage 12)? Die Möglichkeit eines eventuellen Missbrauchs der persönlichen Daten ist den Teilnehmern zumindest ansatzweise bewusst, wenn sie auf die Gefahr hinweisen, „ausspioniert [zu] werden" (Teilnehmer 2, Frage 5) oder gar vor Einbrüchen warnen (Teilnehmer 1, Frage 5; Teilnehmer 15, Frage 5). Die Sorge um die persönlichen Daten und wie sie von den Betreibern verwendet werden (Teilnehmer 13, Frage 5) sowie die Befürchtung, dass die zwangsläufig entstehenden Bewegungsprofile von Dritten eingesehen werden könnten (Teilnehmer 16, Frage 5) sind bei den Nutzern durchaus vorhanden. Nur ein Befragter sieht „keine" Gefahren oder Risiken bei der Nutzung von LBS (Teilnehmer 5, Frage 5).

Neben den Gefahren für die Privatsphäre und die Sorge um die Sicherheit der eigenen Daten sehen die Nutzer auch andere Risiken. Die Möglichkeit Konsumenten gezielter anzusprechen, die LBS theoretisch bietet, wird dann ad absurdum geführt, wenn die Menge an Werbeinformationen zu stark zunimmt. Einer der Befragten sieht die Gefahr, dass wichtige Nachrichten in der Masse an Information plötzlich untergehen könnten (Teilnehmer 4, Frage 12). Das entspricht auch der bereits vorher artikulierten Anforderung an Werbung in LBS, dass sie nicht zu massiv auftreten dürfe. Werbetreibende müssen also das richtige Maß finden, mit dem sie Werbebotschaften in LBS platzieren, um diesen neuen Kanal und die Geduld der Nutzer nicht unnötig zu strapazieren.

Die Bedenken zweier Befragter, dass man unter Umständen mehr Geld ausgeben würde (Teilnehmer 15 und 3, Frage 12) können unter Umständen als Hinweis auf die prinzipiell von Nutzerseite angenommene Wirkung von Werbung in LBS gewertet werden.

Im Allgemeinen lässt sich feststellen, dass die Befragten nur zögerlich bereit wären, Daten, die über den reinen Check-in hinausgehen, preiszugeben. Zwei Teilnehmer gaben dies explizit an (Teilnehmer 3 und 16, Frage 14), andere wären dazu nur bereit, wenn die Sicherheit der Daten gewährleistet wäre (Teilnehmer 7, 8, 11 und 13, Frage 14). Dass dies jedoch nicht unbedingt für den Endnutzer nachvollziehbar ist, wird auch angemerkt: „Ich müsste wenigstens das Gefühl haben, dass mit meinen Daten kein Schindluder getrieben wird" (Teilnehmer 13, Frage 14). Wenn der Service-Anbieter vertrauenswürdig ist, wenn es eine „seriöse Firma" (Teilnehmer 7, Frage 14) ist, dann wären die Nutzer eventuell bereit mehr persönliche Daten von sich zur Verfügung zu stellen um im Gegenzug passende Werbung zu erhalten.

4 Fazit und Ausblick

Bei den unzähligen Werbebotschaften und Informationen, die täglich auf die Konsumenten einprasseln ist der Werbende am besten aufgestellt, der seine Botschaften am erfolgversprechendsten platziert. Erfolgreiche Kommunikation berücksichtigt neben dem, was die Unternehmen über ihr Produkt sagen möchten, viel stärker das, was die Menschen in bestimmten Momenten darüber hören möchten. Schließlich spielt der Moment, in dem Werbebotschaften empfangen werden, eine große Rolle in Bezug auf Involvement und Aktivierung bei den Rezipienten. Je nach Umfeld unterscheidet sich die Möglichkeit,

Informationen zu verarbeiten. An ruhigen Orten können längere, komplizierte Werbebotschaften wahrscheinlich eher verarbeitet werden als an lauten, hektischen Orten. Werbebotschaften, die an das Umfeld der Menschen angepasst sind, machen es den Menschen außerdem einfach, sofort zu handeln. Die Aktivierungsleistung von umfeldbezogener Werbung auf mobilen Endgeräten kann dementsprechend relativ hoch sein.

Bei all den vielversprechenden Eigenschaften von *Location-Based Advertising* darf der wichtigste Faktor jedoch nicht vergessen werden: die Empfänger. Je stärker Werbebotschaften in ihre Privatsphären eindringen, desto skeptischer werden die Menschen. Diese Skepsis muss ernst genommen werden. Unternehmen müssen mit ihren Botschaften diese Privatsphäre achten und die Menschen vor die Wahl stellen, ob sie Botschaften empfangen möchten. Je mehr Mehrwert eine Botschaft dabei bietet, desto tiefer lassen die Menschen sie in ihre Privatsphäre eindringen. Diese Erlaubnis muss man sich als Marke erarbeiten (vgl. Godin 2007). Je seriöser der genutzte LBS und je höher die wahrgenommene Datensicherheit, desto eher werden Werbebotschaften von den Nutzern akzeptiert.

In einer ausführlicheren Version dieser Arbeit wurden die gewonnenen Erkenntnisse auf ein von Park et al (2008) entwickeltes Rahmenmodell des Mobile Advertising übertragen. Angepasst werden müsste vor allem der Fokus des Modells weg von einem anonymen Publikum hin zu einem einfacher zu identifizierenden Individuum. Außerdem müssten der Standort und das Umfeld bei *Location-Based Advertising* selbstverständlich an Bedeutung gewinnen – auch deshalb, weil verschiedene Standorte unterschiedlich privat wahrgenommen werden.

Literatur

Banerjee, Syagnik; Dholakia, Ruby Roy (2008). Mobile advertising: does location-based advertising work? In: International Journal of Mobile Marketing, Vol. 3, Nr. 2, 68-74.

Bauer, Hans; Barnes, Stuart; Reichardt, Tina; Neumann, Marcus (2005). Driving consumer acceptance of mobile marketing: a theoretical framework and empirical study. In: Journal of Electronic Commerce Research, Vol. 6, Nr. 3, 181-192.

Bellavista, Paolo; Küpper, Axel; Helal, Sumi (2008). Location-based services: back to the future. In: Pervasive Computing, April-June 2008, 85-89

Bruner II, Gordon; Kumar, Anand (2007). Attitude toward Location-based Advertising. In: Journal of Interactive Advertising, Vol. 7, Nr. 2.

Bundesnetzagentur (2011). Jahresbericht 2010. Bundesnetzagentur für Elektrizität, Gas, Telekommunikation, Post und Eisenbahnen (Hrsg). Online im Internet. URL: <http://www.bundes-

netzagentur.de/cae/servlet/contentblob/195950/publicationFile/10483/Jahresbericht2010pdf.pdf> (07.04.11)

Carlson, Nicholas (2010). Foursquare doomed? Facebook Places has 7x more users. In: Business Insider. Online im Internet. URL: < http://www.businessinsider.com/facebook-places-may-have-30-million-users-but-none-of-them-use-it-very-much-2010-10> (29.03.11)

Cleff, Eveyln Beatrix (2007). Privacy Issues in Mobile Advertising. In: International Review of Law Computers & Technology, Vol. 21, No. 3, 225-236.

Facebook (2011a). Press Room: Facebook Factsheet. Online im Internet. URL: <http://www.facebook.com/press/info.php?factsheet> (29.03.11)

Facebook (2012b). Newsroom: Company Info. Online im Internet. URL: <http://newsroom. fb.com/content/default.aspx?NewsAreaId=22> (24.07.12)

Fittkau & Maaß (2010). Das iPhone beherrscht das mobile Internet. Blog-Eintrag vom 08. Dezember 2010. Fittkau & Maaß Consulting GmbH. Online im Internet. URL: <http://www.w3b.org/ nutzungsverhalten/das-iphone-beherrscht-das-mobile-internet.html> (04.04.11)

Foursquare (2011a). 2010: Our year of 3,400% growth. E-Mail Newsletter an Mitglieder. URL: <http://foursquare.com/2010infographic> (31.01.11)

Foursquare (2011b). Über: Über Foursquare. Online im Internet. URL: <http://de.foursquare. com/about> (29.03.11)

Foursquare (2012). About foursquare. Online im Internet. URL: <https://de.foursquare.com/about/> (14.08.12)

Fry, David (2008). Control freaks: web 2.0 tools put the customer in charge. In: Multichannel Merchant, Januar 2008, S. 23-25.

Godin, Seth (2007). Permission Marketing: Turning strangers into friends and friends into customers. Pocket Books.

Gowalla (2011). Website. URL: <http://gowalla.com/> (29.03.11)

Hulme, Michael (2010). Your brand: At risk or ready for growth? Building relationships with your customers in an era of social change. London, Chicago: Alterian. Online im Internet. URL: <http://www.alterian.com/resource-links/campaigns/brandsatrisk/brands-at-risk-nc.pdf/> (08.02.11)

Junglas, Iris; Watson, Richard (2008). Location-based services. Evaluating user perceptions of location-tracking and location-awareness services. In: Communications of the ACM, Vol. 51, Nr. 3, S. 65-69.

Kolbrück, Olaf (2011). Social Media: Jedes zweite Unternehmen hat Zweifel. In: horizont.net, 25.03.2011. Online im Internet. URL: <http://www.horizont.net/aktuell/ marketing/pages/ protected/Social-Media-Jedes-zweite-Unternehmen-hat-Zweifel-_99030.html>

Leppäniemi, Matti (2008). Mobile Marketing Communications in Consumer Markets. Oulu: Oulu University Press

Lobo, Sascha (2011). Kuschelkapitalismus aus dem Netz. In: S.P.O.N. – Die Mensch-Maschine, 12.01.2011, Spiegel Online. Online im Internet. URL: <http://www.spiegel.de/ netzwelt/ netzpolitik/0,1518,739027,00.html> (18.04.11)

Park, Taezoon; Shenoy, Rashmi; Salvendy, Gavriel (2008). Effective advertising on mobile phones: a literature review and presentation of results from 53 case studies. In: Behaviour & Information Technology, Vol. 27, No. 5, 355-373.

Rao, Bharat; Minakakis, Louis (2003). Evolution of mobile location-based services. In: Communications of the ACM, Vol. 46, Nr. 12, 61-65.

Sher, Peter J.; Lee, Sheng-Hsien (2009). Consumer skepticism and online reviews: an Elaboration Likelihood Model perspective. In: Social Behavior and Personality, Vol. 37, Nr. 1, 137-144.

Siegler, MG (2011). Apple has finally stuck a dagger into SMS. I love it. In: TechCrunch, 6. Juni 2011. Online im Internet. URL: <http://techcrunch.com/2011/06/06/apple-imessages/> (12.06.11)

Snekkenes, Einar (2001). Concepts for personal location privacy policies. In: Proceedings of the ACM Concerence on Electronic Commerce (EC'01), Oktober 2001. URL: <http://www.an-satt.hig.no/einars/papers/ACM_EC01_13_09_2001.pdf> (26.04.11)

Vijayalakshmi, M.; Kannan, A. (2009). Proactive location-based context aware services using agents. In: International Journal of Mobile Communication, Vol. 7, Nr. 2, 232-252.

Wirtz, Bernd (2005). Integriertes Direktmarketing. Grundlagen, Instrumente, Prozesse. Wiesbaden: Gabler

Xu, Heng; Oh, Lih-Bin; Teo, Hock-Hai (2009). Perceived effectiveness of text vs. multimedia Location-based Advertising messages. In: International Journal of Mobile Communications, Vol. 7, Nr. 2, 154-177.

Xu, Heng; Teo, Hock-Hai; Tan, Bernard; Agarwal, Ritu (2009). The role of push-pull tech-nology in privacy calculus: the case of location-based services. In: Journal of Management Information Systems, Vol. 26, Nr. 3, 135-173.

Zickuhr, Kathryn; Smith, Aaron (2010). 4% of online Americans use location-based services. Pew Internet. Erhältlich online. URL: http://pewinternet.org/Reports/2010/Location-based-services.aspx

Kreativität mit Kreativität vermarkten: Guerilla Marketing für Creative Industries

Karolin Wochlik

Inhalte:
1 **Einführung**
2 **Das Phänomen der Kreativität**
3 **Kreativität in Creative Industries und im Guerilla Marketing**
3.1 Kreativität in Creative Industries
3.1.1 Bedeutung für Wirtschaft und Standortentwicklung
3.1.2 Bedeutung für den Kulturtourismus
3.1.3 Bedeutung für den Dialog zwischen Kulturen
3.2 Kreativität im Guerilla Marketing
3.2.1 Aufmerksamkeit als Reaktion auf Kreativität
3.3 Kreativität als Grund für den Einsatz von Guerilla Marketing in Creative Industries
4 **Guerilla Marketing für Creative Industries am Beispiel des Kultur-festivals „HELSINKISSBERLIN" (2008)**
4.1 Hintergründe und Informationen zum Festival
4.2 Vorstellung der Crossmedia-Kampagne
4.3 Mehrwert der Kreativität des Guerilla Marketing
5 **Fazit**
Literatur

1 Einführung

»Das 21. Jahrhundert ist das Jahrhundert der Kreativität.« [32]

(Alfred Gusenbauer, Bundeskanzler Österreichs 2006-2008)

Berlin, Alexanderplatz. 25.04.2008. Um Punkt 17.00 Uhr ertönt ein Signal und hunderte Menschen stürmen auf den Platz, um sich eine Minute lang in der Masse zu küssen. Berichte in 48 Tageszeitungen, in 61 Print- und 77 Online Magazinen[33], in etlichen privaten Blogs und Websites, sowie auf verschiedenen Radiokanälen zeugen von der Aufmerksamkeitserregung, die dieses emotionale Erlebnis für Berlin hinterlassen hat. Es war kein Zufall, dass um den Zeitpunkt des 25.04.2008 herum ein kreativ-kulturelles Festival mit dem Namen „HEL-SINKISSBERLIN" in der deutschen Hauptstadt stattfand. Das Massenküssen war Teil einer kreativen Marketingkampagne[34] für das finnisch-deutsche Kultur-

---

32 Vgl. Raunig (2007) kulturrisse
33 Vgl. KKLD* Berlin New York I
34 Vgl. KKLD* Berlin New York IV

festival, um durch unkonventionelle, einfallsreiche und neuartige Gestaltung besondere Aufmerksamkeit der Öffentlichkeit auf das Fest der Kulturen zu lenken.

Aufmerksamkeit ist, was Creative Industries in Deutschland und Europa seit einigen Jahren erfahren, denn Kultur qualifiziert sich vom „nice to have" zum „must have" für Wirtschaft, Tourismus und Gesellschaft. Diese Erkenntnis beschert dem Sektor Förderung und Initiativen. Die Europäische Kommission investiert innerhalb der vom Europäischen Rat unterstützten Kulturagenda zwischen den Jahren 2007 und 2013 400 Millionen Euro in das Aktionsprogramm „Kultur" mit dem Ziel „kulturelle Vielfalt und interkulturellen Dialog, Kultur als Katalysator für Kreativität sowie Kultur als Schlüsselelement der internationalen Beziehungen"[35] zu fördern. Ein ähnliches Ziel verfolgt auch die Initiative „Kulturhauptstadt Europas"[36], die seit dem Jahr 1985 vierzig Städte mit diesem Titel ausgezeichnet hat, um „Städte umzugestalten, dem kulturellen Leben neue Vitalität zu verleihen, ihre internationale Bekanntheit zu steigern, den Tourismus zu fördern und ihr Image in den Augen ihrer Bewohner zu verbessern"[37]. Veröffentlichte Zahlen der Hauptstadt der Kultur Ruhr 2010 belegen, dass es sich wirtschaftlich lohnt, kreative Kultur zu fördern: Tausende Gäste aus dem In- und Ausland reisten 2010 an, um die Kulturhauptstadt zu erleben. Die Tourismusbranche in der Region Ruhr verzeichnete deswegen außergewöhnlichen Erfolg mit 13,4 Prozent mehr Übernachtungsgästen insgesamt als im Jahr 2009.[38]

Doch wem nützen schwarze Zahlen in der Wirtschaft, wenn der Überlebenskampf an ganz anderer Stelle stattfindet: Wenn staatliche Förderung zwar existiert, aber den kleinsten Kulturverein nicht erreicht? Wenn zwecks kulturellem Desinteresses und steigendem Freizeitangebot die Besucherzahlen rückläufig werden? Wenn die Creative Industries keine Chance sehen, sich als „must have" zu behaupten, weil Möglichkeiten fehlen, Aufmerksamkeit zu erregen? Klassische Marketingmaßnahmen für Produkte und Dienstleistungen der Creative Industries können dies nicht leisten, weil sie als zu werbend eingestuft werden und somit nicht konform mit der kreativ-kulturellen Botschaft gehen. Klassisches Marketing ist außerdem oft nicht finanzierbar, weil das Budget für das Produkt oder die Dienstleistung selbst gerade noch reicht, für mehr aber nicht. Oder die kreativ-kulturelle Botschaft kann in gewöhnlichen Marketing- und Werbemaßnahmen nicht ausgedrückt werden, weil sie die künstlerische Kreativität nicht ausreichend widerspiegelt. Wenn aus kreativen Ideen

---

35 Europäische Kommission. Kultur (2009) V
36 Europäische Kommission. Kultur (2009) III
37 Europäische Kommission. Kultur (2009) III
38 Vgl. RUHR.2010 GmbH

Besucherbedürfnisse und aus der künstlerischen Freiheit Gewinnmaximierung werden, sind selbst die Mittel des Kulturmarketing ausgeschöpft.

Parallel dazu begegnet klassisches Marketing überall, das Einprasseln von Werbebotschaften ist normal und wird aus eigener Erfahrung eher als lästig empfunden oder gar nicht wahrgenommen. Kein Mensch würde Online-Banner für kulturelle Veranstaltungen beachten, die in einem blinkenden Meer von Online-Bannern nach Aufmerksamkeit heischend untergehen. Laut Kroeber-Riel/Esch braucht ein Leser 35 bis 40 Sekunden, um die Informationen einer Printanzeige aufzunehmen, in der Praxis sind es aber nur zwei Sekunden, die der Leser beim schnellen Umblättern darauf verwendet.[39] Diese Tatsache bestätigt den Wirkungsverlust der Printanzeige. Und obwohl der Beweis erbracht ist, werden Printanzeigen teuer gekauft. 95% Informationsüberlastung durch Printmedien konnten festgestellt werden, durch elektronische Medien wird ein weitaus höherer Wert vermutet.[40]

Es stellt sich also die Frage, welche Möglichkeiten die Creative Industries besitzen, Aufmerksamkeit zu erregen, denn große Chancen im Kampf um die Aufmerksamkeit der werbeübersättigten Rezipienten hat nur, was selbst kreatives Potenzial besitzt. Kroeber-Riel/Esch formulieren diese Erkenntnis als allgemeine Forderung an die Werbung: „Eine Werbung, die in dieser Informationsflut ihre Zielgruppen erreichen will, muss die Psychologie dieser Zielgruppen treffen. Anders ausgedrückt: zielgruppenspezifische Kreativität wird notwendig."[41]

2 Das Phänomen der Kreativität

Anders, bunt, neu, wider der Gewohnheit – Begriffe, die verwendet werden, wenn eine Denkleistung, eine Handlung oder ein Produkt als originell wahrgenommen werden. Es sind Begriffe, die in bestimmten Kontexten synonym für Kreativität stehen. Etymologisch von lat. creō, creare[42] = (er)schaffen, hervorbringen, zeugen, gebären und ähnlich dem Wortstamm des lateinischen Wortes crēscō, crescere[43] = (er)wachsen, entstehen, zunehmen, immer größer werden, sich mehren, sich steigern, bezeichnet Kreativität im wortwörtlichen Sinne die Fähigkeit etwas Neuartiges entstehen zu lassen. Das Gabler-Wirtschaftslexikon definiert: Kreativität „bezeichnet i.d.R. die Fähigkeit eines Individuums oder

---

39 Kroeber-Riel/Esch 2004: 17
40 Kroeber-Riel/Esch (2004): 17
41 Kroeber-Riel/Esch (2004): 30
42 PONS EU (2011) creare
43 PONS EU (2011) crescere

einer Gruppe, in phantasievoller und gestaltender Weise zu denken und zu handeln."[44] Früher wurde diese Fähigkeit nur Gott zugetraut, etwas später dann Genies[45], heutzutage, da ist sich die Kreativforschung einig, kann Kreativität als eine grundlegende Eigenschaft aller Lebewesen angesehen werden, die durch gezielt eingesetzte Förderung mehr oder weniger ausgeprägt ist.[46]

Der Einsatz von Kreativität erfolgt tagtäglich im Alltag als Anpassung des Individuums an seine Umgebung durch das Zusammenspiel von Informationen, Wörtern, Gedanken und Emotionen. Man kennt das Sprichwort „Not macht erfinderisch", das die Auseinandersetzung mit kreativem Lösungsansatz beschreibt. Kreativ ist man folglich entweder, wenn man Altes neu kombiniert oder wenn man etwas noch nie Dagewesenes zum Leben erweckt. Die Bewertung „kreativ" fällt immer auf den Menschen als „Schöpfer" zurück, der sie als Lob für seine besondere Fähigkeit etwas Außergewöhnliches geschaffen zu haben, verstehen kann. Das beweist, dass für Kreativität auch ein passiver Teil bedeutend sein kann, nämlich die Wirkung auf andere Menschen. Passiv deswegen, weil diejenigen, die bewerten, nichts zu der Erschaffung des kreativen Produkts beigetragen haben und nur Betrachter, vielleicht sogar Zielgruppe sind. Der Psychologe Gardener greift diesen Aspekt der Öffentlichkeitswirkung in seiner Kreativitätsdefinition auf. Laut Gardener ist kreativ sein, „dass man etwas tut, was zunächst einmal ungewöhnlich ist. Aber es ist auch bei aller Ungewöhnlichkeit so sinnvoll, dass andere es ernst nehmen."[47] Aufmerksamkeit zu erregen und somit öffentlichkeitswirksam zu sein, ist das Ziel des kreativen Marketing, bei dem „[...] Kreativität eine unabdingbare Voraussetzung für langfristigen Erfolg im Marketing darstellt."[48]

Ein Ansatz ist, die Aufmerksamkeit des potentiellen Kunden durch sensorische Impulse zu erreichen.[49] Brodbeck lässt den Wirkungsaspekt ebenfalls in seine Definition einfließen und verbindet so das Phänomen der Kreativität mit Kultur: „Kreativität ist ein individueller Prozess, der aber soziale Bedeutung erlangen kann. Man kann Kreativität nicht positiv definieren, weil Kreativität immer Grenzen übersteigt und damit jeder Definition potentiell widerspricht."[50] Einen Richtwert, wann etwas als kreativ wahrgenommen wird, existiert also nicht, denn die Bewertung „kreativ" ist kulturabhängig und kann auch innerhalb einer Kultur noch individuell vergeben werden. Somit kann auch erklärt werden,

---

44 Wirtschaftslexikon Gabler Kreativität
45 Vgl. Baecker 2009: 254
46 Vgl. Woolfolk/Schönpflug 2008: 373
47 Winkelhofer, 2006: 10
48 Wölm 1998: 340
49 Wölm 1998: 340
50 Winkelhofer 2006: 12

Kreativität mit Kreativität vermarkten

173

warum der Begriff Kreativität nicht immer innerhalb harmonischer Situationen verwendet wird, sondern auch mit extremen Umständen in Verbindung gebracht werden kann, „Kultur" soll hier – nach Mole[51] - gleichwertig mit einer Reihe von Einstellungen, Überzeugungen, Gewohnheiten, Werten und Verhaltensweisen einer Menschengruppe in Bezug zu Politik, Religion, Geographie oder anderen spezifischen Gruppenzugehörigkeitsmerkmalen gesehen werden. Die Europäische Kommission spricht in ihrer Studie „The Economy of Culture in Europe" 2006 sogar von „culture-based creativity"[52], also von kulturbasierter Kreativität, im Sinne der „Fähigkeit der Menschen (vor allem Künstlern), unabhängig von konventionellen Regeln, kreativ und in Bildern zu denken und sich auszudrücken. So werden Konventionen gebrochen, neue Wege begangen und Visionen, Ideen sowie innovative Produkte entwickelt."[53] Die Studie stellt diese Art der Kreativität als besonders förderungswürdig heraus, da sie bedeutenden Einfluss auf die Wirtschaft hat und durch gezielte Förderungsstrategien nicht nur um ein Vielfaches vermehrt werden, sondern auch Innovationen entwickeln könnte. Weiterhin wird Wirkungspotenzial auf Politik, Bildung und Gesellschaft vermutet.

3 Kreativität in Creative Industries und im Guerilla Marketing

Im Folgenden wird das Phänomen der Kreativität innerhalb der Creative Industries und im Guerilla Marketing untersucht, um es für eine Verknüpfung dieser beiden Bereiche zu Grunde zu legen.

3.1 Kreativität in Creative Industries

Creative Industries als Sammelbegriff für Architektur, Handwerk, Design in jeglicher Form, Mode, Film, Musik, Kunst in jeglicher Form, Literatur, Fotografie, kulturelle Veranstaltungen, sowie für Museen, Galerien, Archive, Bibliotheken, Kino, Kultur- und Kreativvereine, Kultur- und Kreativinitiativen als Räume für kulturelle Kreativität besitzen kreatives Gehalt. Einen ersten Beweis dafür stellt der englische Begriff „Creative" von „Creativity" in der Namensgebung dar, zu Deutsch „kreativ" und „Kreativität", der den Inhalt des Konzepts nicht einfach als Label oder Modebegriff verschönert, sondern ihn widergibt. Kreativität wird also durch Kreativität dargestellt und mit dem Begriff

---

51 Mole, John 2003: 8
52 Europäische Kommission. Kultur 2009 II
53 Europäische Kommission. Kultur 2009II: 2

„Creative" wird auf den Inhalt Bezug genommen. Kreativität ist an Menschen gebunden, die durch ihre Fähigkeit Kreatives erschaffen. Wie Florida, der den kreativen Menschen für die Schlüsselressource in der Standortentwicklung hält[54], betrachte ich die kreativen Menschen aus den oben genannten Branchen und Bereichen als die bedeutendste Ressource für Creative Industries. Ohne die Kreativität in den Köpfen der Menschen, die in den genannten Branchen und Institutionen arbeiten, würden Creative Industries nicht existieren.

Durch die Entfaltung von Kreativität können kreative Ideen, Produkte oder Dienstleistungen geschaffen werden, die, so ist anzunehmen, neu, phantasievoll und unkonventionell beschrieben werden können. Dabei muss das Produkt nicht unbedingt für sinnvoll erachtet werden, um als kreativ zu gelten. Kreativität in Creative Industries kann durch die breite Vielfalt unmöglich fassbar gemacht werden. Für Kreativität von Menschen in Creative Industries gibt es nämlich unzählige immaterielle (Ausstellungen, Festivals, Film, etc.) oder materielle (Gemälde, Buch, Mode, etc.) Beispiele. Sie sind gleichzusetzen mit dem „Produkt Kunst und Kultur", das Colbert als Hauptprodukt neben der mit dem Produkt verbundenen Serviceleistungen und dem Wert, der dem Produkt zugeschrieben wird, beschreibt.[55] Wenn ein kreatives Produkt oder eine kreative Dienstleistung für sinnvoll gehalten wird und außerdem der breiten Öffentlichkeit nützen könnte, befindet sich hier die Schnittstelle von Kreativität zu Innovation.

Kreativität in Creative Industries kann außerdem Aktivität bei den Rezipienten wecken. Voraussetzung für eine Reaktion auf kreative Produkte oder Dienstleistungen ist, dass sich der Rezipient gedanklich und/oder emotional damit auseinandergesetzt hat, nachdem seine Aufmerksamkeit auf die Kreativität gelenkt wurde. Die Aktivierung des Rezipienten lässt sich nicht nur mit dem Kauf des kreativen Produkts beschreiben, sondern auch mit dem Willen involviert zu sein und so zum Beispiel bei kreativ-kulturellen Veranstaltungen teilzunehmen bzw. andere Interessierte durch Weiterempfehlungen ebenfalls an der Kreativität teilhaben zu lassen.

Kreativität in Creative Industries wirkt nicht nur auf die Entwicklung der eigenen Branchen, sondern außerdem als Impulsgeber für angrenzende Bereiche und Wertschöpfungsketten. So sind durch Kreativität Wirtschaft, Standortentwicklung, Kulturtourismus und interkultureller Dialog durchaus mit kulturellkreativen Aktivitäten vereinbar. Die Enquete–Kommission bescheinigt in ihrem Bericht von 2007 den Creative Industries sogar eine Problematik, wenn sie nicht als Teil eines Netzwerks mit verschiedenen anderen Bereichen gesehen wird.[56]

---

54 Vgl. Florida 2004: xix
55 Vgl. Mandel 2009: 30
56 Vgl. Enquete-Kommission 2007: 340

Der Nutzen existiert auf beiden Seiten: Kreative erfahren Integrität und Creative Industries können im Netzwerk mit anderen Bereichen neue Potenziale schaffen. Exportprognosen und Wachstumserfolg sowie der Rückgang finanzieller Förderungen können jedoch auch Leistungsdruck und Zwang zur Kreativität aufbauen. Kreativität wäre somit nicht mehr nur Ressource aus der geschöpft werden kann, sondern eine zwanghafte Notwendigkeit für Creative Industries.

3.1.1 Bedeutung für Wirtschaft und Standortentwicklung

Kreativität in Creative Industries fungiert als Brücke zwischen Wirtschaft und Kultur. Die Branchen der Creative Industries werden zu Wirtschaftszweigen, wenn die Kreativen nicht mehr nur kreativ-kulturelle Produkte, Dienstleistungen oder Ideen schaffen, sondern diese in den Dienst der Wirtschaft gestellt werden. Kreativität erhält so eine andere Bedeutung: die traditionelle, kulturelle Kreativität wird marktfähig gemacht. Es besteht natürlich eine gewisse Gefahr des Ungleichgewichts zwischen Wirtschaft und kultureller Kreativität, die durch eine zu starke Kontrolle von Seiten der Wirtschaft zugunsten der Kommerzialisierung ausgebeutet werden könnte. Diese Gefahr impliziert auch unzulängliche finanzielle Förderung der Creative Industries, wenn nur diejenigen Kreativen gefördert werden, die besonders wertvoll für die Wirtschaft sind.[57] Die Herausforderung ist, den vermeintlichen Gegensatz von Kultur und Wirtschaft[58] zu entkräften, in dem das kreativ-kulturelle Wesensmerkmal der Creative Industries im wirtschaftlichen Kontext nicht vernachlässigt wird. Wie auch schon die Enquete-Kommission in ihrem Bericht von 2007 veröffentlichte, schließen sich Kultur und Wirtschaft nicht aus.[59] Auch durch die Flexibilität der Kreativen in allen Bereichen des öffentlichen, privaten und intermediären Sektors der Creative Industries zu arbeiten, entstehen Schnittstellen zwischen Kultur und Wirtschaft. Netzwerke und Kooperationen können sich entwickeln. Außerdem besteht die Möglichkeit, dass aus kreativer Arbeit und ihrem Vertrieb und der Vermarktung neue ökonomische Potenziale entstehen, die zukunftsweisend sind. Dazu zählen Innovationen in Technik und Wissenschaft, genauso wie die Schaffung von Arbeitsplätzen zur Weiterverarbeitung der kreativen Inhalte.

Städte erhalten durch Creative Industries Wettbewerbsvorteile, die sich in der regionalen und überregionalen Positionierung gegenüber anderen Städten positiv auswirken. Wenn eine Stadt als attraktiver Standort von Kreativen der Creative

---

57 Vgl. Enquete-Kommission 2007: 362f.
58 Vgl. Enquete-Kommission 2007: 334
59 Vgl. Enquete-Kommission 2007: 334

Industries erwählt wurde, hat sie gute Chancen, ihr wirtschaftliches Wachstum zu steigern. Auch hier zeigt sich wieder ein Geben und Nehmen zwischen Creative Industries und der Wirtschaft bzw. der Standortentwicklung. Um zu erreichen, dass sich die Kreativen in einer Stadt niederlassen, um ihre Kreativität arbeiten zu lassen, müssen Städte gewisse Anforderungen erfüllen, die sich in Floridas „Toleranzindex"[60] widerspiegeln. Sind Städte tolerant, multikulturell und offen für Neues können Creative Industries die Stadt nicht nur als wirtschaftlichen Anziehungspunkt für Unternehmen und Investoren attraktiv gestalten. Die Stadt kann auch als Marke mit der unterstützenden Hilfe durch Stadt- und Regionalmarketing mit einem kreativen, positiven Image positioniert werden, das wiederum für den Kulturtourismus bedeutend ist. Durch diesen Zyklus wäre auch ein Fortbestehen der Creative Industries gesichert, denn Kreative bevorzugen in Florida neben dem hohen Toleranzmaß auch einen hohen Wert an Technologie und kreativem Talent.[61]

3.1.2 Bedeutung für den Kulturtourismus

Im Netzwerk mit den Kreativen und dem Stadtmarketing regt Kreativität in Creative Industries auch einen Austausch mit dem Kulturtourismus an. Schon der Begriff „Kulturtourismus" aus der Kombination von „Kultur" und „Tourismus" legt eine Verbindung nahe. Studien der *KEA* im Auftrag der Europäischen Kommission ergaben, dass Creative Industries bedeutenden Einfluss auch auf europäischer Ebene auf den Kulturtourismus haben.[62] Für den Moment sind zwei Formen des Kulturtourismus relevant: 1. Kulturtourismus bezeichnet „jede auf "Kultur" (in einem breiten Verständnis) ausgerichtete Reise"[63], also Reisen, die allein auf Grund von kulturellem Interesse unternommen werden. 2. Kulturtourismus kann auch die Erweiterung „Kultur im Tourismus" beinhalten, also „jede Form von Tourismus […], in die kulturelle Angebote integriert sind."[64] Reisen zum kulturellen Erbe, zu kulturellen Stätten oder Baudenkmälern sind ebenso gemeint, wie ein Besuch im Museum oder eines kulturellen Festivals. Da Kulturtourismus oft ein Verlassen des eignen Kulturraumes impliziert, um eine neue Kultur (im weitesten Sinne) kennenzulernen, besteht im besten Fall ein Austausch zweier Kulturen im Kulturtourismus. Eine Verbindung besteht auch, weil die Kreativen der Creative Industries die von Touristen besuchten kreativ-

---

60 Florida 2004: xix
61 Vgl. Florida 2004: xix
62 Europäische Kommission. Kultur 2009 II: 8
63 Dreyer 2000 : 21
64 Dreyer 2000: 21

Kreativität mit Kreativität vermarkten 177

kulturellen Produkte schaffen. Kulturerbe, Musikstücke, Kunstwerke, etc. sind das Ergebnis entfalteter Kreativität. Kulturtouristen können also Zielgruppe der Creative Industries sein. Andersherum unterstützt die wachsende Nachfrage[65] nach kreativ-kulturellen Produkten und Dienstleistungen von Touristen die Entwicklung der Kreativität der Creative Industries. Laut Dreyer kann Kulturtourismus „regionale Identität" schaffen[66], wenn sich die Stadt und die Creative Industries ihrer Bedeutung bewusst sind. Auch ein gesundes Konkurrenzdenken wirkt sich fördernd neben der Vernetzung aus. Das Bewusstsein der Attraktivität kann wiederum Auswirkungen auf die Produktivität der Kreativen und schließlich auf ihre Umgebung haben, denn wie Florida schon sagte: „We cannot know in advance who the next Steve Jobs, Jimi Hendrix, Gertrude Stein, Paul Allen, Billie Holiday or Andy Warhol will be or where they will come from."[67] Kulturtouristisches Marketing vermarktet so auch immer anteilig die in der Stadt oder Region ansässigen Kreativen der Creative Industries, die innerhalb eines Marketingkonzepts zum Unique Selling Point (USP) für Regionen und Städte werden können. Ein Marketingkonzept ganz auf die Creative Industries zugeschnitten kann natürlich mehr leisten. Im „Schlussbericht der Enquete-Kommission „Kultur in Deutschland" von 2007 bemängelt die Kommission leider die Situation eines kaum vorhandenen ganzheitlichen Marketingkonzepts für Deutschland mit der Empfehlung „Querverbindungen zu anderen kulturellen und touristischen Angeboten der beteiligten Regionen" als Erfolgsfaktor zu schaffen.[68]

3.1.3 Bedeutung für den Dialog zwischen Kulturen

Multikulturalität und der Dialog zwischen Kulturen tragen wesentlich zur Förderung der Kreativität der Creative Industries bei. Florida misst der Toleranz von Städten gegenüber Multikulturalität eine beachtliche Bedeutung bei und integriert diesen Aspekt in seine „3 Ts"-Theorie[69] der Creative Class als Voraussetzung für die Entfaltung von Kreativität. Florida hat erkannt, dass ein soziales, offenes und buntes Umfeld kreativitätsanregend ist und für die Kreativen der Creative Industries geschaffen werden muss, um alle angrenzenden Bereiche zu bedienen. Indessen liefert auch die kulturelle Kreativität einen bedeutenden Beitrag zum Dialog zwischen den Kulturen, denn Creative Industries können in

---

65 Vgl. Dreyer 2000: 25f.
66 Dreyer 2000 17ff.
67 Florida 2004: xiv
68 Enquete-Kommission 2007: 357ff.
69 Florida 2004: xix

Form von interkulturellen Veranstaltungen, Kunstausstellungen, etc. Verständnis, Annäherung, den Willen zum Dialog oder Anerkennung ausdrücken und als eine alternative Sprache fungieren, wenn die gesprochene Sprache ein Hindernis ist. Weitergedacht kann die Kreativität der Creative Industries sich sogar unterstützend zugunsten politischer und wirtschaftlicher Beziehungen auswirken. Seit dem UNESCO-„Übereinkommen zum Schutz und zur Förderung der Vielfalt kultureller Ausdrucksformen" im Jahr 2005 wird genau diese Vernetzung von Kreativität und Kulturdialog im Rahmen des internationalen Kulturaustauschs gefördert[70], um eine gegenseitige Bereicherung möglich zu machen. 2007 wurde dann auf europäischer Ebene über eine „europäische Kulturagenda im Zeichen der Globalisierung" entschieden mit dem Ziel der „Förderung der kulturellen Vielfalt und des interkulturellen Dialogs; Förderung der Kultur als Katalysator für Kreativität im Rahmen der Strategie von Lissabon für Wachstum und Beschäftigung; Förderung der Kultur als wesentlicher Bestandteil der internationalen Beziehungen der Union", an dessen Verwirklichung sich alle Mitgliedsstaaten der EU halten sollen.[71] Eine europaweite Maßnahme war 2008 das „Europäische Jahr des interkulturellen Dialogs"[72], das viele interkulturelle Projekte, Veranstaltungen und Maßnahmen rund um das Thema „Europa zum Anfassen" beinhaltete, so z.B. die „Europawoche 2008", die auch in Berlin veranstaltet wurde.[73] Die Verbindung zwischen Kreativität und kulturellem Dialog erhält durch offizielle Übereinkommen eine politisch legitimierte Ebene, die die Bedeutung dieser Vernetzung für die Zukunft der europäischen Gesellschaft und des Einzelnen verstärkt. Kreativität wird somit zu einer Ressource von Menschen für Menschen.

3.2 Kreativität im Guerilla Marketing

Wenn dem Guerilla Marketing eine Eigenschaft zugesprochen werden kann, dann ist es Kreativität. Kreative Guerilla Marketing Kampagnen entstehen durch die Anwendung der Kreativität als Fähigkeit der Verantwortlichen für das Konzept. So können Neuartigkeit, Phantasie und Unkonventionalität in jeder einzelnen Guerilla Marketing Kampagne, genauso wie im Guerilla Marketing an sich, immer wieder von Neuem erfahren und nachgewiesen werden. Guerilla Marketing ist eine relativ neue Form des Marketing, weil alten Marketingtraditionen nicht mehr gefolgt wird und die bisher befolgten Regeln gebrochen

---

70 Vgl. Deutsche UNESCO Kommission e.V. (2005)
71 Kommission der Europäischen Gemeinschaften 2007: 8ff.
72 Europäische Kommission. Kultur (2009) IV
73 Berliner Europabeauftragte 2008: 2

werden. Die Strategie mit Above-the-line-Instrumenten den Rezipienten zu beeinflussen, funktioniert heute kaum mehr. Grund ist die einseitige Beziehung des klassischen Marketing zum Konsumenten, der sich von Werbung berieseln lassen muss, um Informationen zu Produkten oder Dienstleistungen zu erhalten. Die Passivität des Rezipienten wurde dem klassischen Marketing zum Verhängnis. Aus der Not des Aufmerksamkeitsverlustes der Rezipienten durch Informationsüberlastung entwickelten sich innerhalb der Below-the-line-Kommunikation alternative Formen, von denen das Guerilla Marketing die am stärksten nach Aufmerksamkeit heischende Form ist. Diese veränderte Ansprache durch Guerilla Marketing Kampagnen, ist für den Rezipienten eine völlig neue Situation, die seine Emotionen anspricht, ihn aufmerksam und neugierig werden lässt. Bei Guerilla Marketing Aktionen kann der Rezipient sich außerdem sicher sein, dass er kein zweites Mal mit einer identischen Aktion in Berührung kommt. Jeder Guerilla Marketing Kampagne liegt eine neue Idee zu Grunde, die dann in noch niemals dagewesene Konzepte umgesetzt wird.

Guerilla Marketing Aktionen sind, um immer neuartige Wege in der Ideenfindung und Umsetzung beschreiten zu können, einfallsreich und phantasievoll. Mehrere Guerilla Aktionen eines Produkts, einer Marke oder eines Unternehmens zeugen vom Einfallsreichtum der Marketingverantwortlichen, da sich natürlich auch das Guerilla Marketing an dem Produkt oder der Dienstleistung orientiert. Dabei wird mit allen Mitteln versucht dem Rezipienten seine Aufmerksamkeit zu entlocken. Eine sehr einfallsreiche Methode ist z.B. Zweckentfremdung, wie die amerikanische Werbeagentur *GoGorilla* beweist. Sie „klebt Anzeigen auf echte Dollarnoten, die sie dann in den Metropolregionen Los Angeles und New York millionenfach in Umlauf [bringt]."[74] Diese Art der Guerilla Aktion ist sehr interessant, da sie Above-the-line- und Below-the-line-Instrumente auf höchst einfallsreiche Weise verbindet, während ein Widerspruch von klassischer und neuartiger Werbung erzeugt wird. Voraussetzung für eine Guerilla Marketing Kampagne mit einem kleinen Budget ist ein besonders hoher Einfallsreichtum, da mit minimalen Ressourcen mehr Aufmerksamkeit generiert werden muss als mit teurer Finanzierung bei klassischen Marketinginstrumenten. Dabei sind die einfallsreichsten und phantasievollsten Mittel oft am einfachsten. Simple Mittel kommen genau dann zur Geltung, wenn die Guerilla Strategie unkonventionelle Wege einschlägt. Mit ungewöhnlichen Kombinationen von Ort und Maßnahme der Guerilla Marketing Kampagne, mit provozierenden Werbeinszenierungen, schockierenden Installationen und emotionalen Werbeerlebnissen können sich potenzielle Konsumenten der Kommunikation nicht entziehen, da es in der Natur des Menschen liegt allem Ungewöhnlichen mit

---

74 Hilker 2009: 87

180   Karolin Wochlik

Neugier gegenüberzutreten. Verrückte Ideen haben oft das Potenzial mit dem Gesetz zu brechen, sogar das ist im Guerilla Marketing erlaubt. Solange man nur den Mut aufbringt die Gewohnheit zu durchbrechen, hat das Guerilla Marketing die Aufmerksamkeit der Öffentlichkeit sicher. Dabei gilt: Je ungewöhnlicher die Aktion ist, umso größer die Chance, dass die Rezipienten die Aktion und bestenfalls das beworbene Produkt etc. im Gedächtnis behalten.

Trotz oder gerade wegen der unkonventionellen Methoden des Guerilla Marketing sollte zwischen der Aktion und dem Beworbenen zumindest eine versteckte Verbindung bestehen, die der Rezipient irgendwann bemerkt. Eine verwirrte Zielgruppe nützt der Guerilla Marketing Aktion nämlich nichts. Das Ziel Aufmerksamkeit zu generieren ist nur dann profitabel, wenn der Sinn hinter der Aktion für den Rezipienten irgendwann sichtbar wird. Dabei besteht die Herausforderung den Nerv der Zielgruppe unmittelbar zu treffen, da man bei einer Guerilla Marketing Aktion nur einen einzigen Versuch hat, den Gesprächsstoff zu entfachen.

3.2.1 Aufmerksamkeit als Reaktion auf Kreativität

Laut Kroeber-Riel sind Emotionen „innere Erregungen, die angenehm oder unangenehm empfunden und mehr oder weniger bewusst erlebt werden."[75] Die Methode, mit Reizen Emotionen beim Rezipienten auszulösen, ist nicht neu: die „physischen Schlüsselreize" Farbe, Gestaltung oder Duft wurden seit eh und je im Marketing eingesetzt.[76] In der Forschung wird speziell der Emotion Überraschung eine bedeutende Rolle für das Marketing zugesprochen, da sie „eine besonders erfolgreiche Methode ist, die Aufmerksamkeit des Konsumenten zu erhalten."[77] Neu ist in dem Zusammenhang, dass eine besondere Betonung auf Kreativität gelegt wird, die im Zusammenhang mit Guerilla Marketing Überraschung beim Rezipienten auslöst. Bereits Huber/Meyer/Nachtigall erkannten, dass „je kreativer die Guerilla Marketing Aktion [ist], desto größer ist die durch die Aktion ausgelöste Überraschung des Rezipienten."[78] Ich würde hier hinzufügen, dass: je größer der Überraschungseffekt, desto höher ist die Chance, dass die Guerilla Marketing Aktion viral verbreitet wird. Kreative Guerilla Kommunikationsmaßnahmen können Überraschung hervorrufen, indem sie schockieren, Regeln verletzen, Tabus brechen, erschrecken,[79] sowie erfreuen und

---

75   Knoblich/Scharf/Schubert 2003: 40
76   Vgl. Ellersiek 2009: 6
77   Groeger 2008: 148
78   Huber/Meyer/Nachtigall: 40
79   Angelehnt an Zerr: 588

Kreativität mit Kreativität vermarkten

beglücken. Überraschung kann also, als ein kurzzeitiger Zustand der unerwarteten Wahrnehmung „entgegen der Wahrnehmungserwartung des Rezipienten"[80], entweder durch positive oder negative Reize der Kreativität des Guerilla Marketing ausgelöst werden. Dabei können negative Reize genauso bedeutend und wirksam für die emotionale Reaktion der Überraschung sein wie positive Reize, da Positives, wie auch Negatives fasziniert. Wichtig ist nur, dass negative Reize einerseits Unterhaltungswert für den Rezipienten besitzen[81] und andererseits juristische sowie ethische Grenzen nicht übermäßig überschreiten, um das Image der Marke oder des Unternehmens nicht zu beeinträchtigen.

3.3 Kreativität als Grund für den Einsatz von Guerilla Marketing in Creative Industries

Kreativität charakterisiert Creative Industries und Guerilla Marketing. Kreativität in Creative Industries ist die Ressource und Fähigkeit der Menschen, die in den Creative Industries arbeiten. Sie produzieren durch ihre Kreativität Ideen, die zu kreativen Produkten und Dienstleistungen werden können und wichtig für die Kultur der Menschen, für den Kulturtourismus, für die Wirtschaft, Stadtentwicklung und den Dialog zwischen Kulturen werden können. Als sinnvoll befunden und zum Nutzen für die breite Öffentlichkeit, kann Kreativität in Creative Industries zur Innovation werden. Kreativität lässt den Rezipienten außerdem aktiv werden, in dem er zuerst gedanklich und emotional involviert wird, damit er sich zum Kauf bzw. zur Teilnahme entscheidet. Es liegt somit nahe, Kreativität als gemeinsame Basis für die Vernetzung beider Bereiche zu betrachten, denn was wäre wohl angemessener und sinnvoller als Kreativität mit Kreativität zu vermarkten?

Der Grund für den Einsatz von Guerilla Marketing für die Produkte und Dienstleistungen der Creative Industries ist die Fähigkeit, die Bewahrung der Kreativität zu gewährleisten, da sich Guerilla Marketing selbst durch Kreativität auszeichnet. Als analoge Methodik zur Kreativität der Creative Industries kann Guerilla Marketing kreativ-kulturelle Produkte entsprechend und ideal vermarkten. Die Sorge, dass Marketing nicht konform mit kreativ-kulturellen Produkten gehen könnte, weil es vielleicht zu sehr dem klassischen Marketing entspricht, ist somit unbegründet. Ebenso, dass sich kreativ-kulturelle Produkte im Marketing dem Markt anpassen müssen, um von der Zielgruppe wahrgenommen zu werden, ist beim Guerilla Marketing nicht der Fall. Die kreative Freiheit als Charak-

---

80 Groeger, Lars 2008: 148
81 Vgl. Groeger, Lars 2008: 147

teristikum für kreativ-kulturelle Produkte der Creative Industries geht, wie Kritiker beim Marketing annehmen könnten, nicht verloren, sondern kann, ganz im Gegenteil, durch Guerilla Marketing widergespiegelt und dadurch verstärkt werden. Dabei ist es nicht notwendig, wie im Kulturmarketing, zwischen kommerziellen und Non-Profit-Kulturbetrieben zu unterscheiden[82], da es im Guerilla Marketing für Creative Industries um das kreativ-kulturelle Produkt selbst geht, ganz gleich von wem es angeboten wird. Entscheiden sich Marketingverantwortliche im Kulturbereich für den Einsatz von Guerilla Marketing, so kann es entweder als Instrument in die Kommunikationspolitik des Kulturmarketing integriert werden oder als ganzheitliche Marketingstrategie. Dabei wäre die Produktpolitik ausgenommen, da sie natürlich der künstlerischen Freiheit unterliegt.

Geeignet für Creative Industries sind innerhalb der Kommunikationspolitik vor allem Sensation Guerilla und Ambient Guerilla, die mit neuartigen, unkonventionellen und einfallsreichen Möglichkeiten kreativ-kulturelle Produkte ganz anders vermarkten können als klassische Maßnahmen. Vor allem das kreative Sensation Guerilla kann die Kreativität ideal widerspiegeln, da mit Event- und Unterhaltungswerten bei der Gestaltung der Aktion gearbeitet wird. Dabei ist das Ziel die kreativ-kulturelle Botschaft des Produkts oder der Dienstleitung in Guerilla Marketing Kommunikation umzusetzen. Mit Inszenierungen und Installationen kann sich entweder an dem kreativ-kulturellen Produkt selbst orientiert werden oder an seiner Botschaft, die es vermitteln will. Wichtig ist, dass man sich das Ziel bewusst macht und die Zielgruppe kennt, um ihre Grenzen bei Unkonventionellem zu kennen und nicht zu überschreiten und, um die Guerilla Maßnahmen den Produktgegebenheiten anzupassen, damit eine Verbindung von der Guerilla Maßnahme zum kreativ-kulturellen Produkt hergestellt werden kann. Der Wunsch nach notwendiger Aufmerksamkeit des Rezipienten im kreativ-kulturellen Bereich kann nur durch den Einsatz von Guerilla Marketing befriedigt werden. Es ist auch das fehlende kulturelle Interesse der Öffentlichkeit, warum Aufmerksamkeit für den kreativ-kulturellen Bereich gewünscht wird. Kreative Guerilla Maßnahmen sind anders, phantasievoll und auffallend und haben das Potenzial für die kreativ-kulturellen Produkte die gewünschte Aufmerksamkeit bei Zielgruppe, Öffentlichkeit und Presse zu generieren. Wichtig ist nur, dass Guerilla Marketing Maßnahmen Unterhaltungswert besitzen und die kreativ-kulturellen Produkte oder Dienstleistungen durch ein Werbeerlebnis beworben werden. Das Werbeerlebnis steht so analog zum Wesensmerkmal der Creative Industries, die oft selbst ein kreativ-kulturelles Erlebnis darstellen. Informationsüberlastung, Reizüberflutung und

---

82 Klein 2007: 111f.

Kreativität mit Kreativität vermarkten 183

damit die Sorge, dass Marketing bei der Zielgruppe nicht ankommt, existieren im Guerilla Marketing schlicht weg nicht.

Wie kann man eine Theateraufführung wohl angemessener vermarkten als mit einem Performance-Flashmob? Gefragt ist dabei die Stimulation von Emotionen bei der Zielgruppe, die in beiden Bereichen, also in Guerilla Marketing und Creative Industries, eine bedeutende Rolle spielen. Die Kreativität der Produkte und Dienstleistungen der Creative Industries kann nämlich den Rezipienten emotional ansprechen, aufmerksam werden lassen und ihn somit zur Reaktion auf die kreativ-kulturellen Produkte bewegen. Dabei kann die Reaktion entweder der Kauf des Produktes, die Teilnahme an der Dienstleistung oder die Weitergabe von Informationen zum Produkt an kreativ-kulturell Interessierte sein. Guerilla Marketing Maßnahmen wiederum bilden den Reiz, der auf die Wahrnehmung des Rezipienten wirkt und positive Emotionen, vorzugsweise die Emotion Überraschung, bei ihm auslöst.

Neben der Analogie, dass Kreativität am besten mit Kreativität vermarktet werden kann, kann man an diesem Punkt eine zweite Analogie aufstellen: Emotionen anregende Produkte können am besten durch Emotionen anregende Maßnahmen vermarktet werden. Für den Einsatz des Guerilla Marketing in Creative Industries spricht nicht zuletzt die finanzielle Lage der Anbieter kreativ-kultureller Produkte: Öffentliche Kulturbetriebe sind von Kürzungen öffentlicher Mittel betroffen[83], kreativ-kulturelle Non-Profit-Organisationen sind auf private Förderungen und Kultursponsoring angewiesen und für Künstler und Kulturschaffende besteht die Möglichkeit sich außerhalb vom direkten Verkauf der Produkte und Dienstleistungen im Rahmen von Förderprogrammen finanzieren zu lassen. Die Finanzierung von kreativ-kulturellen Produkten ist somit sehr stark von außen bestimmt und lässt wenig Freiraum für kostspielige Marketingaktivitäten. Allerdings zwingen die steigende Vielfalt der kreativ-kulturellen Angebote und das schwindende Interesse der Zielgruppen an kreativer Kultur, Anbieter zu Werbe- und Marketingmaßnahmen, um ihre Existenz zu sichern. Mit Guerilla Marketing haben Anbieter die Möglichkeit mit kostengünstigen Maßnahmen für kreativ-kulturelle Produkte und Dienstleistungen authentisches Marketing zu betreiben, um ihnen Aufmerksamkeit zu verschaffen und sie ins Gespräch zu bringen. Daraus können, langfristig gesehen, weitere Möglichkeiten für die jeweiligen Anbieter entstehen, z.B. Kooperationen durch Kultursponsoring.

Guerilla Marketing kann somit auch als Impulsgeber für nachhaltige Entwicklungen dienen. Die Widerspiegelung von Kreativität der Creative Industries im Guerilla Marketing bedeutet auch einen Mehrwert für Stadtentwicklung,

---

83 Vgl. Schäfer, Michael (2010) GT Göttinger Tageblatt

Kulturtourismus, und den Dialog zwischen Kulturen. Der Grund ist, dass mit der Wahrnehmung der Kreativität der Creative Industries durch das Guerilla Marketing auch die Stadt eher wahrgenommen wird. Die Wahrnehmung der kreativen Stadt bedeutet ebenso eine Steigerung des Profits im Kulturtourismus und somit wiederum eine mögliche Steigerung der Produktivität in den Creative Industries. Dadurch, dass mit kreativen Maßnahmen der Blick auf kreativ-kulturelle Angebote der Stadt gerichtet wird, werden nicht nur potenzielle Besucher, sondern auch Mitglieder der Creative Class angesprochen und auf die Stadt als Lebens- und Arbeitsstandort aufmerksam gemacht. Guerilla Marketing Maßnahmen sind flexibel einsetzbar, was die Zielgruppe angeht, haben aber besonderes Potenzial, wenn es darum geht, junge Menschen anzusprechen, die für Wirtschaft und Stadtentwicklung existenziell sind. Die ins Blickfeld gestellte Kreativität kann das positive Image einer Stadt stärken. Darüber hinaus können Guerilla Marketing Maßnahmen bestimmte kreativ-kulturelle Angebote als Alleinstellungsmerkmale einer Stadt herausheben, z.B. mit einem Orchester-Flashmob für ein Konzerthaus werben, um die Musikbegeisterung und Musikalität einer Stadt oder Region zu betonen. Gemeinsame Marketing-strategien setzen natürlich die Erkenntnis der Notwendigkeit dieser voraus, außerdem Kooperationen und Netzwerke. Gemeinsame, branchenübergreifende Guerilla Marketing Strategien setzten aber vor allem Mut zu untypischen und unkonventionellen Maßnahmen voraus, sowie Courage alte Werbetraditionen ruhen zu lassen. Würde Guerilla Marketing für Creative Industries mit mehreren Vorzeigebeispielen erfolgreich sein, so könnte Guerilla Marketing im kreativ-kulturellen Bereich zur Innovation werden.

Von der größeren Aufmerksamkeit der Rezipienten auf die kreativ-kulturellen Produkte profitiert auch der interkulturelle Dialog, der die Chance hat, das offene Aufmerksamkeitsfeld für sich zu nutzen. Guerilla Marketing Maßnahmen können Interkulturalität stärken. Vor allem bei Aktionen, die die Zielgruppe stark involvieren, ist der Mensch als solcher wichtig, Kultur, Nationalität, Gruppenzugehörigkeiten spielen in der Zielgruppe keine Rolle. Guerilla Marketing Maßnahmen können natürlich auch den interkulturellen Dialog fördern, indem Aktionen für interkulturelle Produkte und Dienstleistungen geplant werden, die verschiedene Kulturen als Zielgruppe haben. Wahrnehmung von Kreativität in Kultur, sowie kulturgleiche Emotionen spielen in interkulturellen Guerilla Marketing Aktionen eine große Rolle, da sie als außersprachliche Elemente verbinden und den Dialog anregen können.

4 Guerilla Marketing für Creative Industries am Beispiel des Kulturfestivals „HELSINKISSBERLIN" (2008)

4.1 Hintergründe und Informationen zum Festival

Vom 01. April bis 04. Mai 2008 fand das finnische Kulturfestival „HELSIN-KISSBERLIN"[84] in der deutschen Hauptstadt statt. Ursprünglich vom Finnland-Institut in Berlin initiiert[85], entwickelte sich der Finnische Monat in Berlin zu einer zentralen Veranstaltung mit wirtschaftlichen, kulturellen und politischen Schnittstellen innerhalb Europas. So wurde „HELSINKISSBERLIN" zu einem Event im Rahmen der Städtepartnerschaften von Berlin und Helsinki, um die Zusammenarbeit zwischen Deutschland und Finnland zu pflegen.[86] Das Kulturfestival endete außerdem in die jährliche, bundesweite Europawoche 2008, die vom 2. bis 11. Mai 2008 ebenfalls in Berlin veranstaltet wurde.[87] Im Jahr 2008 fand auch das "Europäische Jahr des interkulturellen Dialogs" statt, das, mit dem Ziel die kulturelle Vielfalt und den interkulturellen Dialog zu fördern[88], den passenden Rahmen für „HELSINKISSBERLIN" gab – auf europapolitischer Ebene, da das Jahr vom Europäischen Parlament und Rat beschlossen wurde.[89] Wowereit, der regierende Bürgermeister von Berlin, und Pajunen, Oberbürgermeister der finnischen Hauptstadt Helsinki, der anlässlich des Festivals in Berlin zu Besuch war, nutzten den Rahmen von „HELSINKISSBERLIN", um neue Projekte der beiden Städte zu planen.[90] Dabei ging es um die „Weiterentwicklung von Infrastruktur- und Umweltprojekten im Ostseeraum und, [um] neue Impulse für die Zusammenarbeit im Städtenetzwerk der Baltischen Metropolen, BaltMet, [zu] entwickeln."[91] Mit der Unterstützung von Kooperations- und Programmpartnern, sowie Sponsoren wie Finnlines, dem Finnland-Institut in Deutschland, der Botschaft von Finnland in Berlin, dem Design Forum Finnland, der Friedrich-Ebert-Stiftung Berlin, dem Russischen Theater Berlin uvm.[92] war das Ziel des Kulturfestivals „HELSINKISSBERLIN" Helsinki bzw. die finnische Kultur in Deutschland bekannt zu machen[93] „und die Beziehungen zwischen Berlin und der Hauptstadtregion Finnlands in den Bereichen Wirtschaft,

---

84 HELSINKISSBERLIN (2008) I
85 Deutsche Botschaft Helsinki
86 Berlin.de Europareferat I: 8f.
87 Berliner Europabeauftragte (2008)
88 DG EAC – Europäisches Jahr des interkulturellen Dialogs (2008)
89 DG EAC – Europäisches Jahr des interkulturellen Dialogs (2008)
90 BERLIN INTERNATIONAL 2008: 13
91 BERLIN INTERNATIONAL 2008: 13
92 Vgl. HELSINKISSBERLIN (2008) II
93 Vgl. HELSINKISSBERLIN (2008) III

186 Karolin Wochlik

Wissenschaft und Kultur zu vertiefen. So präsentiert[e] sich Helsinki als interessantes und innovatives Ziel für beispielsweise Investitionen und Tourismus und die Region als starkes Zentrum für Wissenschaft und Kultur im Ostsee-Raum."[94]

Schwerpunkt der 160 Veranstaltungen war die finnische Musikszene in all ihren Facetten: Neben der für Finnland typischen Rock- und Popmusik, gehörten auch klassische Konzerte mit den Werken von Jean Sibelius, sowie elektronische Musik in den Berlin-Kreuzberger Clubs zu den Veranstaltungen.[95] Darüber hinaus fanden Ausstellungen, kulinarische Events, Parties, Gesprächsrunden und Seminare rund um Finnland und seine Kultur, sowie Wirtschaft und Wissenschaft an verschiedenen Veranstaltungsorten in Berlin statt.[96] Als Beispiele kann man hier die Lesung der finnischen Autorin Auli Mantila[97] nennen, die Fotoausstellung HEL LOOKS, eine Wanderausstellung, die „Fotos originell und stilbewusst gekleidete[r] Bewohner von Helsinki" zeigt[98], sowie das Seminar „Stadtentwicklungsforum Helsinki-Berlin"[99] als Plattform für Erfahrungsaustausch und das kulinarische Event „Best of Finland-Frühstück"[100].

Mit dem Eventmanagement und der Konzeption des Festivals, seiner Namensgebung, dem Crossmedia-Auftritt und der Marketingkampagne wurde die Agentur *KKLD** (2008 noch *Kreative Konzeption*[101]) betraut. Informationen zur Namensgebung „HELSINKISSBERLIN" existieren nicht, hier kann man nur spekulieren, warum das Festival „Helsinki küsst Berlin" heißt. Vorstellbar wäre, dass die Verbindung zwischen den Städten Helsinki und Berlin zum Ausdruck gebracht werden sollte.

Gerade, weil Finnen Distanz in menschlichen Beziehungen nachgesagt wird, ist der Name des Festivals schön gewählt: Er verspricht Emotionalität, Liebe und Beziehung, fast wie bei einem Liebespaar. Dabei ist es Helsinki, welches Berlin küsst, und die Finnen mit ausgestreckten Armen, wenn man metaphorisch bleiben will, auf die Deutschen zugehen. Ein Kuss verbindet und so ist auch der Kuss im Namen „HELSINKISSBERLIN", eingeflochten in die Städtenamen, eine Verbindung zwischen zwei Ländern, Städten und zwei Kulturen. Einen Kuss, als Ausdruck von positiven Emotionen, versteht man in jeder Kultur und so kann man auch ohne Sprache in Dialog treten vor allem, weil man der finnischen Sprache nachsagt besonders schwierig zu sein. Symbolisch im Wort

---

94 HELSINKISSBERLIN (2008) IV
95 Vgl. Deutsche Botschaft Helsinki
96 Vgl. HELSINKISSBERLIN (2008) I
97 Vgl. HELSINKISSBERLIN (2008) Event I
98 Vgl. HELSINKISSBERLIN (2008) Event II
99 Vgl. HELSINKISSBERLIN (2008) Event III
100 Vgl. HELSINKISSBERLIN (2008) Event IV
101 Vgl. HELSINKISSBERLIN (2008) V

Kreativität mit Kreativität vermarkten 187

„KISS" festgehalten, drückt es den Wunsch der beiden Städte Helsinki und Berlin und das Ziel des Kulturfestivals aus, eine innige Verbindung zu schaffen.

4.2 Vorstellung der Crossmedia-Kampagne

Die Crossmedia-Kampagne der KKLD* Agentur erstreckte sich im Printbereich über das Design der Corporate Identity bei Plakaten, Postern, Postkarten und Programmheftchen, sowie bei Anzeigen in den kooperierenden Lifestyle-Magazinen „Zitty" und „VICE Magazine" mit der auffälligen Hauptfarbe neongrün. Die Printprodukte wurden vor dem Festival in Berlin verteilt, an stark frequentierten Orten ausgelegt oder plakatiert, um schon im Vorfeld Aufmerksamkeit und Neugier zu erzeugen.[102] Parallel dazu wurde die Webseite www.helsinkissberlin.de in Text und Bild mit Programmübersicht, Newsletter und Informationen zum Festival mit Link auf die offizielle Tourismus-Website für Helsinki[103], sowie Informationen für die Presse[104] designt. Laut der Agentur-Website war das Festival „[…] in 48 Tageszeitungen, 61 Print- und 77 Online Magazinen."[105] KKLD* organisierte außerdem eine Pressekonferenz auf dem Alexanderplatz und designte Merchandise-Artikel für den Verkauf.[106]

Mit einer unkonventionellen Guerilla Maßnahme sollte die Zielgruppe zusätzlich zu den bereits genannten Maßnahmen auf Kampagne und Festival aufmerksam gemacht werden. Passend zum Namen des Kulturfestivals „HELSINKISSBERLIN" wurde für den 25.04.2008 ein Kuss-Flashmob organisiert.[107] In Kooperation mit dem Lifestyle-Magazin „Zitty" und „030" lud man im Namen von „HELSINKISSBERLIN" auf externen Websites, z.B. in Flashmob-Foren[108] und auf der Festivalwebsite www.helsinkisberlin.de[109], sowie über Ansagen bei Radio Fritz (RBB) und mit Flyern zum Massenküssen auf den Alexanderplatz ein.[110] Als Motivation zur Teilnahme wurde ein Gewinnspiel geboten, bei dem man ein Foto von seinem Kuss auf dem Alexanderplatz einschicken konnte. Die emotionale Handlung küssen ist eingesetzt, um bei der Zielgruppe wiederum Emotionen hervorzurufen. Diejenigen, die am Kuss-Flashmob beteiligt waren, werden dieses emotionale Erlebnis, welches mit dem Kulturfestival „HELSIN-

---

102 Vgl. KKLD* Berlin New York II
103 Vgl. HELSINKISSBERLIN (2008) IV
104 Vgl. HELSINKISSBERLIN (2008) V
105 KKLD* Berlin New York II
106 Vgl. KKLD* Berlin New York III
107 Vgl. KKLD* Berlin New York IV
108 Vgl. Kti (2008) Flash-mob.de
109 Vgl. HELSINKISSBERLIN (2008) Event V
110 Vgl. KKLD* Berlin New York IV

KISSBERLIN" in Verbindung stand, vermutlich nicht so schnell vergessen und für Außenstehende war die Aktion wahrscheinlich ebenso ein besonderes Erlebnis. Im Vorfeld wurde die Sensation Guerilla Aktion außerdem mit einer Online-PR Kampagne beworben, laut der Agentur KKLD* ein „PR Stunt"[111]. Die Bewerbung des Kuss-Flashmobs wurde als frei erfundene, inszenierte Liebesgeschichte getarnt: eine Berlinerin hofft mit einem Aufruf „Wer findet den Finnen?" an alle Berliner über die Website von „HELSINKISSBERLIN" ihre große Liebe wiederzufinden, einen Finnen, den sie in Berlin getroffen, mit ihm einen Sommer verbracht und dann aus den Augen verloren hat.[112] Mit dem Satz „Wer weiß, vielleicht sehen sich die beiden ja bei der großen Küsserei auf dem Alex wieder!" wurde auf die Einladung zum Flashmob verlinkt.[113] Der Link ist nicht offensichtlich und eher versteckt, so dass mit Hilfsmitteln wie Fotos aus dem Fototautomaten, persönlichen Worten der Berlinerin und einer E-Mail-Adresse, an die man sich wenden konnte, falls man den Finnen (er)kennt, der Eindruck einer echten und traurigen Liebesgeschichte erweckt wurde.

4.3 Mehrwert der Kreativität des Guerilla Marketing

Ein Kuss-Flashmob ist geschickt eingesetzte Kreativität, um mit dem Küssen die Verbindung von Guerilla Marketing Maßnahme und dem beworbenen Kultur-festival „HELSINKISSBERLIN" herzustellen. Der Kuss ist auch hier Symbol für das Ziel des Festivals, nämlich die Verbindung oder den Wunsch nach Verbundenheit zweier Länder und Kulturen. Diese Botschaft mit Hilfe vieler Menschen nach außen in die Öffentlichkeit getragen zu haben, durch die Presse vielleicht sogar über die Grenzen Berlins hinaus, war ganz im Sinne des Festivals: kulturellen Dialog schaffen. Das hat mehrere Gründe. Bei den Menschen, die sich zum Küssen am 25.04.2008 am Alexanderplatz getroffen haben, war es egal aus welcher Kultur oder Subkultur sie stammten, welche Hautfarbe sie hatten, ob sie alt oder jung waren, arm oder reich. Jeder Küsser hat gezählt, um am damaligen Tag um 17:00 Uhr den Flashmob zu bilden. Vor allem bei so einer emotionalen Flashmob-Handlung entwickeln sich starke Gemein-schaftsgefühle, Harmonie und Frieden stellt sich ein, wie es auch zwischen Kulturen und unter Völkern der Fall sein sollte. Außerdem ist es sehr wahr-scheinlich, dass sich nicht nur Liebespaare auf dem Alexanderplatz zum Küssen zusammengefunden haben, eher, dass viele Fremde sich zu diesem Zeitpunkt sehr nahe waren. Auch diese Tatsache kann man auf die Verständigung unter

---

111 KKLD* Berlin New York III
112 Vgl. HELSINKISSBERLIN (2008) IVa
113 Vgl. HELSINKISSBERLIN (2008) IVa

verschiedenen Kulturen projizieren, denn auch Kulturen sind sich untereinander fremd und oft ist das der Grund für Missverständnisse oder sogar Kriege in der Welt. Der Flashmob-Kuss kann als symbolischer Wegweiser gesehen werden, sich gegenseitig Vertrauen zu schenken. Ein geplantes Massenküssen, so etwas gab es selbst in Berlin noch nicht und obwohl die Stadt als tolerant gilt[114], war es in gewisser Hinsicht bestimmt auch ein Tabubruch für einige Menschen in der Gesellschaft, sich öffentlich mit Fremden oder Bekannten zusammen mit anderen zu küssen, da ein Kuss natürlich etwas Privates und Intimes ist. Durch den Tabubruch mit den „Gesetzen der Gesellschaft" könnte diese Kuss-Aktion auch ein Mehrwert für Gruppen haben, die gegen Völkerverständigung oder Ausländer sind. Dabei besteht das Risiko, dass in der Presse statt auf das Gute in der Aktion, auf Krankheiten durch Ansteckungsgefahr etc. aufmerksam gemacht wird.

Offensichtlich ist aber auf jeden Fall der Mehrwert für den Dialog zwischen der finnischen und deutschen Kultur, denn der Flashmob soll ja auf das „HELSINKISSBERLIN" Kulturfestival hinweisen, bei dem es um Finnland und Deutschland ging. Man könnte meinen, dass die finnische Kultur sich bei dem Kuss-Flashmob als weltoffen präsentieren wollte, um von dem stereotypischen Merkmal der distanzliebenden Finnen Abstand zu nehmen, sowie sich auch die deutsche Kultur als interessiert und offen für Neues und Anderes zeigen wollte. Kulturfestivals werden normalerweise veranstaltet, nachdem Probleme in interkulturellen Dialogen auftraten, um ein Zeichen für Interkulturalität und den friedlichen Dialog zu setzen. Nicht oft geschieht es, dass ein Kulturfestival wegen einer Kultur selbst veranstaltet wird und in diesem Fall sogar mit einer nordischen Kultur, mit der man jedenfalls öffentlich, so scheint es, noch nie in Kontakt getreten war. Es zeigt sich außerdem, dass sich die Kreativität im Kulturfestival „HELSINKISSBERLIN" als kreativ-kulturelles Produkt der Creative Industries in der Kreativität der Guerilla Marketing Aktion wider-spiegelt. Nicht nur das Festival der finnischen und deutschen Kultur ist kreativ gestaltet, auch der Kuss-Flashmob ist eine besondere, neue und ungewöhnliche Art der Bewerbung. Durch die Generierung von Aufmerksamkeit auf den interkulturellen Dialog kann das Kulturfestival auch als Impulsgeber und Vorbild für andere interkulturelle Dialoge dienen.

Die Sensation Guerilla Aktion hatte mit dem PR-Stunt auch Mehrwert für den Kulturtourismus in Berlin aber vor allem in der Region Helsinki bzw. Finnland. Mit der Verlinkung auf die Tourismus-Website der Region Helsinki ist ein nachhaltiges Ziel klar bestimmt: Reiselustige und Kulturinteressierte sollen nicht nur einen kleinen Ausschnitt der finnischen Kultur in Deutschland erleben,

---

114 Vgl. Raab (2007) weltonline.de

sondern Finnland bei einer Reise in seiner ganzen Vielfalt kennenlernen. Auch Berlin und Deutschland zeigen sich den Finnen und anderen Kulturen bzw. Ländern durch das Kulturfestival und den emotionalen Kuss-Flashmob von der besten Seite: verschiedene Veranstaltungs- und Programmorte in Berlin verteilt[115], kulturübergreifende Events, z. B. ein Konzert des Deutschen Symphonie-Orchester Berlin unter der Leitung des finnischen Dirigenten Jukka-Pekka Saraste[116]. Natürlich wirken sich die organisatorische Unterstützung und die kulturellen Angebote positiv auf das Bild von Deutschland und Berlin als Hauptstadt im In- und Ausland positiv aus. Deutschland wird somit als Reiseland für Studienreisen, Kulturreisen und Städtetrips nach Berlin beworben.

Das mit Sensation Guerilla beworbene „HELSINKISSBERLIN" Kulturfestival entwickelte auch einen Mehrwert für Standort- und Stadtentwicklung in Deutschland. Mit kreativ-kulturellen Angeboten der Creative Industries aus einer Stadt werden auch immer die Kreativen angesprochen, die sich möglichst für die Stadt, aus der die Angebote kommen, als Lebens- und Arbeitsstandort entscheiden soll. Leider kann nicht mit Zahlen belegt werden, ob und wie viele Kreative sich nach dem Kulturfestival für den Standort Berlin oder gar Helsinki entschieden haben. Innerhalb der Stadtplanung und Stadtentwicklung soll natürlich auf solche Veranstaltungen besonders aufmerksam gemacht werden, die in benachteiligten Stadtteilen stattfinden, in der Hoffnung, dass Impulse nachhaltig genutzt werden.

Im Rahmen des kulturellen Dialogs wurde auch der wirtschaftliche Erfahrungsaustausch zwischen Helsinki und Berlin gefördert. Die Senatsverwaltung für Stadtentwicklung veranstaltete in Zusammenarbeit mit dem Finnland-Institut ein kostenloses Seminar zum Thema „Stadt, Land, Fluss – Helsinki und Berlin vor großen Herausforderungen"[117] mit finnischen und deutschen Referenten aus der Branche, sowie dem Oberbürgermeister der Stadt Helsinki Jussi Pajunen.[118] Diese erste Begegnung war erfolgreich, denn sie führte zu einem Folgeseminar innerhalb der Berlin-Tage in Helsinki 2009.[119] Im Gespräch war auch hier die Stadtentwicklung in europäischen Hauptstädten, an das sich eine Exkursion zu den Stadtplanungsprojekten in Helsinki anschloss.[120]

---

115 Vgl. HELSINKISSBERLIN (2008) II
116 HELSINKISSBERLIN (2008) Event VI
117 Finnland Institut (2008)
118 Berlin.de Senatsverwaltung für Stadtentwicklung I
119 Berlin.de Senatsverwaltung für Stadtentwicklung II
120 ebenda

5 Fazit

Creative Industries und Guerilla Marketing enthalten Kreativität. Dieser Erkenntnis nach zu urteilen, ist es eigentlich kaum zu glauben, dass dem Guerilla Marketing von Seiten der Creative Industries so wenig Beachtung geschenkt wird. Das Kulturfestival „HELSINKISSBERLIN" liegt schon mehrere Jahre in der Vergangenheit, seit diesem Zeitpunkt ist mir keine größere Guerilla Marketing Kampagne für Creative Industries bekannt. Obwohl die Kreativität in Creative Industries für die Menschen, speziell für Wirtschaft, Standortentwicklung, Kulturtourismus und den interkulturellen Dialog so bedeutend ist, geht man das Risiko ein, durch den Einsatz von rein traditionellen Marketinginstrumenten die Zielgruppe nicht zu erreichen bzw. schlimmstenfalls zu vergraulen. Das kann für die Existenz der Creative Industries und auch für angrenzende Branchen fatale Folgen haben: Rückgang der Creative Industries durch das Verschwinden kreativ-kultureller Produkte und Dienstleistungen, daraufhin der Wegfall von Arbeitsplätzen, Rückbildung der Urbanität, Stillstand im Kulturtourismus, sogar ein schwindender Dialog zwischen Kulturen ist möglich, wenn kulturelle Kreativität die Öffentlichkeit nicht erreicht. Nicht zuletzt würde weniger zur Identitäts- und Wertebildung beigetragen werden.

Nach meiner Auseinandersetzung mit dem Thema Guerilla Marketing, kann ich sagen, dass keine andere Marketingform die Kreativität, die in kreativ-kulturellen Produkten oder Dienstleistungen steckt, passgenauer widerspiegeln könnte. Grund für dieses Potenzial ist, dass Kreativität auch das Guerilla Marketing selbst bestimmt. Den beiden Bereichen Guerilla Marketing und Creative Industries ist außerdem die Emotionalität der Kreativität gemein, denn sie baut darauf, den Rezipienten emotional anzusprechen, aufmerksam zu machen, möglichst positive Emotionen bei ihm auszulösen und ihn somit aktiv werden zu lassen. Es zeigt sich, dass das Guerilla Marketing Merkmale des „Kreativen Marketing"[121] und des „Marketing der Sinne"[122] vereint. „Kreatives Marketing", so Wölm, versucht die Aufmerksamkeit der Zielgruppe mit kreativen Mitteln zu erreichen, die an die Wahrnehmung und somit an die Emotion der Zielgruppe appellieren. Das „Marketing der Sinne" mit den Komponenten Kreativität, Innovation, Kommunikation wird im Guerilla Marketing ebenfalls sichtbar. Kerns Konzept mit Kreativität im Marketing die wirkungsreichste, emotionale Ebene der Zielgruppe anzusprechen, war, integriert in das Kapitel Guerilla Marketing, Teil dieser Arbeit. Nicht das „Marketing der Sinne", sondern das Guerilla Marketing in Verbindung mit Kreativität ist Antwort auf die große

---

121 Wölm 1998: 340
122 Kern (2005)

Frage von Kroeber-Riel und Esch nach erfolgreicher Kommunikation: „Der Erfolg der Marktkommunikation hängt [...] in zunehmendem Maße davon ab, inwieweit es gelingt, die angebotenen Produkte und Dienstleistungen in die emotionale Erfahrungs- und Erlebniswelt der Empfänger einzupassen."[123]

Abschließend, um die eingangs gestellte Frage zu beantworten, welche Möglichkeiten die Creative Industries - abseits von staatlicher Förderung - besitzen, um Aufmerksamkeit zu erregen, kann ich nur kreischen „Guerilla Marketing ist die Lösung!", in der Hoffnung, dass in Zukunft auf diese Erkenntnis zurückgegriffen wird.

Literatur

Offline:

Baecker, Dirk (2009): Dirk Baeker im Interview mit Joachim Landkammer: Mit dem Speck nach der Wurst geworfen. Kreativität als normale Arbeit. In: Jansen, Stephan A./Schröter, Eckhard/Stehr, Nico (2009): Rationalität der Kreativität. Multidisziplinäre Beiträge zur Analyse der Produktion, Organisation und Bildung von Kreativität. Wiesbaden: GWV Fachverlage GmbH. 1. Auflage.

Dreyer, A. (Hrsg.) (2000): Kulturtourismus, 2. Aufl., München, Wien.

Ellersiek, Linda (2009): Der Einfluss emotionaler Werbung auf den Kaufentscheidungsprozess. Eine empirische Untersuchung der Kaufbereitschaft auf Grundlage der Analyse affektiv-kognitiver Informationsverarbeitung. Grin Verlag.

Florida, Richard (2004): The rise of the creative class...and how it's transforming work, leisure, community & everyday life. New York: Basic Books. Paperback Auflage.

Groeger, Lars (2008): Soziale Epidemien. Das Phänomen exponentieller Produktverbreitung: Bezugsrahmen und resultierende Handlungsempfehlungen. In: Koppelmann, Udo (Hrsg.): Fördergesellschaft Produkt-Marketing e.V.. Berlin: epubli GmbH.

Hilker, Claudia (2009): Kunden gewinnen und binden: Mehr verkaufen durch innovatives Marketing. Karlsruhe: Verlag Versicherungswirtschaft. 1. Auflage.

Huber, Frank/Meyer, Frederik/Nachtigall, Corinna: Guerilla-marketing als kreative Werbeform. Eine empirische Analyse am Beispiel der Marke MINI. In: Gierl, Heribert/Helm, Roland/Huber, Frank/Sattler, Henrik (Hrsg.) (2009): Band 44. Reihe: Marketing. Köln: Josef Eul Verlag GmbH. 1. Auflage.

Klein, Armin (2007): Der exzellente Kulturbetrieb. Wiesbaden: VS Verlag für Sozialwissenschaften | GWW Fachverlage. 1. Auflage.

Knoblich, Hans/Scharf, Andreas/Schubert, Bernd (2003): Marketing mit Duft. München: Oldenbourg Wissenschaftsverlag GmbH. 4. Auflage.

---

123 Kroeber-Riel/Esch 2004: 34

Kreativität mit Kreativität vermarkten 193

Kroeber-Riel, Werner/Esch, Franz-Rudolf (2004): Strategie und Technik der Werbung, Stuttgart: Kohlhammer Verlag, 6. Auflage.

Mandel, Birgit (2009): PR für Kunst und Kultur: Handbuch für Theorie und Praxis. Bielefeld: transcript Verlag. 2. Auflage.

Mole, John (2003): Mind your Manners – Managing Business Cultures in the new global Europe. London: Nicholas Brealey Publishing. 3. Auflage.

Winkelhofer, Georg A. (2006): Kreativ managen: ein Leitfaden für Unternehmer, Manager und Projektleiter. Heidelberg: Springer Verlag Berlin. 1. Auflage.

Wölm, Dieter (1998): Kreatives Marketing. In: Kamenz, Uwe (Hrg.) (2003): Applied Marketing. Anwendungsorientierte Marketingwissenschaft der deutschen Fachhochschulen. Berlin, Heidelberg: Springer Verlag.

Woolfolk, Anita/Schönpflug, Ute (2008): Pädagogische Psychologie. München: Pearson Education Deutschland GmbH. 10. Auflage

Zerr, Konrad: Guerilla Marketing in der Kommunikation – Kennzeichen, Mechanismen und Gefahren. In: Uwe Kamenz (Hrsg.) (2003): Applied Marketing. Anwendungsorientierte Marketingwissenschaft der deutschen Fachhochschulen. Berlin: Springer Verlag.

Online:

Berlin.de Europareferat: Der Berliner Europabericht 2007-2008. Berliner Senat. Aktivitäten und Projekte. http://www.berlin.de/imperia/md/content/rbm-skzl/europareferat/europabericht/europabericht_2007_2008.pdf. Letzter Zugriff: 06.07.2011.

Berlin.de Senatsverwaltung für Stadtentwicklung I: Ausstellungs- und Veranstaltungskalender. Stadtentwicklungsforum Helsinki-Berlin. http://www. stadtentwicklung.berlin.de/aktuell/kalender/kalender_detail.php?&id=270. Letzter Zugriff: 06.07.2011.

Berlin.de Senatsverwaltung für Stadtentwicklung II: Internationales. Helsinki – Berlin City planning seminar 3 September 2009. http://www.stadtentwicklung. berlin.de/internationales_eu/staedte_regionen/de/aktuelles_ 2009.shtml. Letzter Zugriff: 06.07.2011.

Berliner Europabeauftragte (2008): Europawoche in Berlin. 2. bis 11. Mai 2008. Veranstaltungsübersicht. http://www.berlin.de/imperia/md/content/rbmskzl/ europarefrat/ oeffentlichkeitsarbeit/europawoche/programm_europawoche_stand_2.5.08.pdf. Letzter Zugriff: 05.07.2011.

BERLIN INTERNATIONAL (2008): Der Newsletter des Integrationsbeauftragten. 05/08 Nummer 048. http://opus.kobv.de/zlb/volltexte/2008/6364/pdf/ 48_2008.pdf. Letzter Zugriff: 06.07.2011.

Deutsche Botschaft Helsinki: Bilaterale Kulturbeziehungen. HelsinKISSBerlin – Helsinki präsentiert sich in Berlin. http://www.helsinki.diplo.de/Vertretung /helsinki/de/06/Bilaterale__ Kulturbeziehungen/seite__helsinkissberlin.html. Letzter Zugriff: 06.07.2011.

Deutsche UNESCO Kommission e.V. (2005): Übereinkommen über den Schutz und die Förderung der Vielfalt kultureller Ausdrucksformen. http://www.unesco.de/ konvention_kulturelle_vielfalt.html. Letzter Zugriff: 05.07.2011.

DG EAC – Europäisches Jahr des interkulturellen Dialogs (2008): Alles über das Jahr. http://www.interculturaldialogue2008.eu/406.0.html?&L=1. Letzter Zugriff: 06.07.2011.

Enquete-Kommission (2007): Schlussbericht. Kultur in Deutschland. Drucksache 16/7000. Auf: http://dipbt.bundestag.de/dip21/btd/16/070/1607000.pdf. Letzter Zugriff: 05.07.2011.

Europäische Kommission. Kultur (2009) I: Beitrag von Kultur zur Kreativität. Eine Studie im Auftrag der Europäischen Kommission vorbereitet (Generaldirektion Bildung und Kultur). Executive summary in German. http://ec.europa.eu/culture/keydocuments/doc/ study_ impact_ cult_creativity_de.pdf. Letzter Zugriff 14. Mai 2011.

Europäische Kommission. Kultur (2009) II: Kulturwirtschaft in Europa. http://ec.europa.eu/ culture/key-documents/doc873_de.htm. Letzter Zugriff: 14. Mai 2011.

Europäische Kommission. Kultur (2009) III: Unsere Programme und Aktionen. Kulturhauptstädte Europas. http://ec.europa.eu/culture/our-programmes-and-actions/doc413_de.htm. Letzter Zugriff: 05.07.2011.

Europäische Kommission. Kultur (2009) IV: Unsere Programme und Aktionen. Das Europäische Jahr des interkulturellen Dialogs 2008 im Überblick http://ec.europa.eu/culture/our-programmes-and-actions/doc415_de.htm. Letzter Zugriff: 05.07.2011.

Europäische Kommission. Kultur (2009) V: Unsere Programme und Aktionen. Programm "Kultur": eine bedeutende Investition in Kultur. http://ec.europa.eu/culture/our-programmes-and-actions/doc411_de.htm. Letzter Zugriff: 06.07.2011.

Finnland Institut (2008): Einladung. Flyer. Stadt, Land, Fluss – Helsinki und Berlin vor großen Herausforderungen. http://www.finnland-institut.de/fileadmin/content/de/Bilder_ Veranstaltungen_2006/Wissenschaft/PDFs/Einladung_01.pdf. Letzter Zugriff: 06.07.2011.

HELSINKISSBERLIN (2008) I: Programm. http://www.helsinkissberlin.de/ events/category/alle/. Letzter Zugriff: 06.07.2011.

HELSINKISSBERLIN (2008) II: Sponsoren. http://www.helsinkissberlin.de/ info/sponsoren. Letzter Zugriff: 06.07.2011.

HELSINKISSBERLIN (2008) III: Pressemitteilung allgemein. HelsinKissBerlin. Nordische Küsse für Berlin. http://www.helsinkissberlin.de/files/ pm_allgemein_helsinkissberlin.pdf. Letzter Zugriff: 06.07.2011.

HELSINKISSBERLIN (2008) IV: Was ist HelsinkissBerlin?. http://www.helsinkissberlin.de/ info/helsinkissinfo/. Letzter Zugriff: 06.07.2011.

HELSINKISSBERLIN (2008) IVa: Was ist HelsinkissBerlin?. Wer findet den Finnen? http://www.helsinkissberlin.de/info/helsinkissinfo/. Letzter Zugriff: 06.07.2011.

HELSINKISSBERLIN (2008) V: Kontakt. http://www.helsinkissberlin.de/ info/kontakt. Letzter Zugriff: 06.07.2011.

HELSINKISSBERLIN (2008) Event I: Auli Mantila. http://www. helsinkissberlin.de/events/view/21. Letzter Zugriff: 06.07.2011.

HELSINKISSBERLIN (2008) Event II: Hel Looks. http://www. helsinkissberlin.de/ events/ view/140. Letzter Zugriff: 06.07.2011.

Kreativität mit Kreativität vermarkten

195

HELSINKISSBERLIN (2008) Event III: Stadtentwicklungsforum Helsinki-Berlin. http://www. helsinkissberlin.de/events/view/340. Letzter Zugriff: 06.07.2011.

HELSINKISSBERLIN (2008) Event IV: Best of - Finland Frühstück. http://www.helsinkissberlin.de/events/view/25. Letzter Zugriff: 06.07.2011.

HELSINKISSBERLIN (2008) Event V: Komm küssen auf dem Alex! http://www.helsinkissberlin.de/events/view/399. Letzter Zugriff: 06.07.2011.

HELSINKISSBERLIN (2008) Event VI: Deutsches Symphonie-Orchester Berlin. http://www.helsinkissberlin.de/events/view/31. Letzter Zugriff: 06.07.2011.

KKLD* Berlin New York I: Finnland Institut. HELSIKISSBERLIN. HelsinkissBerlin Berichterstattung in der Presse. http://www.kkld.net/de/finnland-institut/. Letzter Zugriff: 06.07.2011

KKLD* Berlin New York II: Finnland Institut. HELSIKISSBERLIN. HelsinkissBerlin Print. http://www.kkld.net/de/finnland-institut/. Letzter Zugriff: 06.07.2011

KKLD* Berlin New York III: Finnland Institut. HELSIKISSBERLIN. HelsinkissBerlin PR Arbeit. http://www.kkld.net/de/finnland-institut/. Letzter Zugriff: 06.07.2011

KKLD* Berlin New York IV: Finnland Institut. HELSIKISSBERLIN. HelsinkissBerlin Guerilla Marketing. http://www.kkld.net/de/finnland-institut/. Letzter Zugriff: 06.07.2011

Kommission der Europäischen Gemeinschaften (2007): Mitteilung der Kommission an das Europäische Parlament, den Rat, den Europäischen Wirtschafts- und Sozialausschuss und den Ausschuss der Regionen über eine europäische Kulturagenda im Zeichen der Globalisierung. http://eurlex.europa.eu /LexUriServ/LexUriServ.do?uri=COM:2007:0242: FIN:DE:PDF. Letzter Zugriff: 05.07.2011.

Kti (2008) Flash-mob.de: Flash-Mob in Deutschland. Berlin. Massenknutschen in Flashmobform in Berlin! - 25. April 2008. http://www.flash-mob.de/ viewtopic.php?t=1096. Letzter Zugriff: 06.07.2011.

PONS EU. Das Sprachenportal (2011): Latein-Deutsch creare. http://de.pons.eu/dict/search/results/?q=creare&in=&kbd=la&l=dela. Letzter Zugriff 14. Mai 2011.

PONS EU. Das Sprachenportal (2011): Latein-Deutsch crescere. http://de.pons.eu/dict/search/results/?q=crescere&in=&kbd=la&l=dela. Letzter Zugriff 14. Mai 2011.

Raab, Nikolaus (2007) weltonline.de: Guten Morgen, Berlin! Tolerante Stadt. http://www.welt.de/ welt_ print/article805005/Tolerante_Stadt.html. Letzter Zugriff: 06.07.2011.

Raunig, Gerald (2007) kulturrisse: Ein Jahrhundert der Kreativität? Des Kanzlers gefährliche Drohung. http://kulturrisse.at/ausgaben/022007/kulturpolitiken/ein-jahrhundert-der-kreativitaet-des-kanzlers-gefaehrliche-drohung. Letzter Zugriff: 04.07.2011.

RUHR.2010 GmbH: Ruhr Tourismus GmbH und RUHR.2010 GmbH präsentieren Tourismusbilanz. http://www.essen-fuer-das-ruhrgebiet.ruhr2010.de/no_cache/pressemedien/pressemitteilungen/ detailseite/article/ruhr-tourismus-gmbh-und-ruhr2010-gmbh-praesentieren-tourismusbilanz.html?tx_ttnews[back Pid]=631. Letzter Zugriff: 06.07.2011.

Schäfer, Michael (2010) GT Göttinger Tageblatt: Göttinger Symphonie Orchester. „Die finanzielle Situation ist nicht zukunftsfähig". http://www.goettinger-tageblatt.de/ Nachrichten/Kultur/Regionale-Kultur/Die-finanzielle-Situation-ist-nicht-zukunftsfaehig. Letzter Zugriff: 05.07.2011.

Wirtschaftslexikon Gabler: Definition Kreativität. http://wirtschaftslexikon.gabler.de/ Definition/kreativitaet.html. Letzter Zugriff 14. Mai 2011.

Wirtschaftliche und nicht-wirtschaftliche Motive bei der Auswahl des Sponsoringobjektes im Sport

Madeline Sieland

Inhalte:

1 Einleitung
2 Eine Einführung ins Sponsoring
3 Eine Einführung ins Sportsponsoring
3.1 Die Definition und Bedeutung des Sportsponsorings
3.2 Die Kommerzialisierung des Sports
4 Die Motive auf Seiten der Sponsoren bei der Auswahl des Sponsoringobjektes
4.1 Die wirtschaftlichen Motive bei der Auswahl des Sponsoringobjektes
4.2 Die nicht-wirtschaftlichen Motive bei der Auswahl des Sponsoringobjektes
4.2.1 Das persönliche Interesse des Managements
4.2.2 Das Image des Gesponserten
4.2.3 Tradition und die Demonstration lokaler Verbundenheit
4.2.4 Die Übernahme sportlicher Verantwortung
4.2.5 Die Übernahme und Demonstration gesellschaftlicher Verantwortung
4.3 Die Gewichtung der Motive
5 Fazit
Literatur

1 Einleitung

„I don't remember any specific brand names or logos, but I know they were there." (Bauman/Robinson 2008: 301) – Das sagte ein Teilnehmer einer Studie, die sich mit dem Wiedererkennungswert der offiziellen Sponsoren der Olympischen Winterspiele von Turin 2006 beschäftigte. Diese Aussage zeigt, wie normal die Präsenz von Sponsoren im Sport heute ist. Wir sehen sie auch dann, wenn sie gar nicht da sind. Denn bei den Olympischen Spielen sind werbliche Botschaften der offiziellen Sponsoren am Veranstaltungsort verboten. Beim Fußball, Handball, Biathlon oder Skispringen sind die Sponsoren dagegen omnipräsent. So beschrieb die Süddeutsche Zeitung die Situation während der Alpinen Skiweltmeisterschaft 2011 in Garmisch-Partenkirchen wie folgt:

> „Die Läufer starten aus einem Sponsoren-Haus, rasen an aufblasbaren Sponsoren-Toren und Sponsoren-Gummitieren vorbei, bremsen gerade noch vor Sponsoren-Absperrpolstern ab, reißen im Ziel ihre Skier vor die Linse der Fernsehkamera – und wenn sie schnell genug gefahren sind, dürfen sie sich vor eine Sponsorenwand stellen. Die Sieger weinen bei der Nationalhymne vor der ebengleichen Wand, wo sie natürlich Sponsoren-Mütze oder -Stirnband nicht vergessen dürfen." (Hummel 2010)

Doch das war nicht immer so. Noch in den 1970er-Jahren war die Anbringung von Wort- und Bildmarken sportfremder Unternehmen auf der Kleidung von Athleten oder am Veranstaltungsort verpönt und führte zum Boykott durch die Medien. Heute ist das Sponsoring ein unverzichtbarer Bestandteil des Sports. Denn was oft vergessen wird: Vor allem im Leistungs- und Spitzensport ist die finanzielle Unterstützung durch die Wirtschaft eine Grundvoraussetzung für Professionalität und Erfolg. Ohne Sponsoren könnten Sportveranstaltungen nicht mehr stattfinden und ohne sie könnte auch kein Sportler an ihnen teilnehmen.

Bis heute ist es in der Sponsoringforschung allerdings umstritten, aus welchen Gründen sich Sponsoren für oder gegen ein bestimmtes Sponsoring-objekt entscheiden. Die meisten Autoren – allen voran Hermanns – gehen gerade im Sport ausschließlich von wirtschaftlichen Motiven auf Seiten der Sponsoren aus. Allerdings muss es immer auch nicht-wirtschaftliche Motive geben, da es sich beim Sponsoring sonst um den reinen Kauf einer Werbefläche handeln würde. Auf den folgenden Seiten soll die Existenz nicht-wirtschaftlicher Motive auf Seiten der Sponsoren nachgewiesen werden. Diese Motive sollen anschlie-ßend kategorisiert werden.

2 Eine Einführung ins Sponsoring

Die Wurzeln des modernen Sponsorings liegen im Mäzenatentum. Dieses geht auf den Römer Gaius Clinius Maecenas (70 bis 8 v.Chr.) zurück, der Dichter und Künstler förderte. Der aus seinem Namen abgeleitete Begriff Mäzenatentum steht für die altruistische und uneigennützige Förderung des Gemeinwesens. Der klassische Mäzen fördert Personen oder Institutionen ohne dafür eine konkrete Gegenleistung zu erwarten. Da es ihm auf die Sache ankommt, die er fördert und nicht auf seine eigenen Interessen, wird sein Engagement in der Öffentlichkeit in der Regel nicht bekannt. Die Aufgaben der Mäzene werden heute überwiegend von Stiftungen übernommen (vgl. Bruhn 2010: 3f.).

Eine Weiterentwicklung des Mäzenatentums ist das Spendenwesen, auch Corporate Giving genannt. Nach Paragraph 52 der Abgabenordnung ist eine Spende „darauf gerichtet, die Allgemeinheit auf materiellem, geistigem oder sittlichem Gebiet selbstlos zu fördern" (BMJ 2010). Auch bei Spenden dominiert das Fördermotiv; eine Gegenleistung des Geförderten wird nicht erwartet. Vor allem soziale und konfessionelle Vereinigungen sowie Parteien sind auf Spenden angewiesen. Nach Angaben des Deutschen Zentralinstituts für soziale Fragen liegt das jährliche Spendenvolumen hierzulande bei vier bis fünf Milliarden Euro (vgl. DZI 2010: 2).

Das Sponsoring hat sich schließlich aus den beiden eben vorgestellten Formen der Förderung von Bereichen des öffentlichen Lebens entwickelt und sich innerhalb des Kommunikationsmixes neben den klassischen Kommunikationsinstrumenten Werbung, Public Relations, Verkaufsförderung und Personal Selling als fünftes Instrument etabliert (vgl. Bruhn 2010: 1, Ruda/Klug 2010: 10, Sachse 2009: 11). Unter dem Kommunikationsmix versteht Bruhn (2009: 204) den aufeinander abgestimmten Einsatz aller Maßnahmen zum Erreichen kommunikativer Ziele. Um die Wirkung des Sponsorings zu verstärken, darf es nicht isoliert angewendet werden, da ihm die Informationsfunktion weitgehend fehlt. Schließlich können nur begrenzte Botschaften in Form von Name oder Logo des Sponsors vermittelt werden. Das Sponsorship selbst muss erst über die klassischen Kommunikationsinstrumente bekannt gemacht werden (Bruhn 2010: 39f.).

Im deutschsprachigen Raum dominieren die Sponsoring-Definitionen von drei Autoren: Bruhn, Drees und Hermanns. Bruhn definierte den Begriff Sponsoring im Jahr 2010 als:

> „die Analyse, Planung, Umsetzung und Kontrolle sämtlicher Aktivitäten, die mit der Bereitstellung von Geld, Sachmitteln, Dienstleistungen oder Know-how durch Unternehmen und Institutionen zur Förderung von Personen und/oder Organisationen in den Bereichen Sport, Kultur, Soziales, Umwelt und/oder den Medien unter vertraglicher Regelung der Leistung des Sponsors und Gegenleistung des Gesponserten verbunden sind, um damit gleichzeitig Ziele der Marketing- und Unternehmens-kommunikation zu erreichen." (Bruhn 2010: 6f.)

In der ersten Auflage seines Buches „Sponsoring" im Jahr 1987 definierte er den Begriff noch wie folgt:

> „Sponsoring bedeutet die Planung, Organisation, Durchführung und Kontrolle sämtlicher Aktivitäten, die mit der Bereitstellung von Geld- oder Sachmitteln durch Unternehmen für Personen und Organisationen im sportlichen, kulturellen oder sozialen Bereich zur Erreichung von unternehmerischen Marketing- und Kommunikationszielen verbunden sind." (Bruhn 1987: 16)

Bei einem Vergleich der beiden Definitionen stellt man fest, dass sie im Kern gleich geblieben sind. Bruhn geht davon aus, dass Sponsoring ein strategisch geplanter Prozess ist, mit dessen Hilfe auf der Sponsorenseite kommunikative Ziele erreicht werden sollen. Allerdings hat er seine Definition im Laufe der Jahre um einige Aspekte erweitert. So geht er heute davon aus, dass ein Sponsorship auch in Form von Dienstleistungen oder der Weitergabe von Wissen erfolgen kann. Zudem geht er darauf ein, dass Sponsoring auf dem Prinzip von Leistung und Gegenleitung beruht und vertraglich geregelt wird. Des Weiteren betont Bruhn die Förderabsicht des Sponsors. Diese Förderabsicht nahm er bereits in der zweiten Auflage seines Buches im Jahr 1991 in seine

Definition auf (vgl. Bruhn 1991: 21) und bindet sie gleichwertig neben das Erreichen von wirtschaftlichen Zielen in diese ein. Allerdings lässt er offen, was genau unter der Förderabsicht zu verstehen ist und wie sie zum Ausdruck kommt. Drees definierte Sponsoring im Jahr 1990 wie folgt:

> „Sponsoring beinhaltet die Bereitstellung von Geld, Sachzuwendungen oder Dienstleistungen durch den Sponsor für einen von ihm ausgewählten Gesponserten verbunden mit der Absicht des Sponsors dieses Engagement mit Hilfe festgelegter Gegenleistungen des Gesponserten für bestimmte, meistens kommunikative Ziele zu nutzen." (Drees 1990: 15f.)

Auch er betont das Prinzip von Leistung und „festgelegten Gegenleistungen" und geht damit davon aus, dass dem Sponsoring eine vertragliche Vereinbarung zugrunde liegt. Durch die Einschränkung „meistens" zeigt er, dass die Ziele, die mit dem Sponsoring auf der Sponsorenseite verfolgt werden, nicht nur wirtschaftlicher und kommunikativer Natur sein müssen. Im Jahr 1997 definierte Hermanns Sponsoring als:

> „die Zuwendung von Finanz-, Sach- und/oder Dienstleistungen von einem Unternehmen (dem Sponsor) an eine Einzelperson, eine Gruppe von Personen oder eine Organisation beziehungsweise Institution aus dem gesellschaftlichen Umfeld des Unternehmens (dem Gesponserten) gegen die Gewährung von Rechten zur kommunikativen Nutzung von Personen beziehungsweise Organisationen auf der Basis einer vertraglichen Vereinbarung." (Hermanns 1997: 36f.)

Hermanns stellt in seiner Definition die vertraglich vereinbarte Gegenleistung in den Mittelpunkt und konkretisiert diese. Die Gegenleistung des Gesponserten umfasst demnach vor allem die Gewährung von Rechten zur kommunikativen und kommerziellen Nutzung des Sponsorships. Für ihn ist Sponsoring ein Mittel, mit dem wirtschaftliche Ziele und Motive verbunden sind.

Beim näheren Betrachten der vorhergehenden Definitionen lassen sich einige Gemeinsamkeiten zwischen ihnen feststellen:

- Sponsoring basiert auf dem Prinzip von Leistung und Gegenleistung. Beides wird vertraglich geregelt.
- Aus der Sicht der Sponsoren ist Sponsoring ein integrierter Bestandteil der Marketing- und Unternehmenskommunikation.
- Aus Sicht der Gesponserten ist Sponsoring ein Instrument des Beschaffungsmarketings[124]. Es ist ein Mittel zur Akquise von Geld, Sach- und/ oder Dienstleistungen.

---

124 Das Beschaffungsmarketing befasst sich mit der Versorgung einer Organisation mit Mitteln von außerhalb. Ziel ist es, eine Win-Win-Situation zu schaffen. (vgl. Gabler Wirtschaftslexikon o.J. a)

Wirtschaftliche und nicht-wirtschaftliche Motive 201

Das Sponsoring grenzt sich vom Mäzenatentum und dem Spendenwesen vor allem durch das Prinzip von Leistung und Gegenleistung ab. Auch die Tatsache, dass der Sponsor im Gegensatz zu den anderen Förderungsformen bewusst in den Vordergrund tritt, ist ein wichtiges Unterscheidungsmerkmal. Doch während beim Mäzenatentum und dem Spendenwesen das Fördermotiv dominiert, ist es umstritten, ob dem Sponsoring – vor allem dem Sportsponsoring – eine Förderabsicht von Seiten des Sponsors zugrunde liegt. In seinem Buch kritisiert Hermanns Bruhn dafür, dass dieser die Förderabsicht in den Vordergrund stellt. Aber um überhaupt von Sponsoring sprechen zu können, muss es eine Förderabsicht beziehungsweise nicht-wirtschaftliche Motive bei der Auswahl des Sponsoringobjektes geben – auch wenn der Sponsor in der Regel eigennützig handelt und eine Gegenleistung erwartet, die ihm einen wirtschaftlichen Nutzen bringt. Kommt der Fördergedanke des Sponsors gegenüber dem Gesponserten nicht zum Ausdruck, würde es sich um den Kauf einer Werbefläche, vergleichbar mit Print- oder Fernsehwerbung, handeln.

Betrachtet man Hermanns (1997: 36) Argumentation zu diesem Thema näher, finden sich dort allerdings Widersprüche und Lücken, die darauf schließen lassen, dass auch er von einer zumindest teilweise vorhandenen Förderabsicht ausgeht. So bezieht sich seine Kritik an Bruhn ausschließlich auf den Sport. Zur Förderabsicht in den Bereichen Kultur, Soziales und Umwelt äußert er sich nicht. Daraus lässt sich schließen, dass er die Existenz einer Förderabsicht auf Seiten der Sponsoren in den zuletzt genannten Sponsoringbereichen nicht anzweifelt. Des Weiteren sagt er, dass es auch im Sport durchaus Sponsoringengagements gibt „bei denen die Förderabsicht stark betont wird." Dies trifft aber seiner Meinung nach nur auf den Breitensport sowie die Nachwuchsförderung zu, nicht aber auf die Unterstützung von Veranstaltungen wie den Olympischen Spielen. Denn da geht es Unternehmen laut Hermanns „nicht in erster Linie um die Förderung von Spitzenathleten zur Teilnahme an den Spielen, sondern sie wollen vor allem am Image des wichtigsten sportlichen Großereignisses partizipieren."

Hermanns nimmt also an, dass man von einem Fördergedanken im Leistungs- und Spitzensport nicht sprechen kann, da bei einem Sponsoring auf dieser Leistungsebene ausschließlich wirtschaftliche Interessen im Vordergrund stehen. Doch das kann man nicht pauschalisieren. Hermanns Annahme mag stimmen, wenn man die Formel 1, die obersten Fußballbundesligen oder den Boxsport betrachtet. Diese Sportarten stoßen in Deutschland auf ein starkes Medien- und Publikumsinteresse. 34,7 Prozent der Deutschen interessieren sich ganz besonders für Fußball, über Rennsport sagen das 17,2 Prozent und über Boxen 16,9 Prozent (vgl. Statista 2010a). So bekommen auch die Sponsoren in diesen Sportarten ein hohes Maß an Aufmerksamkeit, was sich wirtschaftlich durchaus positiv auf sie auswirken kann.

Spielen auf Seiten der Sponsoren im Leistungs- und Spitzensport aber ausschließlich wirtschaftliche Interessen eine Rolle, dann dürften Sportarten, die auf ein geringes Medien- und Publikumsinteresse stoßen und damit zu den Randsportarten zählen, keine Sponsoren haben. Betrachtet man zum Beispiel den deutschen Wintersport, so zählen unter anderem das Rennrodeln, die Nordische Kombination und der Skilanglauf zu den Randsportarten. Laut sid Sport-Monitor 2009 interessiert sich weniger als ein Prozent der Deutschen für die Nordische Kombination. Beim Rodeln sind es 2,3 Prozent, den Skilanglauf mögen 6,6 Prozent. Zum Vergleich: 24,8 Prozent der Befragten sind Fans vom Biathlon, 24,7 Prozent bevorzugen das Skispringen (vgl. Statista 2009).

Das vergleichsweise geringe Publikumsinteresse spiegelt sich auch in der Präsenz dieser Sportarten im Fernsehen wieder. So wird Rennrodeln trotz der Erfolge deutscher Athleten[125] bei ARD und ZDF in der Regel nur in 15-minütigen Zusammenfassungen am Samstag- und Sonntagmorgen gezeigt. Auch bei der Nordischen Kombination und dem Langlauf verzichten die öffentlich-rechtlichen Sender bei Wettkämpfen außerhalb Deutschlands immer häufiger auf Live-Übertragungen und zeigen nur noch Zusammenfassungen. Trotzdem werden die drei genannten Sportarten von der Viessmann Group seit 1993 im Nachwuchs- und Leistungssportbereich gesponsert. Das auf Heiztechniken spezialisierte Unternehmen aus dem nordhessischen Allendorf unterstützt sowohl Einzelsportler als auch den Deutschen Skiverband, den Internationalen Skiverband, den Internationalen Bob- und Skeletonverband sowie den Bob- und Schlittenverband für Deutschland e.V. (vgl. FIS Cross Country o.J.).

Da aber das öffentliche und mediale Interesse an den von Viessmann gesponserten Sportarten nachweislich gering ist, können die wirtschaftlichen Interessen des Sponsors bei der Auswahl des Sponsoringobjektes nicht im Vordergrund gestanden haben. Es muss also noch andere, nicht-wirtschaftliche Motive hinter dem Sponsorenengagement geben. Davon gehen auch Wolff und Walliser aus. Wolff (2003: 42) betont, dass die Verfolgung wirtschaftlicher und kommunikativer Ziele die Existenz einer beabsichtigten oder unbeabsichtigten Förderabsicht nicht ausschließt. Und laut Walliser (1995: 4) sind die Antriebsgründe des Sponsors nicht nur in den eigenen Kommunikationswünschen begründet, sondern stützten sich auch auf den Fördergedanken, also „auf den Wunsch, einer Idee, Person oder Sache zu helfen." Geht es nach Wolff (2003: 42), dann kommt die Förderabsicht sowohl in der Leistung des Sponsors, die das eigentliche Mittel der Förderung ist, als auch bei der Auswahl des Gesponserten zum Ausdruck.

---

125 Zwischen November 1997 und Februar 2011 gewannen deutsche Rodlerinnen 105 Weltcuprennen in Folge.

Dabei lassen sich die Entscheidungsträger in Unternehmen neben wirtschaftlichen Zielen auch von Sympathiewerten oder lokaler Verbundenheit leiten.

Bei Viessmann könnten die Sympathiewerte bei der Auswahl der Rodler als Sponsoringobjekt ebenfalls eine Rolle gespielt haben. Bei einer Umfrage der Zeitschrift „Horizont Sports Business" zur Beliebtheit von Wintersportlern im Jahr 2005 belegte der Rennrodler Georg Hackl vor dem Skispringer Martin Schmitt den ersten Platz (vgl. Statista 2005). Noch heute führt Viessmann Hackl, der seine aktive Karriere 2006 beendete, auf der Unternehmenswebseite als „Viessmann-Imagebotschafter" (vgl. Viessmann Sports o.J.).

Die vorangegangenen Ausführungen machen deutlich, dass die Entscheidung für oder gegen ein Sponsoringobjekt sowohl durch objektive als auch subjektive Motive geprägt sein muss. Im weiteren Verlauf gehe ich daher davon aus, dass dem Sponsoring eine – bewusste oder unbewusste – Förderabsicht von Seiten des Sponsors zugrunde liegt, die sich im Vorhandensein nicht-wirtschaftlicher Motive vor allem bei der Auswahl des Sponsoringobjektes zeigt.

3 Eine Einführung ins Sportsponsoring

3.1 Die Definition und Bedeutung des Sportsponsorings

Beim Sponsoring treffen zwei Partner mit unterschiedlichen Interessen aufeinander: Für den Sponsor ist es ein Mittel, mit dem Ziele der Marketing- und Unternehmenskommunikation erreicht werden sollen; für den Gesponserten ist es ein Instrument, mit dem er Ressourcenengpässe überwinden und sportliche Ziele erreichen will. Sowohl die Sichtweise des Sponsors als auch die des Gesponserten bindet Van Heerden (2001: 138) in seine Definition von Sportsponsoring ein und beschreibt dabei auch die Win-Win-Situation, die im Sponsoring entsteht:

> „Sport sponsorship is the provision of resources (e.g. money, people, equipment) by an organization (the sponsor) directly to a sponsee (e.g. sport personality, sporting authority or sport body or code), to enable the sponsee to pursue some activity (e.g. participation by the individual or event management by the authority or sport body) in return for rights contemplated in terms of the sponsor's marketing communication strategy, and which can be expressed in terms of corporate, marketing, sales and/or media objectives and measured in terms of linking the objectives to be the desired outcome in terms of return on investment in monetary and nonmonetary terms."

Das Sponsoring ist nach den Spieltagserträgen[126] die wichtigste Einnahmequelle im Sport. Die weltweiten Sportsponsoringaufwendungen im Jahr 2011 werden auf 31,359 Milliarden Dollar geschätzt (vgl. Statista 2010b). Davon entfallen auf den deutschen Markt 2,6 Milliarden Euro (vgl. Statista 2011). Damit ist Deutschland vor Großbritannien (1,4 Milliarden Dollar) der größte Sportsponsoringmarkt Europas. Neben Energieerzeugern und –versorgern gehören Telekommunikationsanbieter, Sportbekleidungshersteller, Finanzdienstleister sowie Automobil- und Getränkehersteller zu den aktivsten Sportsponsoren (vgl. Adjouri 2006: 38).

Die große Bedeutung des Sportsponsorings lässt sich mit dem hohen Stellenwert des Sports in der Gesellschaft erklären. Die Zahl der Personen, die über den Sport erreicht wird, ist groß:

- 61 Millionen Deutsche interessieren sich für Sport (vgl. Ruda/Klug 2010: 29)
- 66 Prozent der Bundesbürger treiben gelegentlich bis regelmäßig selbst Sport (vgl. Bruhn 2010: 80)
- 25,7 Millionen Deutsche besuchen Sportveranstaltungen
- und 48,9 Millionen schauen sich Sportveranstaltungen mindestens gelegentlich im Fernsehen an (vgl. Stockmann 2007: 100).

Der Einfluss des Sports erstreckt sich so auf das tägliche Leben einer breiten und heterogenen Masse, während andere Sponsoringformen, wie das Kultursponsoring, eher begrenzte, weitgehend homogene Gruppen erreicht.

Des Weiteren finden Unternehmen im Sport eine Umgebung vor, die mit Attributen wie jung, modern, sympathisch, leistungsbezogen und dynamisch besonders positiv besetzt ist (vgl. Hermanns 1997: 205). Diese sportverwandten Attribute wollen Sponsoren über einen Imagetransfer auf ihr eigenes Unternehmen übertragen. Zudem unterscheidet sich der Sport von anderen Sponsoringbereichen durch den Wettkampfcharakter und die Unvorhersehbarkeit des Ergebnisses, was mit einem hohen Involvement und Emotionalität auf Seiten der Zuschauer und damit der Zielgruppe des Sponsors einhergeht (vgl. Hanstad et al. 2009: 172). Emotionen sind im Sport immer – egal ob Sieg oder Niederlage – im Spiel. Denn geht es um ihren Lieblingssport, dann reagieren 46,5 Prozent der Deutschen emotional (vgl. Vocatus 2008: 3). Dadurch bietet der Sport die Möglichkeit, eine Marke, ein Produkt oder Unternehmen zu emotionalisieren

---

126 Die Spieltagserträge setzen sich aus den Einnahmen aus dem Ticketverkauf sowie dem Verkauf von Essen und Getränken am Veranstaltungsort zusammen (vgl. Hermanns/Riedmüller 2008: 245).

Wirtschaftliche und nicht-wirtschaftliche Motive   205

und erlebbar zu machen. Dafür setzen Sponsoren auch auf die massenmediale Verbreitung, durch die ein Multiplikatoreffekt erzielt wird, was zu einer höheren Kontaktqualität führt (vgl. Braun et al. 2006: 9).

Die Kommunikation findet beim Sportsponsoring also in einem emotionalen, positiv besetzten Umfeld statt, in dem die angestrebte Zielgruppe zudem in einer nicht-kommerziellen Situation angesprochen wird. Dadurch werden auch werbekritische und werbedesinteressierte Personen erreicht. 74 Prozent der Deutschen stehen dem Sponsoring positiv gegenüber. Auch 70 Prozent derjenigen, die Werbung grundsätzlich ablehnen, bewerten Sponsoring positiv (vgl. Huber 2008: 15). Denn die Mehrheit der Deutschen sieht Sponsoren unterschwellig in der Förderrolle. Für sie ist Sponsoring ein Mittel, mit dem Amateur- und Nachwuchssportler gefördert werden können (vgl. Vocatus 2008: 2).

Ein weiterer Grund für die Beliebtheit des Sports als Sponsoringobjekt ist der Professionalisierungsgrad des Gesponserten. Die Strukturen innerhalb der Verbände und Vereine sowie das Umfeld mit speziellen Vermarktungsagenturen, Marktforschungsinstituten und der großen Zahl an fachspezifischen Medien bilden die Grundlage für eine erfolgreiche Zusammenarbeit zwischen Sponsor und Gesponsertem. Hinzu kommt die stetige Verbesserung der Fernsehtauglichkeit von Sportarten, um deren Attraktivität zu steigern. So wurden zum Beispiel im Skilanglauf und Biathlon Verfolgungsrennen, Sprints und Massenstarts eingeführt, um die Wettbewerbe spannender und gleichzeitig für die Zuschauer übersichtlicher zu machen (vgl. Hanstad et al. 2009: 178).

3.2 Die Kommerzialisierung des Sports

Kommerzialisierung ist

> „ein Prozess, in dem ein Bereich menschlichen Lebens, der primär keine ökonomische Ausrichtung beinhaltet, als Bereich für wirtschaftliche Interessen entdeckt und in diesem Sinne ausgenutzt wird." (Brandmaier/Schimany 1998: 19)

Deppe & Riedel (2008: 38f.) beschreiben die Kommerzialisierung des Sports wie folgt:

> „Zunächst üben Aktive ihren Sport aus. Das Interesse an diesem Sport lockt Zuschauer an. Zunehmendes Zuschauerinteresse weckt die Aufmerksamkeit der Medien, welche die Berichterstattung aufnehmen. Ein verstärktes Medieninteresse weckt seinerseits zusätzliches Zuschauerinteresse. Und damit erkennen dann potentielle Sponsoren die Werbemöglichkeiten. (...) Ein verstärktes Engagement der Sponsoren führt durch Investitionen in den sportlichen Bereich zu einer besseren sportlichen Qualität."

Was hier sehr vereinfacht dargestellt wurde, ist ein Prozess, der sich über fast ein Jahrhundert hinzog. Denn erste Ansätze der Kommerzialisierung beziehungsweise des Sponsorings gab es bereits 1896 bei den ersten Olympischen Spielen der Neuzeit in Athen. Die Spiele wurden von Privatpersonen finanziell unterstützt. Sie erhielten als Gegenleistung eine Werbefläche im offiziellen Programmheft (vgl. Kocak et al. 2004: 287). Zu den ersten kommerziellen Sportsponsoren gehörten die Marken Bovril und Gilette. Bovril sponserte ab 1898 den Fußballverein Nottingham Forest; Gilette wurde 1910 Sponsor diverser Sportler in der amerikanischen Major League Baseball (vgl. Alaja/Forssell 2004: 11). Bereits 1928 beteiligte sich mit Coca-Cola der erste kommerzielle Unterstützer an den Olympischen Spielen. Coca-Cola ist nach wie vor offizieller Getränkepartner und Sponsor des Internationalen Olympischen Komitees (Coca-Cola o.J.).

Doch trotz dieser frühen Ansätze entwickelte sich das Sportsponsoring erst ab den 1960er-Jahren entscheidend weiter. In dieser Zeit wurde erstmals gezielt Werbung in Sportsendungen und bei Sportveranstaltungen platziert. Mit Plakaten und Banden wurde versucht, die Bekanntheit eines Produktes oder einer Marke zu steigern – allerdings noch ohne den Fernsehsender oder Veranstalter dafür zu bezahlen. Auch deshalb wurde die bei der Ruderweltmeisterschaft 1966 in Bled im damaligen Jugoslawien erstmals eingesetzte Bandenwerbung bei der Berichterstattung als „Schleichwerbung" abgestempelt (vgl. Ruda/Klug 2010: 4).

Während dieser Ruderweltmeisterschaft und in der Folgezeit führten Versuche der Kommerzialisierung des Sports immer wieder zu Boykotten durch die Medien, so zum Beispiel auch in der Formel 1. Im Vorfeld des Grand Prix von Spanien 1968 schloss der britische Rennstall Lotus einen Vertrag mit einer Zigarettenfirma ab, die dann auf dem Rennwagen mit dem Logo ihrer Marke „Golden Leaf Navy Cut" warb. Es war das erste Mal, dass ein Unternehmen ohne Verbindung zum Motorsport beziehungsweise der Automobilbranche in die Formel 1 einstieg. Die Zigarettenfirma wollte damit das seit 1966 in Großbritannien geltende Werbeverbot für Tabakwaren umgehen (vgl. Adjouri 2006: 15). ARD und ZDF stellten daraufhin die Übertragung der Formel-1-Rennen für den Rest der Saison ein. Kommentiert wurde diese Entscheidung vom damaligen Verantwortlichen bei der ARD wie folgt:

> „Wir werden keinesfalls diese skandalöse Schleichwerbung unterstützen!" (vgl. Woisetschlager 2006: 1)

Trotz der anfänglichen Boykotte des Fernsehens setzte sich die Sportwerbung in den 1970er-Jahren durch. Sportwerbung dient der Übermittlung von Werbebotschaften und ist eine alternative Werbeform (vgl. Nufer 2007: 32). Sind Banden- und Trikotwerbung nicht in ein umfassenderes Engagement eingebunden, kann

Wirtschaftliche und nicht-wirtschaftliche Motive

beides mit dem Mieten eines Werbeträgers gleichgesetzt werden. In dem Fall sollten diese beiden Werbeformen nicht mit Sponsoring verwechselt werden. Beschleunigt wurde die Verbreitung von Sportwerbung ab 1974 durch das Fernsehwerbeverbot für Tabakwaren in Deutschland. Die Tabakindustrie nutzte daraufhin den Sport als Werbeplattform (vgl. Ruda/Klug 2010: 3).

In den 1970er-Jahren kam zudem die Trikotwerbung im deutschen Fußball auf. 1973 platzierte der Unternehmer Günter Mast den Hubertus-Hirsch des Kräuterlikörs „Jägermeister" für 300.000 Mark pro Saison auf den Trikot der Eintracht Braunschweig und war damit der erste Trikotsponsor in Deutschland. Mast hatte erkannt, dass sich der Sport zum Massenphänomen entwickelt und damit eine ideale Werbeplattform ist. Sein Ziel war es, die Bekanntheit der Marke Jägermeister über den Fußball zu steigern. Als der Deutsche Fußballbund (DFB) diese Absicht erkannte, folgte ein Rechtsstreit, den Mast schließlich vor dem Bundesgerichtshof gewann. Der DFB führte die Trikotwerbung daraufhin offiziell ein. Ab 1979 spielten alle deutschen Erstligisten mit Werbung auf der Brust (vgl. Witkop 2011).

Während das Sponsoring in den 1960er- und 1970er-Jahren ausschließlich als Werbeersatz fungierte, entwickelte es sich in den 1980er-Jahren zum Kommunikationsinstrument. Unternehmen begannen damit ihr Engagement systematisch zu planen. Allerdings wurde das Sponsoring noch nicht in die gesamte Marketing- und Unternehmenskommunikation eingebunden, sondern unabhängig von anderen Kommunikationsinstrumenten genutzt. Das änderte sich auch mit Beginn der 1990er-Jahre nicht, in denen auch das Sponsoring in den Bereichen Kultur, Soziales und Umwelt an Bedeutung gewann (vgl. Bruhn 2010: 12).

Erst mit dem neuen Millennium begannen Unternehmen damit, das Sponsoring mit der gesamten Marketing- und Unternehmenskommunikation zu vernetzen (vgl. Ruda/Klug 2010: 3f.). Dabei wird es vor allem mit der Öffentlichkeitsarbeit, mit Events und der internen Kommunikation verknüpft. Während die klassische Werbung an Bedeutung verliert, wird das Sponsoring zunehmend in die Onlinekommunikation integriert (vgl. BBDO 2010: 45). Auch Kraft Foods hat die Sponsoringaktivitäten der Marke „Milka" im alpinen Wintersport in die gesamte Marketingstrategie eingebunden. Vor und während der Alpinen Skiweltmeisterschaft 2011 warb Milka, einer der Hauptsponsoren der WM, mit dem Slogan „Komm mit Milka an den Start und werde Weltmeister" unter anderem im Fernsehen, Internet und am Point-of-Sale für ein Gewinnspiel sowie die „Milka WM-Tafeln". Diese trugen die zum Sport passenden Namen „Abfahrt", „Slalom" und „Super G". Das Sponsoring wurde also auch mit der Produktpolitik Milkas verknüpft (vgl. Horizont 2011).

Die letzte Entwicklungsstufe des Sponsorings ist die Phase des Wertschöpfungssponsorings. Laut Bruhn (2010: 13) entwickelt sich das Sponsoring seit 2005 immer mehr vom Kommunikations- hin zu einem Wertschöpfungsinstrument, mit dem Unternehmen verstärkt ökonomische Ziele verfolgen. Grund dafür sind steigende Sponsoringbudgets und die daraus resultierende Notwendigkeit, diese zum Beispiel über Mehrverkäufe zu refinanzieren (vgl. Braun et al. 2006: 3f.).

Heute ist der Sport – von der Nachwuchsförderung bis zum Spitzensport – weitgehend von Sponsoren abhängig. Der Hauptgrund für die Entwicklungen der letzten 40 Jahre ist schnell gefunden: Leistungssport mit Amateuren war ab den 1970er-Jahren kaum noch finanzierbar. Das Ideal des Amateurismus galt bis dahin in nahezu allen Sportarten. So mussten zum Beispiel die Teilnehmer an Wettkämpfen des Internationalen Skiverbandes bis zur Saison 1976/77 „einen bürgerlichen Beruf ausüben." (FIS o.J.) Auch der Amateurparagraph des Internationalen Olympischen Komitees, der noch bis 1981 galt, besagte, dass die Teilnehmer an den Olympischen Spielen kein Geld mit dem Sport verdienen dürfen. Nach Pierre de Coubertin, dem Begründer der Spiele der Neuzeit, sollte das Ideal des Amateurismus „den Sport vor dem Geist der Gewinnsucht schützen" (vgl. Deister 2008).

Aufgrund der Forderung nach immer mehr Leistung und größeren sportlichen Erfolgen, waren aber zwangsläufig auch mehr Investitionen in Trainingszeit, Trainer, Betreuer und Sportgeräte nötig. (vgl. Ruda/Klug 2010: 36). Der dadurch entstehende Kostendruck zwang Vereine und Verbände zu einer immer intensiveren Kommerzialisierung. So erlaubte der Internationale Skiverband ab der Saison 1976/77 die Namen der Hersteller auf der Kleidung der Sportler; die kommunikative Nutzung von Athleten in der Werbung sowie das Sponsoring durch sportfremde Unternehmen war schließlich ab Mitte der 1980er-Jahre erlaubt (vgl. Adjouri 2006: 16).

Auch der Breitensport blieb von der Kommerzialisierung nicht verschont. Nach Brandmaier & Schimany (1998: 19f.) bedeutet die Kommerzialisierung des Sports, dass

> „Güter, die im und mit dem Sport produziert werden, über den Markt, also nach dem Prinzip von Leistung und Gegenleistung, verkauft werden."

Im Leistungs- und Spitzensport wird das sportliche Ergebnis durch den Verkauf von Eintrittskarten, Fanartikeln, Sponsoring und Medienrechten vermarktet; im Breitensport wird die aktive sportliche Betätigung selbst kommerziell verwertet, zum Beispiel in Fitnessstudios.

Wirtschaftliche und nicht-wirtschaftliche Motive 209

4 Die Motive auf Seiten der Sponsoren bei der Auswahl des Sponsoringobjektes

Wie in Kapitel 2 bereits beschrieben, ist es in der Literatur umstritten, ob dem Sportsponsoring auf Seiten der Sponsoren ausschließlich wirtschaftliche Motive oder auch nicht-wirtschaftliche Motive zugrunde liegen. Eine Studie von Stipp und Schiavone aus dem Jahr 1996 zeigt allerdings anhand der Olympischen Spiele, dass das Sportsponsoring auch altruistisch motiviert ist (vgl. Huber et al. 2008: 28). Damit belegen sie die Existenz nicht-wirtschaftlicher Motive, die laut Wolff (2003: 42) vor allem bei der Auswahl des Sponsoringobjektes zum Ausdruck kommen.

In diesem Kapitel werden mögliche wirtschaftliche und nicht-wirtschaftliche Motive näher betrachtet. Durch die Analyse der gängigen Literatur und von Aussagen, die Sponsoren über sich selber gemacht haben, sowie des im Jahr 2008 in der Zeitschrift „Horizont Sportbusiness" erschienenen Artikels „Altruismus mit Kalkül" konnten sechs nicht-wirtschaftliche Motive identifiziert werden. Diese Motive sind nicht immer trennscharf. Meist ist bei den genutzten Beispielen mehr als eines der Motive nachweisbar.

4.1 Die wirtschaftlichen Motive bei der Auswahl des Sponsoringobjektes

Die wirtschaftlichen Motive entsprechen den Zielen, die mit dem Sponsoring verfolgt werden. Laut Bruhn (2010: 49f.) haben Sponsoren psychologische und ökonomische Ziele. Wie bei allen Kommunikationsinstrumenten stehen die psychologischen Ziele und die damit verbundenen Kommunikationswirkungen bei der Zielgruppe im Vordergrund. Die psychologischen Ziele setzen auf kognitiver, affektiver und konativer Ebene an. Durch sie sollen bei den Zielgruppen zunächst Wissen und Einstellung und langfristig das Verhalten geändert werden.

Auf kognitiver Ebene soll die Bekanntheit von Unternehmen, Marken oder Produkten gesteigert werden. Da über das Sponsoring aber keine umfangreichen Werbebotschaften vermittelt werden können und die Sponsoringbotschaft nur eine geringe, beiläufige Aufmerksamkeit bekommt, eignet es sich nicht dazu neue Unternehmen, Produkte oder Marken bekannt zu machen. Sponsoring ist deshalb nur dann zu empfehlen, wenn bereits eine Mindestbekanntheit gegeben ist (vgl. Bruhn 2010: 115). Die Steigerung des Bekanntheitsgrades erfordert zudem einen häufigen Kontakt zwischen Zielgruppe und Botschaft des Sponsors. Deshalb ist die Exposition, also eine hohe mediale Reichweite und die Kontakthäufigkeit mit der Sponsoringbotschaft, das vorrangige Ziel (vgl. Sachse

2010: 14). Allerdings sagt die Kontakthäufigkeit noch nichts über die Qualität der Kontakte aus, da die Zielgruppe durch die beiläufige Kommunikationssituation ohne bewusste Aufmerksamkeit nur wenige, leicht verständliche Informationen aufnehmen kann (vgl. Ruda/Klug 2010: 3). Schließlich gilt die eigentliche Konzentration dem sportlichen Geschehen. Allerdings kann man sich beim Zuschauen den Sponsoren auch nicht entziehen. Möglichst viele Kontakte mit der Botschaft reichen daher aus, um den Markennamen oder das Logo im Gedächtnis zu verankern. Das kann verhaltensrelevant sein, wenn eine Marke später bei der Kaufentscheidung wiedererkannt wird.

Zu den affektiven Zielen gehören die Generierung von Goodwill und Akzeptanz in der Zielgruppe sowie die Übernahme und Demonstration gesellschaftlicher Verantwortung. Dadurch wird eine positive Einstellung der Zielgruppen gegenüber dem Sponsor angestrebt. Das wichtigste affektive Ziel ist aber der Aufbau, die Pflege und Verbesserung des Images (vgl. Bruhn 2010: 50f.). Im Rahmen eines Imagetransfers sollen positive Eigenschaften und Werte des Gesponserten auf den Sponsor übertragen werden. Im Sport sind das zum Beispiel Attribute wie jung, modern, sympathisch, leistungsbezogen, gesund, fair und dynamisch. Durch diese Attribute wollen auch Energiekonzerne ihr Image verbessern. So wird der FC Schalke 04 von Gazprom gesponsert. Der Energiekonzern gilt als „Werkzeug der russischen Regierung" (Spiller 2011). Der Geflügelproduzent Wiesenhof war in der Vergangenheit vor allem wegen inakzeptabler Haltungs- und Schlachtbedingungen, mangelnder Hygiene und Tierquälerei in den Ställen der Vertragslandwirte in den Schlagzeilen. Seit August 2012 ist das Unternehmen Trikotsponsor des SV Werder Bremen. Der Verein gehört laut einer DFB-Umfrage zu den sympathischsten Vereinen der Bundesliga (vgl. Plasse 2012). Ob tatsächlich der gewünschte Imagetransfer stattfindet, ist immer abhängig von drei Faktoren: Dem gewählten Sponsoringobjekt, der begleitenden Medienberichterstattung und der Einbindung des Sponsorships in die Unternehmens- und Marketingkommunikation des Sponsors (vgl. Hermanns 1997: 150f.).

Auf konativer Ebene verfolgen Unternehmen beziehungsorientierte Ziele, wie die Steigerung der Kundenzufriedenheit und -bindung sowie die Neukundengewinnung. Dieses Ziel ist einer der wichtigsten Unterschiede zwischen den klassischen Kommunikationsinstrumenten und dem Sponsoring. Beim Sponsoring steht üblicherweise nicht das Produkt oder die Dienstleistung im Mittelpunkt, sondern es soll ein emotionaler Kontakt zur Zielgruppe hergestellt werden (vgl. Ruda/Klug 2010: 2). Der direkte Kontakt ist ein Mittel um Vertrauen aufzubauen, wodurch es schließlich zu Veränderungen im (Kauf-)Verhalten kommen kann (vgl. Bruhn 2010: 50ff.). Langfristig beeinflusst das erfolgreiche Erreichen von psychologischen Zielen also auch die ökonomischen Ziele.

Zu den ökonomischen Zielen gehören unter anderem die Umsatz-, Absatz- und Marktanteilssteigerung. Der Vorteil der ökonomischen Ziele besteht darin, dass sie eindeutig messbar sind. Das ist bei psychologischen Zielen wesentlich problematischer, da sie langfristiger angelegt sind. Über einen längeren Zeitraum wirken aber noch andere interne und externe Einflussfaktoren auf die Zielgruppe ein. Dadurch ist es im Nachhinein kaum nachvollziehbar, was für den ökonomischen Erfolg verantwortlich ist (vgl. Bruhn 2010: 162).

Laut Bruhn (2010: 49) steht das Erreichen ökonomischer Ziele aber nur dann im Vordergrund, wenn die Produkte oder Dienstleistungen des Sponsors einen direkten Bezug zum Sponsoringobjekt haben. Für Sportartikelhersteller oder die Hersteller von Reifen und Öl im Rennsport ist das Sponsoring ein Mittel, mit dem Leistung und Kompetenz demonstriert werden können. So wollen zum Beispiel auch Automobilhersteller über den Motorsport ihre Technologiekompetenz demonstrieren (vgl. 2010: 115f.). Dem Konsumenten werden dadurch Qualität, Eigenschaften und Einsatzgebiete eines Produktes näher gebracht. Zudem kann die Expertise des Sportlers zur (Weiter-)Entwicklung von Produkten genutzt werden. Dadurch hat das Sponsoringengagement direkten Einfluss auf die Produktpolitik.

Ein weiteres Ziel des Sponsorings, das Bruhn (2010: 52) aufführt, ist die Mitarbeitermotivation. Über das Sponsoring soll die Beziehung zu den eigenen Mitarbeitern verbessert werden, indem auf lokaler Ebene Aktivitäten und Bereiche unterstützt werden, in denen sich die privaten Interessen der Mitarbeiter wiederspiegeln. Positive Erfahrungen in der Freizeit verbessern die Mitarbeitermotivation, was sich wiederum in verstärkter Kundenorientierung und besserem Serviceverhalten äußert. Über das Sponsoring auf lokaler Ebene kann zudem die Attraktivität einer Region und eines Unternehmens gesteigert werden, wodurch neue Mitarbeiter gewonnen werden können. Sponsoring ist damit auch ein Instrument der Human Ressources.

4.2 Die nicht-wirtschaftlichen Motive bei der Auswahl des Sponsoringobjektes

4.2.1 Das persönliche Interesse des Managements

Nach Woisetschlager (2006: 27) werden Sponsoringentscheidungen nicht nur auf Basis unternehmerischer Logik getroffen, sondern basieren auch auf privaten Präferenzen des Managements. Dieser Ansicht sind auch Sandler & Shani. Für sie sind Sponsoringentscheidungen das Ergebnis des persönlichen Interesses des Managements (vgl. Griffiths et al. 2005: 168). Laut einem Artikel der Neuen Zürcher Zeitung (NZZ) aus dem März 2011 werden drei Viertel aller Sponsoringverhältnisse „nicht vom Kopf, sondern von Herz und Bauch" (Willenbrock 2011) der verantwortlichen Manager bestimmt. Dieses Phänomen wird „Chairman's-Wife Syndrome" genannt. Dabei handelt es sich um den nicht zielgerichteten Einsatz eines Kommunikationsinstrumentes aus irrationalen Gründen oder falsch verstandenem Gefälligkeitsdenken (vgl. Fuchs/Unger 2007: 310). Marco Klewenhagen, Chefredakteur des Magazins „Sponsors", beschreibt das in der NZZ folgendermaßen:

> „Da wird, wenn der Vorstandschef Fan eines Vereins ist und bei seinen Geschäftsfreunden gerne mit VIP-Karten glänzen will, sein Unternehmen halt Sponsor. Aufgabe der Marketingabteilung ist es dann, das Ganze im Nachhinein als strategisch sinnvoll darzustellen." (Willenbrock 2011)

Die Auswahl des Sponsoringobjektes aufgrund von eigenen Interessen dient also in erster Linie der persönlichen Befriedigung des Managements. Unternehmensziele werden vernachlässigt.

Die Gefahr dabei besteht vor allem darin, die (finanziellen) Risiken zu unterschätzen, so wie das im Radsport der Fall war. Die NZZ bezeichnet den Radsport als „einstigen Sponsorenlieblingssport" (Willenbrock 2011). Die Teams Gerolsteiner, Telekom oder Milram trugen nicht nur die Namen deutscher Unternehmen, sondern deren Führungsetagen entschieden auch über die Auswahl von Fahrern und die Wettbewerbe, an denen teilgenommen wurde. Auch das Schweizer Phonak Cycling Team verdankte seine Existenz von 2000 bis 2006 in erster Linie dem Schweizer Industriellen Andy Rihs, der sich selbst als „Radsport-süchtig" bezeichnet (Willenbrock 2011). Rihs war Besitzer der Phonak Holding AG, einem Hörgerätehersteller. Mit Floyd Landis gewann 2006 ein Phonak-Fahrer die Tour de France. Dieser Sieg wurde ihm allerdings nur drei Monate später aberkannt, da er des Dopings überführt wurde. Das Phonak Cycling Team wurde daraufhin aufgelöst. Rihs verlor mehrere dutzend Millionen Schweizer Franken. Um den Imageschaden für sein Unternehmen möglichst gering zu halten, wurde Phonak in Sonova umbenannt (vgl. Flütsch 2011). Rihs hat seitdem nur noch eine beratende Funktion im Verwaltungsrat der Sonova Holding AG.

4.2.2 Das Image des Gesponserten

Wenn, wie unter 4.2.1 beschrieben, Entscheidungen „aus dem Bauch heraus" getroffen werden, dann hat auch das Image des potenziell Gesponserten einen Einfluss auf die Auswahl des Sponsoringobjektes. Das Image ist ein nichtwirtschaftliches Motiv, da es subjektiv geprägt ist. Es entsteht auf der

Gefühlsebene und beeinflusst und steuert unser Verhalten (vgl. Bentele et al. 2005: 583). Daher spielen unbewusst Faktoren, wie Sympathie, Vertrauenswürdigkeit, Glaubwürdigkeit, Erfolg, Prominenz und Popularität des potenziellen Sponsoringobjektes eine Rolle.

Vor allem mangelnde Vertrauenswürdigkeit und Glaubwürdigkeit machen den Finnischen Skiverband zu einem eher unbeliebten Sponsoringobjekt. Grund dafür ist der größte Dopingfall in der Geschichte des nordischen Skisports. Während der Nordischen Skiweltmeisterschaft in Lahti im Februar 2001 wurden sechs finnische Langläufer des Dopings überführt. Unter den positiv Getesteten waren auch Athleten, die über ein Jahrzehnt hinweg eine Art Nationalhelden in Finnland waren. Denn Erfolge bei sportlichen Wettkämpfen sind für die Finnen ein wichtiger Teil ihrer nationalen Identität.

Wer genau über die Dopingpraktiken wusste, ist bis heute nicht offiziell geklärt. Immer wieder beschäftigen sich finnische Gerichte mit dem Thema, zuletzt im Frühjahr 2011. Außerdem melden sich regelmäßig Beteiligte in den Medien zu Wort. So sprach Kari-Pekka Kyrö, Langlaufcheftrainer von 1998 bis 2001, in einem Interview mit der Tageszeitung „Helsingin Sanomat" im Jahr 2008 über verbandsgestütztes und systematisches Doping, das in den 1990er-Jahren gang und gäbe war. Nach seinen Aussagen zahlte der Verband zumindest für einige Reisen, auf denen er Wachstumshormone und EPO in den Niederlanden und Spanien kaufte (vgl. Hahn/Häyrinen 2008).

Durch solche Interviews wird der Dopingskandal im Bewusstsein der Öffentlichkeit gehalten. Deshalb haben der Verband und alle von ihm vertretenen Sportarten auch zehn Jahre danach noch mit den direkten Folgen zu kämpfen. Neben einem Imageproblem ist es auch ein daraus resultierendes finanzielles Problem. So verlor der Verband noch 2001 alle staatlichen Zuschüsse und Sponsoren kündigten ihre Verträge vorzeitig. Das führte zu einem sofortigen Verlust von 3,1 Millionen Euro, was vor 2001 etwa 40 Prozent des Jahresetats entsprach (vgl. Järvio 2006). Bis heute wirken sich die Geldprobleme auch auf den sportlichen Erfolg aus, da die finanziellen Mittel für Trainingslager im Spitzensport sowie die Nachwuchsarbeit noch immer knapp bemessen sind. So bat zum Beispiel der Skispringer Kimmo Ylriesto im Dezember 2009 seine Fans darum, ihm die Teilnahme am Continentalcup in Titisee-Neustadt in Deutschland zu finanzieren. Der finnische Verband konnte kein Geld für die Reise zu einer solchen Veranstaltung mehr zur Verfügung stellen.

Die Sponsoren des finnischen Verbandes zogen sich 2001 in erster Linie aus Angst um ihr eigenes Image zurück. Denn wer mit überführten Dopern zusammenarbeitet, wird in der Öffentlichkeit als Komplize betrachtet (vgl. Hanstad et al. 2010: 189). Aber auch das Image des Gesponserten spielt in Finnland eine große Rolle. Das zeigt schon ein Blick auf finnische Definitionen des Begriffs

Sponsorings. So definierte Lipponen (1999: 8) Sponsoring als „das Ausleihen des positiven Images eines Sponsoringobjektes, um es zur Kommunikation mit der Zielgruppe zu nutzen." Ähnlich versteht es auch Tuori (1995: 7). Für ihn ist Sponsoring das „Leihen des Images eines Athleten, einer Gruppe, eines Event etc. um vordefinierte Marketingziele zu erreichen".

Auch auf den Breitensport hat sich der Dopingskandal ausgewirkt. Die Zahl der Kinder und Jugendlichen, die Skilanglauf betreiben, ist in Finnland von 195.000 im Jahr 2001 auf 147.000 im Jahr 2009 stark gesunken (vgl. SLU 2010: 4). Denn Skilangläufer galten nach dem Skandal nicht mehr als Vorbilder und hatten auch keine anstrebenswerte Position in der Gesellschaft mehr inne.

4.2.3 Tradition und die Demonstration lokaler Verbundenheit

Unterstützt ein Unternehmen Sportler und Vereine am Firmenstandort, so kann es durch die Demonstration lokaler Verbundenheit die Attraktivität einer Region steigern und Mitarbeiter motivieren sowie gewinnen. Daher ist dieses Motiv sehr stark mit den wirtschaftlichen Motiven verbunden. Gleichzeitig kann die Demonstration lokaler Verbundenheit aber auch mit anderen nicht-wirtschaftlichen Motiven, zum Beispiel der Tradition, verbunden sein. Tradition äußert sich im Sponsoring dadurch, dass viele Sponsorships aus der Unternehmensgeschichte heraus gewachsen sind, sich etabliert haben und daher nicht hinterfragt werden (vgl. Peymani 2008: 47).

Auch bei der Bayer AG findet man diese beiden Motive. Bayer betrachtet das Sponsoring als ein Mittel, um die Stadt Leverkusen und den Konzern miteinander zu verbinden. Bereits 1904 wurde deshalb der TSV Bayer 04 Leverkusen gegründet. Bis 1940 war der Verein ausschließlich für Bayer-Mitarbeiter und deren Familien zugänglich. Heute ist das „Sport-Modell Bayer" ein professionell geführtes Sportförderungs- und Sponsoring-Netzwerk, das in der Spitze und Breite sowie in Top- und Randsportarten gleich gut funktionieren muss. Dafür wurden unter anderem die Vereinsführungen professionalisiert. Spitzenpositionen wurden mit Managern und Marketingspezialisten besetzt, die zuvor in der Bayer AG ausgebildet wurden. Sie berichten direkt an den Sportbeauftragten im Bayer-Vorstand (vgl. Braun et al. 2006: 185-202).

Das Besondere am „Sport-Modell Bayer" ist, dass Bayer einerseits selbst als Sponsor agiert und andererseits eigene Vereine im Breiten-, Jugend-, Spitzen- und Behindertensport sowie Sportanlagen vermarktet. Die 28 Bayer-geführten Sportvereine in Leverkusen, Dormagen, Uerdingen und Wuppertal haben mehr als 55.000 Mitglieder und verfügen über Sportstätten im Wert von 170 Millionen Euro. Jährlich fließen bei Bayer 14 Millionen Euro in den Sport. Damit werden unter anderem auch der Betrieb eines Talentzentrums und Internates sowie die Infrastruktur mit Sportparks, Hallen und Personal finanziert. Dieser Betrag wird seit 2001 über strategische Partnerschaften, das Co-Sponsoring, teilweise refinanziert. Durch die Refinanzierung will Bayer das hohe sportliche Niveau im Spitzensport halten und die Unterstützung der anderen Bereiche auf dem bisherigen Level fortführen (vgl. Braun et al. 2006: 185-202). Das Problem dabei beschrieb Meinolf Sprink, von 2000 bis 2009 Sportbeauftragter des Bayer-Vorstandes, im Jahr 2005 wie folgt:

> „Der Fußball, die teuerste Sportware in Deutschland, macht es uns nicht leicht, Sponsoringbudgets für weniger publikums- und werbewirksame Sportarten wie Schwimmen oder Volleyball zu generieren." (Braun et al. 2006: 195f.)

Zur Lösung dieses Problems verzichtet die Bayer AG auf eigene Werbeflächen in der BayArena sowie auf den Trikots des Fußballbundesligisten Bayer 04 Leverkusen und verkauft diese. Über die Einnahmen werden die Randsportarten und die Nachwuchsförderung finanziert. Zudem vermarktet Bayer die einzelnen Sportarten nicht isoliert, sondern koppelt Sponsoringverträge für die Bundesliga an Engagements in anderen Bayer-Sportarten. So wurde zum Beispiel das Telekommunikationsunternehmen O2 im Jahr 2002 nur unter der Bedingung Premium-Partner des Fußballbundesligisten Bayer 04 Leverkusen, dass sich das Unternehmen zusätzlich finanziell im Basketball, der Leichtathletik und dem Schwimmsport engagiert (vgl. Braun et al. 2006: 198).

4.2.4 Die Übernahme sportlicher Verantwortung

Das „Sport-Modell Bayer" steht nicht nur für die Demonstration lokaler Verbundenheit, sondern – wie unter 4.2.3 beschrieben – auch für die Übernahme sportlicher Verantwortung. Wie die Bayer AG ist auch Red Bull gleichzeitig in der Rolle des Sponsors und des Gesponserten.

Red Bulls Gesamtmarketingbudget beträgt 1,3 Milliarden Euro pro Jahr. Davon fließen 600 Millionen Euro ins Sportsponsoring sowie jeweils 350 Millionen Euro in die klassische Kommunikation und B2C-Maßnahmen (vgl. Heller/Maggi 2011). Weltweit unterstützt Red Bull mehr als 400 Sportler, unter anderem aus dem Motor-, Winter-, Wasser-, Extrem- und Funsport. Unter den gesponserten Sportarten finden sich auch unternehmenseigene Erfindungen, wie zum Beispiel Crashed Ice[127] oder das Air Race. Zudem gehören dem österreichischen Unternehmen drei Fußballvereine (RB Leipzig, New York Red

---

127 Red Bull Crashed Ice ist eine Mischung aus Eishockey, Abfahrtslauf und Snowboardcross.

Bulls, Red Bull Salzburg), ein Eishockey-Club (EC Red Bull Salzburg), zwei Formel-1-Teams (Red Bull Racing, Scuderia Toro Rosso) und ein Motorsport-nachwuchsteam, das Red Bull Junior Team (vgl. Red Bull o.J. b).

Die folgende Aussage von Red Bull-Chef Dietrich Mateschitz, der sich selbst als sportverrückt bezeichnet, sagt viel über sein Verständnis von Sponsoring aus und zeigt, dass dem Sponsoring von Red Bull sowohl wirtschaftliche als auch nicht-wirtschaftliche Motive zugrunde liegen:

> „Wir sponsern nicht. Ein Sponsor ist Marlboro bei Ferrari. Aber wir sind die Formel 1. (...) Wir spielen Fußball. Wir sind integriert. Wir übernehmen die Verantwortung für die Niederlage genauso wie für den Sieg. Dieses klassische Sponsorship ist bei uns nicht existent. Wir tragen zu niemandem einen Koffer voll Geld und machen uns davon abhängig, ob er das für Nachtclubs ausgibt oder für die Performance. Wir sind im Sport engagiert – aus Passion heraus und als Teil unseres Marketing-Mixes." (Der Standard 2011)

Beim Sportsponsoring stehen für Red Bull Authentizität, Langfristigkeit und die eigene Nachwuchsförderung im Mittelpunkt (vgl. Der Standard 2011). So wurde zum Beispiel der zweifache Formel-1-Weltmeister Sebastian Vettel in den Jahren 2004 und 2005 im Red Bull Junior Team gefördert. Dieses Team wurde 2001 mit dem Ziel gegründet, neue Formel-1-Weltmeister hervorzubringen. Der Einstieg in die Formel 1 erfolgt dann über die Scuderia Torro Rosso. Daniel Ricciardo und Jean-Éric Vergne, die in der Saison 2012 für dieses Team fahren, sind noch im letzten Jahr für das Red Bull Junior Team in der Formel Renault an den Start gegangen (vgl. Red Bull Junior Team o.J.). Auch mit dem Fuß-ballverein RB Leipzig will Red Bull über die Nachwuchsförderung in eigenen Fußballakademien in Deutschland, Ghana und Brasilien in spätestens sechs Jahren den Aufstieg in die erste Fußballbundesliga schaffen (vgl. Heller/Maggi 2011). Durch die Fußballerausbildung in den Akademien möchte man sich einerseits vom Transfermarkt unabhängig machen, andererseits will sich Red Bull auch nicht vorwerfen lassen, man hätte eine „Legionärs- oder Söldnertruppe zusammengekauft, die man dann spielen lässt." (Der Standard 2011).

Diese Form des Sponsorings ist allerdings mit dem größten Risiko verbunden – sowohl finanziell, da man auch die Kosten für Ausrüstung, Sportgeräte sowie die Mitarbeiter selber tragen muss, als auch was das Image angeht. Red Bull unterstützt mehrheitlich Sportarten, die in der Luft stattfinden (zum Beispiel Skispringen, Skidiving, Basejumping, Cliff Diving) und/oder sich durch Schnelligkeit auszeichnen (zum Beispiel Ski Alpin, Ski Cross, Surfing, BMX, Motocross). Diese Sportarten passen zu dem Image, dass das Unternehmen durch die Verwendung des Slogans „Red Bull verleiht Flügel" seit 1992 etabliert hat (vgl. Red Bull o.J. a). Durch diesen Slogan sind das Unternehmen und die Marke Red Bull eng mit Attributen wie Risikofreude, Dynamik und Leistungsstärke verbunden. Wäre aber zum Beispiel Sebastian Vettel in den

Jahren 2010 und 2011 nicht Formel-1-Weltmeister geworden, sondern nur um die Plätze 15 bis 20 gefahren, hätte das wohl einen negativen Effekt auf das Image von Red Bull gehabt. Den Slogan „Red Bull verleiht Flügel" hätte das Unternehmen dann nicht mehr ohne weiteres aufrechterhalten können. Auf das mit der Übernahme der sportlichen Verantwortung verbundene Risiko angesprochen, sagt Mateschitz:

> „Es geht ja auch um die Qualität einer Markenpräsenz und um den Imagetransfer. Wenn wir Eishockey oder Fußball spielen und dabei gewinnen, wenn wir Formel 1 fahren und Weltmeister werden, dann ist der Effekt viel grösser. Die Medien berichten im redaktionellen Teil darüber, wir sind es selber, die den Erfolg feiern. Diesen Ansatz haben wir über zwanzig Jahre durchgezogen." (Heller/Maggi 2011)

Für das Jahr 2010 hat sich diese Strategie ausgezahlt. Red Bull konnte seinen Umsatz um 15,8 Prozent auf 3,785 Milliarden Euro steigern (vgl. Red Bull o.J. a). Es war das beste Geschäftsjahr in der Firmengeschichte. Dafür hat man seit 2004 mehr als 473 Millionen Euro für die Formel 1 ausgegeben. Der Werbewert – also der Preis, den Red Bull für eine vergleichbare Menge an Medienpräsenz hätte zahlen müssen – betrug im Jahr 2009 153 Millionen Euro, 2010 sogar 246,4 Millionen Euro (vgl. Reid/Sylt 2011).

4.2.5 Die Übernahme und Demonstration gesellschaftlicher Verantwortung

Sportsponsoring ist ein Mittel zur Demonstration von Corporate Social Responsibility (CSR). CSR steht für verantwortungsbewusstes unternehmerisches Handeln zur Sicherung der Legitimität in der Gesellschaft. Ziel ist es über Spenden, Sponsoring und ähnliche Instrumente einen Beitrag zum Gemeinwohl zu leisten (vgl. Gabler Wirtschaftslexikon o.J. b). CSR verbindet kommerzielle Interessen mit der Wahrnehmung gesellschaftlicher Aufgaben. Durch die Übernahme und Demonstration gesellschaftlicher Verantwortung sollen langfristig Ziele wie eine Imageverbesserung und Steigerung der Sympathiewerte erreicht werden (vgl. Ahlert et al. 2007: 397).

Laut den Sponsoring-Trends 2010 wird in 69,5 Prozent der 4.000 befragten umsatzstärksten deutschen Unternehmen das Sponsoring als CSR-Instrument eingesetzt (vgl. BBDO 2010: 31). 26,5 Prozent der Unternehmen integrieren Sportsponsoring in CSR-Projekte (vgl. BBDO 2010: 38). Dabei gilt im Sport: Je lokaler das Sponsoring ausgerichtet ist und je geringer der Bezug zur normalen Geschäftstätigkeit des Unternehmens, desto stärker soll durch das Sponsoring gesellschaftliche Verantwortung demonstriert und Goodwill erzeugt werden (vgl. Walliser 1995: 61).

Die Übernahme gesellschaftlicher Verantwortung zeigt sich vor allem dann, wenn Unternehmen sportliche Leistungen unterstützen, die im Hintergrund stattfinden. Das trifft zum Beispiel auf den Nachwuchs- und Behindertensport zu. Dabei wird die altruistische Komponente des Sponsorings betont, da entsprechende Engagements selten stark in der Öffentlichkeit stehen, weshalb wirtschaftliche Ziele nicht im Vordergrund stehen können und dementsprechend auch nicht der primäre Antrieb sein können. Aber auch die Unterstützung von Organisationen, die mit dem Sport verbunden sind, zum Beispiel der Stiftung Deutsche Sporthilfe[128], ist Ausdruck gesellschaftlicher Verantwortung. Stephan Schröder, Mitglied der Geschäftsführung der Agentur Sport+Markt, sagte gegenüber der Zeitschrift „Horizont Sportbusiness":

> „Die Unterstützung des Sports und damit von wichtigen gesellschaftlichen Aspekten der modernen westlichen Welt ist für sich genommen bereits eine Art von CSR. Das Problem ist, dass ein solches Engagement vielfach nicht unter diesem Aspekt gesehen wird respektive sich viele Sponsoren in der Kommunikation nicht trauen, ihre Förderung als Zeichen von CSR zu positionieren." (Peymani 2008: 46)

Ein großer Teil des Engagements bleibt daher nahezu unsichtbar. So ist auch kaum bekannt, dass Coca-Cola die Nationale Anti-Doping Agentur unterstützt, Mitglied in der Stiftung Deutsche Sporthilfe ist und seit 1976 gemeinsam mit dem Weltfußballverband FIFA Fußballschulen in Entwicklungsländern baut. Des Weiteren unterstützt Coca-Cola die Paralympics und die Special Olympics, ein Wettbewerb für geistig behinderte Sportler. Damit will das Unternehmen einen Beitrag zur Integration geistig behinderter Kinder, Jugendlicher und Erwachsener in die Gesellschaft leisten. Bereits seit 2001 unterstützt Coca-Cola die Special Olympics Deutschland, indem während der Veranstaltung unentgeltlich Arbeitskraft zur Verfügung gestellt wird. Dieses sogenannte „Community Involvement" ist Teil eines Mitarbeiterengagement-Programms bei Coca-Cola (vgl. Coca-Cola o.J.).

Auch der Versicherungskonzern Allianz ist Partner des Deutschen Behinderten-Sportverbandes. Ein Sprecher des Unternehmens sagte gegenüber der „Horizont Sportbusiness":

---

128 Die Stiftung Deutsche Sporthilfe fördert Sportler, „die sich auf sportliche Spitzenleistungen vorbereiten, solche erbringen oder erbracht haben, zum Ausgleich für ihre Inanspruchnahme durch die Gesellschaft und bei der nationalen Repräsentation ideell und materiell durch alle dazu geeigneten Maßnahmen." (Deutscher Bundestag 2010: 48f.) Es ist eine private Institution, die keine staatlichen Zuwendungen erhält. Ihre finanziellen Mittel bringt sie durch Sponsoring, Spenden, Veranstaltungen, Erlöse aus der GlücksSpirale und den Verkauf von Sport-Briefmarken auf. Jährlich werden von der Stiftung Deutsche Sporthilfe 3.800 Athleten mit 10 bis 12 Millionen Euro gefördert.

> „Da es sich bei der Unterstützung der paralympischen Bewegung nicht um ein klassisches Sponsoring handelt, sondern um eine gesellschaftlich sinnvolle Partnerschaft, verfolgt die Allianz in diesem Rahmen keine geschäftlichen Interessen." (Peymani 2008: 47)

4.3 Die Gewichtung der Motive

Abhängig davon, wie stark die nicht-wirtschaftlichen Motive ausgeprägt sind, unterscheidet Bruhn drei Arten von Sponsoring: uneigennütziges, förderungsorientiertes und klassisches Sponsoring (vgl. Bruhn 2010: 9).

Das uneigennützige Sponsoring ist dem Mäzenatentum sehr ähnlich. Im Vordergrund stehen altruistische Motive. Ein entsprechendes Engagement wird meist nur sehr zurückhaltend kommuniziert. Diese Form des Sponsorings wird in erster Linie zur Unterstützung nicht-kommerzieller Institutionen im kulturellen und sozialen Bereich genutzt.

Beim förderungsorientierten Sponsoring ist der Fördergedanke dominant. Die angestrebte kommunikative Wirkung wird diesem untergeordnet. Die namentliche Nennung des Sponsors ist zwar erwünscht, aber nicht immer gegeben. Diese Art des Sponsorings liegt unter anderem dann vor, wenn das zuletzt genannte Motiv, die Übernahme gesellschaftlicher Verantwortung, dominiert. Aber auch bei der Bayer AG findet man diese Art des Sponsorings, denn dort wurde zugunsten von Randsportarten auf erstklassige Werbeplattformen in der Fußballbundesliga verzichtet. Damit hat Bayer die kommunikative Wirkung des Sponsorings dem Fördermotiv eindeutig untergeordnet.

Im Gegensatz zum förderungsorientierten Sponsoring ist der Fördergedanke beim klassischen Sponsoring der angestrebten kommunikativen Wirkung untergeordnet. Ein Sponsor erbringt dabei seine Leistungen an den Gesponserten, um die kommunikative Wirkung in wirtschaftlicher Hinsicht auszunutzen. Die Kommunikation des Engagements ist bei dieser Form eine notwendige Bedingung. Diese Sponsoringart dominiert in publikums- und medienstarken Sportarten.

5 Fazit

Diese Ausarbeitung zeigt, dass es neben wirtschaftlichen auch nicht-wirtschaftliche Motive auf Seiten der Sponsoren im Sport gibt. Die Konsequenz daraus ist, dass der Gesponserte die Sponsorenansprache überdenken muss. Wer bei der Sponsorenakquise auch andere als nur die wirtschaftlichen Motive ansprechen möchte, muss die potenziellen Sponsoren im Vorfeld genau analysieren. Nur dann kann gezielt auf individuelle, nicht-wirtschaftliche Motive eingegangen werden.

Kapitel 4 zeigt zudem, dass die wirtschaftlichen und nicht-wirtschaftlichen Motive unterschiedlich gewichtet werden. Welche Motive dominieren, ist unter anderem abhängig von der gesponserten Sportart (Top- oder Randsportart), der Leistungsebene (Leistungs-, Breiten-, Nachwuchs- oder Behindertensport) und der organisatorischen Einheit (Verbände, Vereine oder Einzelsportler). Daraus lassen sich vier Thesen darüber ableiten, wie sich die nicht-wirtschaftlichen Motive vermutlich auf das Sponsoringengagement und vor allem auf die Auswahl des Sponsoringobjektes auswirken:

- Je dominanter die nicht-wirtschaftlichen Motive, desto größer ist die Wahrscheinlichkeit, dass Randsportarten, Sportorganisationen, ganze Verbände oder der Breiten-, Nachwuchs- und Behindertensport unterstützt werden.
- Je dominanter die nicht-wirtschaftlichen Motive, desto sportferner beziehungsweise sportfremder der Sponsor.[129]
- Je dominanter die nicht-wirtschaftlichen Motive, desto größer ist das persönliche Involvement des Sponsors.
- Je größer das persönliche Involvement des Sponsors, desto höher ist seine Risikobereitschaft.

Literatur

Adjouri, Nicholas/Stastny, Petr (2006): Sport-Branding. Mit Sport-Sponsoring zum Markenerfolg. Wiesbaden: Betriebswirtschaftlicher Verlag Dr. Th. Gabler.

Ahlert, Dieter et al. (Hrsg.) (2007): Exzellentes Sponsoring. Innovative Ansätze und Best Practices für das Markenmanagement. Wiesbaden: Deutscher Universitätsverlag. 2. Auflage.

Alaja, Erkki/Forssell, Christina (2004): Sponsorin Käsikirja. Jyväskylä: Gummerus Kirjapaino Oy.

---

129 Drees (1992: 41) kategorisiert Sponsoren entsprechend der Nähe ihrer Produkte und Dienstleistungen zum Sport und unterscheidet zwischen vier Graden der Sportnähe:
- Produkte ersten Grades (Sportartikel) werden bei der Sportausübung eingesetzt
- Produkte zweiten Grades (sportnahe Produkte) werden für die Sportausübung nicht unmittelbar benötigt, stehen aber in direkter Verbindung zum Sport und werden in dessen Umfeld verwendet (z.B. Getränke, Sportlernahrung)
- Produkte dritten Grades (sportferne Produkte) haben nur eine mittelbare Beziehung zum Sport, sind aber unter anderem wichtig für die Durchführung von Veranstaltungen (zum Beispiel DB Schenker als Logistikdienstleister bei der FIFA WM 2006 oder BMW als Transportdienstleister während des Biathlon-Weltcups 2010/2011)
- Produkte vierten Grades (sportfremde Produkte) haben weder unmittelbar noch mittelbar einen Bezug zum Sport (z.B. Banken, Energieerzeuger, Tabak- und Alkoholhersteller)

Bauman, Lois/Robinson, Tom (2008): Winning the Olympic marketing game. In: International Journal of Sports Marketing & Sponsorship, Juli 2008. Seiten 290-205.

BBDO (2010): Sponsoring-Trends 2010. Bonn: BBDO Live GmbH.

Bentele, Günter et al. (Hrsg.) (2005): Handbuch der Public Relations – Wissenschaftliche Grundlagen und berufliches Handeln. Wiesbaden: VS Verlag für Sozialwissenschaften.

BMJ (2010): Abgabenordnung. http://www.gesetze-im-internet.de/ao_1977/__52.html. Letzter Zugriff: 27. März 2011.

Brandmaier, Sonja/Schimany, Peter (1998): Die Kommerzialisierung des Sports. Vermarktungsprozesse im Fußball-Profisport. Hamburg: LIT Verlag.

Braun, Karl et al. (2006): Marketing- und Vertriebspower durch Sponsoring. Sponsoringbudgets strategisch managen und refinanzieren. Berlin: Springer-Verlag.

Bruhn, Manfred (2009): Marketing. Wiesbaden: Gabler Verlag. 9. Auflage.

Bruhn, Manfred (1987): Sponsoring. Systematische Planung und integrativer Einsatz. Wiesbaden: Gabler Verlag.

Bruhn, Manfred (1991): Sponsoring. Systematische Planung und integrativer Einsatz. Wiesbaden: Gabler Verlag. 2. Auflage.

Bruhn, Manfred (2010): Sponsoring. Systematische Planung und integrativer Einsatz. Wiesbaden: Gabler Verlag. 5. Auflage.

Coca-Cola (o.J.): Förderung des Sports. http://www.coca-cola-gmbh.de/nachhaltigkeit/gemeinwohl/sportfoerderung/index.html. Letzter Zugriff: 30. April 2011.

Deister, Günter (2008): Die olympische Geldmaschine. In: Olympisches Feuer, 1/2008. Seite 24.

Deppe, Christian/Riedel, Oliver (2008): Risikomanagement bei der Professionalisierung des Frauenfußballs. In: Zeitschrift für die gesamte Versicherungswissenschaft, Volume 97, Nr. 1. Seiten 33-59.

Der Standard (2011): Wir tragen zu niemandem einen Koffer voll Geld. http://derstandard.at/129781 9933792/Mateschitz-Interview-Wir-tragen-zu-niemandem-einen-Koffer-voll-Geld. Letzter Zugriff: 9. März 2011.

Deutscher Bundestag (2010): 12. Sportbericht der Bundesregierung. http://dipbt.bundestag.de/dip21/btd/17/028/1702880.pdf. Letzter Zugriff: 11. Juni 2011.

Drees, Norbert (1990): Sportsponsoring. Wiesbaden: Deutscher Universitätsverlag.

Drees, Norbert (1992): Sportsponsoring. Wiesbaden: Deutscher Universitätsverlag.

DZI (2010): Fakten und Zahlen. http://www.dzi.de/wp-content/pdfs_DZI/DZI-Spenden-Siegel-und-Spenderberatung-Fakten-und-Zahlen.pdf. Letzter Zugriff: 27. März 2011.

FIS (o.J.): Die Geschichte. http://www.fis-ski.com/de/fisintern/geschichte/fisgeschichte.html. Letzter Zugriff: 10. Juni 2011.

FIS Cross Country (o.J.): Viessmann. http://www.fiscrosscountry.com/sponsors/viessmann.html. Letzter Zugriff: 25. Mai 2011.

Flütsch, Andreas (2011): Die heiklen Deals des Andy Rihs. http://www.tagesanzeiger.ch/wirtschaft/unternehmen-und-konjunktur/Die-heiklen-Deals-des-Andy-Rihs-/story/11054623. Letzter Zugriff: 30. April 2011.

Fuchs, Wolfgang/Unger, Fritz (2007): Management der Marketing-Kommunikation. Berlin: Springer-Verlag. 4. Auflage.

Gabler Wirtschaftslexikon (o.J. a): Beschaffungsmarketing. http://wirtschaftslexikon.gabler.de/Arch iv/4377/beschaffungsmarketing-v7.html. Letzter Zugriff: 16. April 2011.

Gabler Wirtschaftslexikon (o.J. b): Corporate Social Responsibility. http://wirtschaftslexikon.gabl er.de/Archiv/5128/corporate-social-responsibility-v9.html. Letzter Zugriff: 11. Juni 2011.

Griffiths, Alison et al. (2005): Tries and conversions. Are sports sponsors pursuing the right objectives?. In: International Journal of Sports Marketing & Sponsorship, April 2005. Seiten 164-173.

Hahn, Thomas/Häyrinen, Raiko (2008): Die schmutzigen Neunziger. http://www.sueddeutsche.de/Sport/2.220/doping-im-finnischen-skisport-die-schmutzigen-neunziger-1.20. Letzter Zugriff: 11. Juni 2011.

Hanstad, Dag Vidar et al. (2009): The challenges of producing popular sports contests. A comparative study of biathlon and cross-country skiing. In: International Journal of Sports Marketing & Sponsorship, Januar 2009. Seiten 171-189.

Hanstad, Dag Vidar et al. (2010): Doping in elite sport. Do the fans care? Public opinion on the consequences of doping scandals. In: International Journal of Sports Marketing & Sponsor-ship, April 2010. Seiten 185-199.

Heller, Andreas/Maggi, Benno (2011): Aus Prinzip anders. http://www.nzzfolio.ch/ www/d80bd71b-b264-4db4-afd0-277884b93470/showarticle/c9f884af-09ff-4c00-8a24-7a78dff2c58f.aspx. Letzter Zugriff: 9. März 2011.

Hermanns, Arnold (1997): Sponsoring – Grundlagen, Wirkungen, Management, Perspektiven. München: Vahlen Verlag. 2. Auflage.

Hermanns, Arnold/Riedmüller, Florian (Hrsg.) (2008): Management-Handbuch Sport-Marketing. München: Vahlen Verlag. 2. Auflage.

Horizont (2011): Milka fährt mit Maria Riesch auf die Ski-WM ab. http://www.horizont.net/aktuell/marketing/pages/protected/showRSS.php?id=97385. Letzer Zugriff: 9. März 2011.

Huber, Frank et al. (2008): Erfolgsfaktoren des Sportsponsorings bei Großereignissen – Eine empirische Untersuchung. Wiesbaden: Deutscher Universitätsverlag.

Hummel, Thomas (2011): Lila Sponsorentraum. http://www.sueddeutsche.de/sport/wintersport-marketing-lila-sponsorentraum-1.1064533. Letzter Zugriff: 4. März 2011.

Järvio, Timo (2006): Keiner weiß, was uns der Skandal gekostet hat. http://www.faz.net/artikel/C30 910/finnland-keiner-weiss-was-uns-der-skandal-gekostet-hat-30176701.html. Letzter Zugriff: 10. Juni 2011.

Kocak, Settar et al. (2004): Impact of Sponsorship on Companies That Supported the 2002 Salt Lake City Winter Paralympics. In: International Journal of Sports Marketing & Sponsorship, April 2004. Seiten 284-295.

Lipponen, Kimmo (1999): Sponsoroinnin kontrapunkti. Vaasa: Ykkös-Offset.

Nufer, Gerd (2007): Event-Marketing und -Management. Theorie und Praxis unter besonderer Berücksichtigung von Imagewirkungen. Wiesbaden: Deutscher Universitäts-Verlag. 3. Auflage.

Peymani, Bijan (2008): Altruismus mit Kalkül. In: Horizont Sportbusiness 2/2008. Seiten 45-49.

Plasse, Wiebke (2012): Neuer Werder-Sponsor: Kicken mit Chicken. http://www.geo.de/GEO/natur/72462.html. Letzter Zugriff: 14.8.2012

Red Bull (o.J. a): Company. http://www.redbull.com/cs/Satellite/en_INT/company/ 001242939-605518. Letzter Zugriff: 23. April 2011.

Red Bull (o.J. b): Featured Athletes & Teams. http://www.redbull.com/cs/Satellite/en_INT/Athletes /001242745950144#/related-content-athletes. Letzter Zugriff: 23. April 2011.

Red Bull Junior Team (o.J.): Drivers. http://www.redbull.com/cs/Satellite/en_INT/Red-Bull-Junior-Team-2012---Drivers/001243182347847. Letzter Zugriff: 12. August 2012.

Reid, Caroline/Sylt, Christian (2011): Formel-1-Triumph kostete Red Bull 473 Millionen Euro. http://www.motorsport-total.com/f1/news/2011/06/Formel-1-Triumph_kostete_Red_Bull_473_Millionen_Euro_11060909.html. Letzter Zugriff: 12. Juni 2011.

Ruda, Walter / Klug, Frauke (2010): Sport-Sponsoring. An den Beispielen FIFA Fußball-WM 2006 in Deutschland und FIFA Fußball-WM 2010 in Südafrika. München: Oldenbourg Verlag.

Sachse, Manuela (2010): Negative Kommunikationseffekte von Sponsoring und Ambush-Marketing bei Sportgroßveranstaltungen. Wiesbaden: Gabler Verlag.

SLU (2010): Kansallinen Liikuntatutkimus lapset ja nuoret 2009-2010. http://www.slu.fi/liikuntapolitiikka/liikuntatutkimus2. Letzter Zugriff: 11. Juni 2011.

Spiller, Christian (2011): Der Brust-Ton der Überzeugung. http://www.handelsblatt.com/sport/fussball/nachrichten/der-brust-ton-der-ueberzeugung/4009912.html. Letzter Zugriff: 2. April 2011.

Statista (2005): Beliebtheit ausgewählter Wintersportler. http://de.statista.com/statistik /daten/studie/418/umfrage/beliebte-wintersportler/. Letzter Zugriff: 25. Mai 2011.

Statista (2009): sid Sport-Monitor 2009. http://de.statista.com/statistik/daten/studie/72484/umfrage/beliebteste-wintersportarten-der-deutschen. Letzer Zugriff: 23. April 2011.

Statista (2010a): Anteil der Befragten, der an der jeweiligen Sportart ganz besonders interessiert ist. http://de.statista.com/statistik/daten/studie/171072/umfrage/sportarten-fuer-die-besonderes-interesse-besteht/. Letzer Zugriff: 23. April 2011.

Statista (2010b): Umsatz im Bereich Sport durch Sponsorships von 2004 bis 2013 weltweit. http://de.statista.com/statistik/daten/studie/164161/umfrage/sport---umsatz-mit-sponsorships-weltweit-seit-2004/. Letzter Zugriff: 23. April 2011.

Statista (2011): Prognose zum Investitionsvolumen auf dem deutschen Sponsoringmarkt von 2010 bis 2012. http://de.statista.com/statistik/daten/studie/4789/umfrage/investitionsvolumen-fuer-sponsoring-%2528prognose%2529/. Letzter Zugriff: 23. April 2011.

Stockmann, Philip (2007): Planung und Implementierung integrierter Marketingkommunikation mit den Leitinstrumenten Werbung und Sportsponsoring. Wiesbaden: Deutscher Universitäts-verlag.

Tuori, Daniel (1995): Sponsorin käsikirja. Mainostajien Liitto.

224 Madeline Sieland

van Heerden, C.H. (2001): Factors affecting decision-making in South African sport sponsorships. Doctoral thesis. University of Pretoria.

Viessmann Sports (o.J.): Georg Hackl. http://www.viessmann-sports.com/cms/website.php?id= /de/sportler.htm#cat3. Letzter Zugriff: 25. Mai 2011.

Vocatus (2008): Global Sport and Sponsoring Study. http://www.vocatus.de/pdf/0801_Vocatus-Studie_Sport-Sponsoring_Langfassung.pdf. Letzter Zugriff: 9. März 2011.

Walliser, Björn (1995): Sponsoring – Bedeutung, Wirkung und Kontrollmöglichkeiten. Wiesbaden: Gabler Verlag.

Willenbrock, Harald (2011): Szenen einer Ehe. http://www.nzz.ch/nachrichten/wirtschaft/aktuell/ sponsoring_1.9808335.html. Letzter Zugriff: 9. März 2011.

Witkop, Raimund (2011): Günter Mast brachte Werbung auf die Trikots. http://www.mz-web.de/servlet/ContentServer?pagename=ksta/page&atype=ksArtikel&aid=1299229756163&op enMenu=1161930675031&calledPageId=1161930675031&listid=1018620714880. Letzter Zugriff: 9. März 2011.

Wittgenstein, S. (2011): Formel 1 Investment von Red Bull in Weltmeister Sebastian Vettel hat sich gelohnt. http://www.motorsport-server.de/index.php?topic=news/story&ID=27527&serie =f1. Letzter Zugriff: 30. Mai 2011.

Woisetschlager, David (2006): Markenwirkung von Sponsoring – Eine Zeitreihenanalyse am Beispiel des Formel 1-Engagements eines Automobilherstellers. Wiesbaden: Deutscher Universitäts-verlag.

Wolff, Jens (2003): Die aktienrechtliche Zulässigkeit von Sponsoringaktivitäten. Berlin: Tenea Verlag für Medien.

Verzeichnis der Autorinnen und Autoren

Dr. Claudia Böttger ist seit 2011 Professorin für mehrsprachige Wirtschaftskommunikation an der Europäischen Fernhochschule Hamburg. Nach einem BA-Studium der Germanistik und Romanistik am King's College, London, war sie in Frankreich und Honduras für den Deutschen Akademischen Austauschdienst als Lektorin tätig. Im Anschluss an ihre Rückkehr nach Deutschland arbeitete sie als Übersetzerin für das UNESCO Institut für Lebenslanges Lernen in Hamburg, während sie ihr M.A. Studium der Sprachlehrforschung an der Universität Hamburg abschloss. Von 1999-2005 war sie als wissenschaftliche Mitarbeiterin an dem von der DFG geförderten Sonderforschungsbereich 538 Mehrsprachigkeit der Universität Hamburg in dem Projekt „Covert Translation – Verdecktes Übersetzen" (Projektleitung: Prof. Dr. Dr. h.c. Juliane House) tätig. Nach ihrer Promotion zur Rolle der Lingua Franca Englisch in der mehrsprachigen Wirtschaftskommunikation arbeitete sie als PostDoc in dem ersten von der Deutschen Forschungsgemeinschaft bundesweit geförderten Transferbereich des SFB 538. Im Verbund aus Wissenschaft und Wirtschaft erarbeitete sie in enger Zusammenarbeit mit Experten aus der Wirtschaft Weiterbildungsmodule zur Lingua Franca Englisch, die in einem Pilotprojekt in einem mittelständischem Unternehmen durchgeführt und evaluiert wurden.

Ihre Forschungs-und Arbeitsschwerpunkte sind Mehrsprachigkeit am Arbeitsplatz, English als Lingua Franca, Textpragmatik, Sprachkontakt, Sprachwandel, Interkulturelle Wirtschaftskommunikation.

Auswahl der Veröffentlichungen: Böttger, Claudia; House, Juliane & Roman Stachowicz: *Transferring Linguistic Knowledge into Practice. Module Design for the international Workplace. The Case of lingua franca English.* In: Bührig, Kristin (Hrsg.): Applying Linguistic Ground Research to Knowledge Transfer. From policies to practices. In: Hamburg Studies in Multilingualism (Vol. 15). Amsterdam: Benjamins (im Druck). Böttger, Claudia & Kristin Bührig (2010): *Multilingual Business Writing. The Case of Crisis Communication. In: Meyer, Bernd & Birgit Apfelbaum* (Hrsg.): Multilingualism at the workplace In: Hamburg Studies in Multilingualism (Bd. 9). Amsterdam: Benjamins, 253-272. Janik, Christina & Claudia Böttger (2008): *'We want you to love our product': An English-German Translation Analysis of Consumer Oriented Language on Drink Packaging Texts.* In: Siems, Florian et al. (Hrsg.): Anspruchsgruppenorientierte Kommunikation. Neue Ansätze zu Kunden-, Mitarbeiter- und Unternehmenskommunikation. Europäische Kulturen in der Wirtschaftskommunikation. Wiesbaden: DUV, 67-84. Böttger, Claudia & Christina Janik (2007): *'Look after your smoothie': New Trends in British and German Drink Packaging Texts? A Contrastive Study on Communication Strategies in Differing Markets.* In: Schmidt, Christopher M. & Dagmar Neuendorff (Hrsg.): Sprache, Kultur und Zielgruppen. Europäische Kulturen in der Wirtschaftskommunikation. Wiesbaden: DUV, 139-156. Böttger, Claudia (2007): *Lost in Translation:? An analysis of the role of English as the lingua franca of multilingual business communication.* Hamburg: Kovac.

Dr. Anne Grethe J. Pedersen is Associate Professor in German Corporate Communication at the Department of Culture and Global Studies at Aalborg University, Denmark. She wrote her PhD thesis in linguistics, focusing on contextual, generic and lexico-grammatical features of German Investor Relations Newsletters. Her main fields of research and teaching are Corporate Communication, language and culture. Among other things she is interested in communication about sustainability, climate change, stakeholder dialogue and risk and has published for example: *Der Stakeholderdialog zwischen Regulierung und Rhetorik: Eine empirische Studie der dargestellten Dialogorientierung in deutschen und dänischen Geschäftsberichten* (2011), Zeitschrift für Wirtschafts- und Unternehmensethik 12, 1, 87-103, open access: www.vbn.aau.dk and together with Larsen, A.V.: *Klimakommunikation von Fluggesellschaften: eine Untersuchung der Sender-Empfänger-Relationen in der Online-Klimakommunikation von deutschen und dänischen Fluggesellschaften* (2010), In: Kvam, S. et al.: Textsorten und Kulturelle Kompetenz: Interdisziplinäre Beiträge zur Textwissenschaft, Münster: Waxmann, 123-145.

Hongjia Qi MA, geboren in China, wohnt in Turku, Finnland, und ist derzeit Doktorand am deutschen Institut an der Universtität Åbo Akademi, Finnland. Bachelorstudium des Tourisusmanagements an der Beijing International Studies University in Beijing und Masterstudium der InterculturAd-Werbung Interkulturell an der Katholischen Universität Eichstätt-Ingolstadt und Universität Åbo Akademi in Eichstätt und Turku (Internetadresse des Studiengangs: http://interculturad.ku-eichstaett.de). Seine Forschungsschwerpunkte sind textbasierte Marketingkommunikaton und interkulturelle Kommunikation. Parallel zum Doktorstudium arbeitet er zurzeit für ein finnisches Unternehmen im Rahmen von Kulturexport und –marketing.

Dr. habil. Christopher M. Schmidt ist seit 2012 Professor und Institutsleiter des germanistischen Instituts der Universität Åbo Akademi/Finnland. Promotion an der Åbo Akademi und Habilitation an der Friedrich-Schiller-Universität Jena. Mitbegründer und Leitungsmitglied der internationalen Forschungskooperation *Europäische Kulturen in der Wirtschaftskommunikation* /EUKO (www.wirtschaftskommunikation.net). Mitbegründer und einer der Koordinatoren für den internationalen Double-Degree-Masterstudiengang *InterculturAd-Werbung interkulturell* in Kooperation zwischen Åbo und Eichstätt. Leiter des Forschungsprojekts UCAN zur Optimierung von Netzwerken finnischer Exportunternehmen im Ausland sowie anderer Forschungsprojekte. Leiter des interdisziplinären und fakultätsübergreifenden Studiengangs *Sprache und Wirtschaft* an der Universität Åbo Akademi. Weitere Informationen zur Person unter: http://www.abo.fi/ institution/christopher-schmidttys

Forschungsschwerpunkte sind interkulturelle Wirtschaftskommunikation, Texttheorie, Fachsprachenforschung, kognitive Linguistik, Textwissenschaft sowie Semiotik. Publikationen in Auswahl: Schmidt, Christopher M. (Hrsg.) (2002): *Wirtschaftsalltag und Interkulturalität. Fachkommunikation als interdisziplinäre Herausforderung*. Deutscher Universitäts-Verlag, Wiesbaden (Europäische Kulturen in der Wirtschaftskommunikation 2). Schmidt, Christopher/ Neuendorff, Dagmar/ Nielsen, Martin (Hrsg.) (2004): *Marktkommunikation in Theorie und Praxis. Inter- und intrakulturelle Dimensionen in der heutigen Wirtschaft*. Deutscher Universitäts-Verlag, Wiesbaden (Europäische Kulturen in der Wirtschaftskommunikation 4). Schmidt, Christopher M./ Neuendorff, Dagmar (Hrsg.) (2007): *Sprache, Kultur und Zielgruppen. Bedingungsgrößen für die Kommunikationsgestaltung in der Wirtschaft*. Wiesbaden: DUV (Europäische Kulturen in der Wirtschaftskommunikation 11) Schmidt, Christopher M./ Szurawitzki, Michael (Hrsg.) (2008): *Interdisziplinäre Germanistik im Schnittpunkt der Kulturen*. Würzburg: Könighausen & Neumann. Schmidt, Christopher M. (2010): *Kognitive Modelle in der Wirtschaftskommunikation. Eine kognitionslinguistische Fundierung kulturbedingter Konzeptionalisierung*. Sternenfels: Wissenschaft & Praxis. (Schriftenreihe Interkulturelle Wirtschaftskommunikation 15).

Madeline Sieland MA (geb. 1988 in Erfurt) hat von 2006 bis 2009 im Bachelorstudiengang Public Relations an der Fachhochschule Hannover studiert. Direkt im Anschluss daran hat sie den Studiengang InterculturAd an der Katholischen Universität Eichstätt-Ingolstadt sowie der Åbo Akademi in Turku absolviert (http://interculturad.ku-eichstaett.de) und ihn im Jahr 2011 mit dem Master of Arts abgeschlossen. Während des Studiums hat sie unter anderem im Referat für

Öffentlichkeitsarbeit des Landessportbundes Niedersachsen sowie in der Unternehmenskommunikation des Fernsehsenders Sport1 gearbeitet. Des Weiteren macht sie seit 2006 Pressebetreuung bei diversen Wintersportveranstaltungen. Zurzeit ist sie Volontärin bei der „hamburger wirtschaft", dem Mitgliedermagazin der Handelskammer Hamburg.

Maximilian Weigl MA, geboren 1986, hat Kommunikationswissenschaft (B.A.) und Intercultural Advertising (M.A.) in München, Montreal, Eichstätt und Turku studiert. Während seines Studiums war er als freier Texter und Berater für verschiedene Unternehmen und Zeitungen tätig. Derzeit lebt er in Hamburg und arbeitet im Strategic Planning bei thjnk (vormals kempertrautmann), einer der erfolgreichsten Werbeagenturen Deutschlands. Maximilian twittert über digitale Kommunikationsthemen unter dem Kürzel @mbhw. Seinen Blog und weitere Informationen finden Sie unter www.maximilianweigl.de.

Karolin Wochlik MA, geboren am 30.11.1983 in Essen, beginnt als logische Konsequenz ihrer Leidenschaft für Sprache beginnt ihren beruflichen Werdegang im Jahr 2003 mit einem Magisterstudium der Germanistik und der Allgemeinen Sprachwissenschaften mit journalistischem Schwerpunkt an der Heinrich-Heine-Universität in Düsseldorf. Während und nach dem Studium absolviert sie Praktika bei Lokalredaktionen für Radio und TV, außerdem in der WDR Redaktion und beim Don Bosco Verlag München. Als selbständige Texterin ist Karolin Wochlik zu dieser Zeit parallel in den Bereichen Online-Redaktion, Social Media, Presse- und Öffentlichkeitsarbeit und Kommunikationsberatung tätig. Der Aufsatz „Kreativität mit Kreativität vermarkten: Guerilla Marketing für Creative Industries" ist ein Auszug aus ihrer Masterarbeit, mit der sie ihr Double Degree Master of Arts-Studium InterculturAD an der KU Eichstätt-Ingolstadt und der Åbo Akademi in Turku (http://interculturad.ku-eichstaett.de), Finnland, mit großem Erfolg abschloss. Seitdem arbeitet Karolin Wochlik in der Projektleitung für Social Media, Text und Konzept in einer Marketing- und Kommunikationsagentur im Ruhrgebiet.

Stefanie Zornow MA ist als Managerin für interne und externe Unternehmenskommunikation bei der Carl Zeiss Meditec AG in Jena tätig. Sie studierte an der Friedrich Schiller Universität Jena und der Université Robert Schuman in Strasbourg Germanistische Sprachwissenschaft, Interkulturelle Wirtschaftskommunikation und Wirtschaftswissenschaften. Ihre Forschungsschwerpunkte sind Verantwortungskommunikation, Corporate Social Responsibility, Unternehmens- und Organisationskommunikation sowie Change Communications.

VS Forschung | VS Research
Neu im Programm Medien | Kommunikation

Roger Blum / Heinz Bonfadelli / Kurt Imhof / Otfried Jarren (Hrsg.)
Krise der Leuchttürme öffentlicher Kommunikation
Vergangenheit und Zukunft der Qualitätsmedien
2011. 260 S. (Mediensymposium) Br. EUR 34,95
ISBN 978-3-531-17972-8

Kristin Bulkow / Christer Petersen (Hrsg.)
Skandale
Strukturen und Strategien öffentlicher Aufmerksamkeitserzeugung
2011. 315 S. Br. EUR 39,95
ISBN 978-3-531-17555-3

Olga Galanova
Unzufriedenheitskommunikation
Zur Ordnung sozialer Un-Ordnung
2011. 201 S. Br. EUR 39,95
ISBN 978-3-531-17674-1

Hans Mathias Kepplinger
Realitätskonstruktionen
2011. 235 S. (Theorie und Praxis öffentlicher Kommunikation Bd. 5) Br. EUR 34,95
ISBN 978-3-531-18033-5

Verena Renneberg
Auslandskorrespondenz im globalen Zeitalter
Herausforderungen der modernen TV-Auslandsberichterstattung
2011. 347 S. Br. EUR 39,95
ISBN 978-3-531-17583-6

Anna Schwan
Werbung statt Waffen
Wie Strategische Außenkommunikation die Außenpolitik verändert
2011. 397 S. Br. EUR 49,95
ISBN 978-3-531-17592-8

Ansgar Thießen
Organisationskommunikation in Krisen
Reputationsmanagement durch situative, integrierte und strategische Krisenkommunikation
2011. 348 S. Br. EUR 39,95
ISBN 978-3-531-18239-1

Erhältlich im Buchhandel oder beim Verlag.
Änderungen vorbehalten. Stand: Juli 2011.

Einfach bestellen:
SpringerDE-service@springer.com
tel +49 (0)6221 / 345 – 4301
springer-vs.de

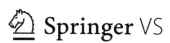

Printed by Publishers' Graphics LLC